新・基礎からの社会福祉

8

権利擁護とソーシャルワーク

上田晴男／小西加保留／池田直樹
[編著]

ミネルヴァ書房

はじめに

日本の障害者・高齢者の状況

人口減少と高齢化が進んでいる。2017年では総人口12,671万人，高齢化率28.0％となっているが，2065年には総人口8,808万人，高齢化率38.4％と見込まれている。なかでも認知症高齢者については，2012年は462万人で65歳以上高齢者の7人に1人（有病率15％）であるが，2025年には700万人で5人に1人になると見込まれている。

一方，障害者は現在約936万人であるが，たとえば知的障害者は2000年には約33万人であったが2005年には約42万人，2011年には約62万人と増加している。また精神障害者は，1999年に204.1万人であったが2005年に302.8万人，2014年には392.4万人となっており，いずれも2倍近くに増加している。

この間，高齢者や障害者への福祉制度も措置から契約に移行し改正を重ねながら定着した。そして，介護保険制度の導入を契機として創設された成年後見制度の利用者は2017年12月末現在で21万人を超えた。また社会福祉法に位置付けられた日常生活自立支援事業（地域福祉権利擁護事業）は2016年の問合せ・相談件数の累計は1,904,734件，契約者数は51,828件あり，1999年10月からの問合せ・相談件数の累計は14,915,200件となり，契約者数の累計は145,408件となっている。

一方，2016年度の高齢者虐待防止法に基づく養護者による虐待と判断された件数は16,384件あり，2009年度以降1万5千件以上の件数が続いている。また養介護従事者等による虐待と判断された件数も452件あり前年比で36％増加している。

障害者では障害者虐待防止法に基づく養護者による虐待と判断された件数は1,538件（被虐待者数1,545人），障害者福祉施設従事者等による虐待と判断された件数は401件（被虐待者数672人），使用者による虐待が認められたのは581事業所，虐待が認められた障害者は972人となっている。これらの多くは知的障害者であり，次いで精神障害者である。

高齢者や障害者の増大は社会的支援ニーズを拡大しているが，いわゆる判断能力が不十分な状態にあると思われる高齢者・障害者については，福祉サービスの利用契約や適切な支援内容の確保，適切な財産管理・金銭管理，虐待等の権利侵害の防止及び救済，自らの意思に基づいた自立生活等のために，権利擁護に支援を必要としており，法制度の整備と担い手の確

保が求められている。

権利擁護とその支援の構成

　権利擁護は法的な支援とイメージされることが多いが，法律用語のなかに「権利」及び「権利～」の用語はいくつかあるが「権利擁護」はない。ちなみに「権利」とは，「イ一定の社会集団内の構成員にとって，利益あるいは価値と観念される事態の存在，ロその利益あるいは価値の配分を巡って紛争が生じた場合には，紛争当事者以外の者の判定によって紛争が解決されなければならないという社会的要請及び社会的期待の存在，ハその判定が，正当性をもつ客観的な基準にのっとって行われるという観念の存在の3つの要素として成立すると考えられる」とされ，「イの社会集団が国家と呼ばれ，ロの判定が強制力を伴う紛争解決機構により行われるようになって裁判と呼ばれ，ハの基準が法律と呼ばれるようになった段階においては，権利とは法律によって保護される利益と観念される」としている。

　権利擁護をどのように考えるかは現状において定まった定義があるわけではない。本書においても各章・各節を担当する執筆者によって一定の相違はあると考えられるが，総じて法律によって位置付けられた権利の行使及び権利が侵害された場合の救済・保護を基本にしていると考えられる。筆者は従前より**図序-1**のように権利擁護は3つの要素で構成されるとしている。

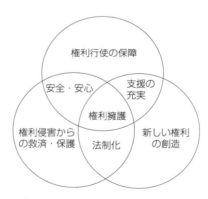

図序-1　権利擁護の構成要素

　権利擁護の基本は，その国で法的に認められた権利を必要に応じて行使できることである。この権利行使が阻害された場合や，権利侵害を受けた場合に救済・保護されねばならない。これが基本的な権利擁護である。しかし，権利は既定のものではなく何らかの必要性と合意形成によって成立したものである。時代や社会の変化に応じて新たな価値や必要性が見いだ

されて新たな権利も生まれていく。それを生み出す機会やプロセスが保障されることも重要な権利と言える。「新しい権利の創造」とは，時代の推移のなかで新たな価値が創出され，それが権利として位置付けられていくプロセスの保障である。権利擁護とはこの3つの総体であり，これらは何れも権利主体である個人が自ら対応すること（＝セルフ・アドボカシー）を基本としている。

しかし，何らかの障害や疾病があるために自ら対応することが困難である場合には社会的な支援によって保障されなければ権利とは言えない。権利擁護支援とは，権利主体として個人が，その状態像にかかわらず権利行使の実効性を確保し，権利侵害や不利益から社会的に擁護するための基本的な社会保障である。

具体的な権利擁護支援の内容を**図序-2**に掲げた。筆者によるこの内容構成は変遷しており現在も確定的ではない。それは生活支援と法的支援という両輪に権利主体である本人に自律性とエンパワメントを働きかける支援の位置づけを確定できないためである。ここではその内容として「意思決定支援」を位置付け，さらに各支援を本人との関係で双方向であることを示すように位置付けてみた。

意思決定支援は生活支援や法的支援にも求められる要素ではあるが，ソーシャルワークとしての権利擁護支援においては自己決定権を基礎とした意思決定支援は中核的な支援（価値）であり，現状では独立した社会的な資源やシステムとして確立できていないが，今後の権利擁護支援の展開の中で一つの社会的支援システムとして確立すべき内容であることから位置付けた。

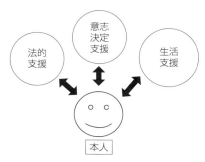

図序-2　権利擁護支援の内容

権利擁護支援の課題

　すでに見てきたように今後の日本においては権利擁護支援の社会的ニーズはさらに拡大していくことが予想されている。その状況にどのように対応していくかが基本的な権利擁護支援の課題である。具体的には次の三つの内容があげられる。

　一つには「判断能力が不十分な状態にある人」たちへの支援の整備である。成年後見制度の利用促進が求められており，それに伴う取り組みが「成年後見制度利用促進基本計画」等に示されているが[12]，日常生活自立支援事業の再構築を含めてニーズに対応できる体制を整備することが必要である。市民後見人や法人後見の養成等を含めた担い手の確保，成年後見制度利用支援事業の拡充，後見人等の不正防止，後見監督機能の機能分担等々，多くの課題があげられる。

　二つには，基本計画にも示されている地域連携ネットワークと中核機関（センター）の整備である。ようやく地域レベルでのシステム化の必要性が認識され，その拠点である中核的な機関の整備があげられたことは重要であるが，それらは成年後見制度の利用促進のためではなく権利擁護支援のためのものであることを明確にしなければならない。成年後見制度は権利擁護支援の一つの支援方法でしかなく，それだけでは権利擁護に支援を必要としている状況の改善につながらないのである。地域では高齢者・障害者の虐待対応が深刻化している。消費者被害も形を変えながら絶えることなく続いている。「引きこもり」や発達障害者への支援も重要である。生活困窮者にも権利擁護支援ニーズが含まれている。

　あくまでもニーズは権利擁護支援であり，そのニーズに対応するためには総合性と協働性，専門性を持った権利擁護支援ネットワークの構築と「権利擁護支援」を担う中核的な支援機関（＝権利擁護支援センター等）の制度化が求められるのである。後述する権利擁護支援センター等の先行事例や権利擁護支援システムのサンプルを受け止め，これらを強化する形で基本計画の内容を推進して地域の権利擁護支援システムの確立を図ることが求められる。

　三つには，意思決定支援の理論化と実践方法の確立である。障害者権利条約第12条との関係から日本の成年後見制度も改革が求められている。国は障害分野で意思決定支援ガイドラインを示して具体化を図ろうとしているがその内容は必ずしも確立されているとは言えない。むしろ，実践化をする上では課題が多いと考えられる。原則的な理念については一定の合意形成が図れたとしても，具体的な実践を展開する上で基になる理論や方

法・技術の提示は充足されていない。また意思決定支援ニーズは高齢者を含めたものであり，より一般化された理論の提示と取り組みが求められる。

　権利擁護に支援が必要な状態は，必ずしも障害や疾病によるものだけではない。虐待やDV，セルフネグレクト等の状況にある人たちのなかには，心身の状態に課題があるのではなく環境や関係性のなかで苦しんでいる場合も多くある。しかし，そこからの改善を図る力を失っているのである。権利擁護支援がソーシャルワーク実践であることの意味は，環境や関係性の改善と本人のエンパワメントを図り，ウェルビーイングを目指す取り組みだからである。権利擁護は高齢者・障害者だけの課題ではなく，基本的には一般的な課題である。

　誰もが権利擁護に支援を必要とする状態に陥る可能性がある。高齢者や障害者は相対的にそのリスクが高いだけなのである。その意味では児童も同様であろう。権利擁護支援システムは地域で生活する上で必要不可欠なセーフティネットなのである。このことの社会的な合意形成と具体化，そして実践がソーシャルワーカーに求められる一つの分野なのである。

　2018年10月

編著者を代表して　**上田晴男**

(1) 内閣府（2018）『平成30年版高齢社会白書』4。
(2) 「平成28年版高齢社会白書（概要版）」より（http://www8.cao.go.jp/kourei/whitepaper/w-2016/html/gaiyou/s1_2_3.html）（2017年4月14日）。
(3) 内閣府ホームページ「平成26年度障害者施策に関する基礎データ集」（http://www8.cao.go.jp/shougai/data/data_h26/zuhyo04.html）（2017年4月2日）。
(4) 厚生労働省資料より（http://www.mhlw.go.jp/file/05-Shingikai-12201000-Shakaiengokyokushougaihokenfukushibu-Kikakuka/0000108755_12.pdf）（2017年4月14日）。
(5) 「日常生活自立支援事業実施状況（平成28年度累計）」地域福祉・ボランティア情報ネットワークホームページ（https://www.zcwc.net）。
(6) 厚生労働省「平成28年度 高齢者虐待の防止，高齢者の養護者に対する支援等に関する法律に基づく対応状況等に関する調査結果」。
(7) 厚生労働省「平成28年度都道府県・市区町村における障害者虐待事例への対応状況等（調査結果）」及び，「平成28年度『使用者による障害者虐待の状況等』の結果を公表します」。
(8) たとえば高橋和之ほか編（2016）有斐閣『法律学小辞典（第5版）』には掲載されていない。
(9) 同前書，339-340。
(10) 特定非営利活動法人PASネット編著（2012）『権利擁護支援ハンドブック（改訂版）』ミネルヴァ書房，8-10。
(11) 同前書，12-14では意思決定支援ではなくエンパワメント（本人支援）としている。
(12) 内閣府ホームページ（http://www.cao.go.jp/seinenkouken/keikaku/index.html）（2017年4月16日）。

もくじ CONTENTS

はじめに

第Ⅰ部　ソーシャルワーク実践としての権利擁護

第1章　ソーシャルワークの理念と権利擁護

第1節　本人の「生活」を支える権利擁護‥‥‥‥‥‥4

権利擁護が求められる背景…4／さまざまなレベルの「生活」を支える…5／地域を基盤とした「生活」を支えるソーシャルワーク…6／人と環境の交互作用に働きかける…6

第2節　本人の主体性の尊重と権利擁護の接点‥‥‥‥‥8

本人の主体性を尊重する…8／「価値」に基づくプロセスとして本人を支える…8／積極的権利擁護…9／自己決定を支える援助関係…10

第3節　予防的支援と権利擁護‥‥‥‥‥‥12

総合的生活相談窓口の必要性と住民の働き…12／インフォーマルサポートの形成…13／地域住民の参画と専門職との協働…14／ソーシャルアクションによる予防的支援…14

第4節　地域ぐるみで取り組む権利擁護に向けて‥‥‥‥‥16

地域で支える参画型社会福祉…16／ネットワークによる連携・協働…16／権利擁護のしくみづくり…17／権利擁護のための住民意識の向上と資源開発…18

第2章　ソーシャルワークとアドボカシー

第1節　ソーシャルワークの価値としてのアドボカシー‥‥‥‥22

ソーシャルワークの核となるアドボカシーと権利擁護…22／ソーシャルワーカー倫理綱領における「アドボカシー」の意味…22／ソーシャルワークの定義からみるアドボカシー…23／さまざまなレベルのアドボカシーの概念…24

CONTENTS

第2節　エンパワメントとアドボカシーの関係・・・・・・・・・・・26

エンパワメントの概念の始まりと意味を知る…26／エンパワメントとソーシャルワークの関係…26／エンパワメントとアドボカシーの関係…27／エンパワメントとアドボカシーの概念の課題…28

第3節　自己決定の尊重とアドボカシーの概念・・・・・・・・・・30

アドボカシーの軸となる自己決定の考え方…30／権利としての自己決定…30／アドボカシーのための自己決定支援…31／意思の実現のための組織や社会への働きかけ…32

第4節　環境アセスメントとアドボカシー・・・・・・・・・・34

環境アセスメント…34／クライエントを取り巻く環境アセスメント…34／システムとしてのメゾ・マクロな交互作用をとらえるアセスメント…36／支援者自らのいる位置から見たアセスメント…36

第3章　意思決定支援の理解

第1節　自己決定の尊重と意思決定支援・・・・・・・・・・40

「自己決定を促し尊重する」とは…40／自立，自律，自己決定，そして意思決定…40／「支援つき意思決定」出現の流れ…42

第2節　意思決定支援の構造・・・・・・・・・・44

意思決定・共同（協働）決定・代行決定…44／意思決定の三層構造（意思形成・意思表明・意思実現）とその支援…44／意思決定の「誘導」を考える…46

第3節　相談支援における意思決定支援・・・・・・・・・・48

現場によって支援者によって異なる「意思決定」とは…48／Life の3つの意味「生活・人生・生命」から考える意思決定支援…49／「尊重しがたい」をもう一度考える…50

第4節　権利擁護としての意思決定支援・・・・・・・・・・52

権利擁護の観点からみる成年後見制度…52／意思決定と「社会」…52／意思決定と権利擁護…54

CONTENTS

第Ⅱ部　権利擁護と法

第4章　憲法規範としての権利擁護

第1節　個人の尊厳，幸福追求権（自分らしく生きる権利）…………60

個人の尊厳等の問題となる場面…60／個人の尊厳とは…60／基本的人権の種類…60／幸福追求権（自分らしく生きる権利）とは…62／公共の福祉…62／本人の希望は尊重される…63

第2節　自己決定権・法の下の平等…………64

自己決定権において問題となる場面…64／自己決定権とは…64／障害のある人の自己決定権…64／高齢者の自己決定権…65／法の下の平等（憲法第14条）…66／「平等」の意味…66／差別の禁止…67／自己決定権の保障…67

第3節　生存権…………68

生存権の問題となる場面…68／生存権とは…68／法的性格…68／重要な生存権に関する判例…69／老齢加算と生存権…70／その他の社会権…71

第4節　国際条約と憲法…………72

国際条約とは…72／条約の締結手続き…72／憲法と条約の関係…72

第5章　民法における権利，義務，責任

第1節　権利能力，意思能力，行為能力…………76

問題となる場面…76／権利能力とは…76／意思能力とは…76／行為能力とは…78／制限行為能力者の相手方の保護…78／支援者がすべきこと…79

第2節　契約法における権利と義務（売買，賃貸借，雇用）…………80

契約において問題となる場面…80／契約の当事者…80／契約の成立…80／契約内容…81／情報提供義務…81／問題があれば法律の専門家へ…82／売買において問題となる場面…82／売買契約とは…82／手付とは…82

CONTENTS

／瑕疵担保責任から「契約内容不適合」へ…83／支援者が知っておきたい売買の法的知識…84／賃貸借について問題となる場面…84／賃貸借契約とは…84／賃料の滞納…84／原状回復義務…85／支援者が知っておきたい賃貸借の法的な知識…85／雇用において問題となる場面…85／雇用契約とは…85／雇用促進法…86／差別禁止と合理的配慮…86

第3節 不法行為責任 ……… 88
不法行為責任，監督者責任において問題となる場面…88／不法行為責任とは…88／責任能力とは…88／監督者責任とは…89／認知症高齢者と不法行為責任…90／使用者責任において問題となる場面…90／使用者責任とは…90

第4節 親族・相続 ……… 92
親族とは…92／扶養義務とは…92／生活保護との関係…92／相続とは…93／相続人の範囲と順位…93／法定相続分…94／相続の承認と放棄…94／遺言…95／遺留分…95

第6章 権利擁護を目的とした行政法規

第1節 社会福祉制度と行政法 ……… 98
行政法とは何か…98／社会福祉分野の行政法…98／法律を読み解く…99／生存権と社会保障制度…100

第2節 障害者総合支援法と権利擁護 ……… 102
障害者総合支援法とは…102／障害者総合支援法の成立過程と権利擁護…102／障害者権利条約…104／障害者差別解消法…104

第3節 虐待防止法と権利擁護 ……… 106
4種類ある虐待防止法…106／虐待とは何か…106／分離措置制度の適用…107／虐待防止法の課題…108

第4節 消費者保護と法 ……… 110
消費者保護とは何か…110／消費者契約法…110／取消権…111

CONTENTS

第7章　権利擁護にかかわる機関と専門職

第1節　家庭裁判所 ………… 114
家庭裁判所とは…114／機構と組織，権限…114／家庭裁判所の取り扱う事件と手続…114／人事訴訟事件…116／少年保護事件…116

第2節　法務局 ………… 118
組　織…118／役　割…118／主な業務…118

第3節　市町村と社会福祉協議会 ………… 120
市町村と権利擁護…120／成年後見制度利用支援事業…121／権利擁護支援センター等の整備…121／地域の権利擁護支援の推進…122／社会福祉協議会とは…123／日常生活自立支援事業の実践…123／法人後見と権利擁護センター等の取り組み…124

第4節　権利擁護にかかわる専門職の役割 ………… 126
弁護士の役割…126／成年後見と弁護士…127／日本司法支援センター（愛称：法テラス）…127／司法書士の役割…128／司法書士と成年後見…128／社会福祉士の役割…129

第Ⅲ部　成年後見制度の実際

第8章　成年後見制度の理解と活用

第1節　成年後見制度の理念 ………… 134
成年後見制度の概観…134／成年後見制度の制定経過…135／成年後見制度の理念…136

第2節　法定後見制度の理解 ………… 138
三類型…138／選任申立…138／成年後見人等の義務…140／成年後見開始の審判の本人に対する効果…141／成年後見人の職務…141／保佐開始の審判の本人に対する効果…142／保佐人の職務…142／補助開始の審判の本人に対する効果…143／補助人の職務…143／成年後見等の終了事由…143

CONTENTS

第3節　任意後見制度の理解・・・・・・・・・・ 146

任意後見制度の存在意義…146／任意後見契約の締結…146／効力の発生…148／任意後見人の行う事務…148／任意後見監督人…148／任意後見契約の終了…149／任意後見契約の課題…149

第4節　制度動向と課題・・・・・・・・・・ 150

成年後見制度の利用状況…150／成年後見制度の制度動向…150／市民後見人の育成…152／後見制度支援信託…152／意思決定支援…152

第9章　成年後見制度の権利侵害事例への活用

第1節　消費者被害等における成年後見制度の活用・・・・・・・・・・ 156

事　例…156／成年後見制度につなげるまで…156／成年後見等開始申立手続の実際…158／民事法律扶助・司法ソーシャルワーク…158／消費者被害等への対応…160／債務整理について…161

第2節　虐待事例における成年後見制度の活用・・・・・・・・・・ 162

事　例…162／市町村長申立てについて…162／後見人等による虐待への対応…163／養護者による障害者虐待への対応の流れ…164

第10章　成年後見制度とソーシャルワーク

第1節　成年後見制度の多様な担い手——専門職後見人・法人後見・市民後見人・・・・・・・・・・ 168

成年後見制度の多様な担い手の現状…168／専門職後見人…168／法人後見…169／市民後見人…170／成年後見制度の多様な担い手がいることの意味…170

第2節　ソーシャルワークにおける後見人等との連携・協働の視点・・・・・・・・・・ 172

後見人等との連携・協働の必要性…172／ソーシャルワーカーと後見人等との連携・協働の形…172／後見人等との連携・協働に求められる視点…174

CONTENTS

第3節　ソーシャルワーク実践における成年後見制度の活用の視点・・・・・・・・・・176

福祉サービスの利用を目的とした成年後見制度の活用状況…176／虐待等の対応における成年後見制度の活用
状況…177／ソーシャルワーク実践における成年後見制度の活用の視点…178

第Ⅳ部　さまざまな権利擁護支援の方法と実践

第11章　福祉サービスと権利擁護

第1節　日常生活自立支援事業（福祉サービス利用援助事業）の概要と活用・・・・・・・・・・184

判断能力が不十分な人の福祉サービスの利用援助…184／日常生活自立支援事業と福祉サービス利用援助事業
との関係…184／日常生活自立支援事業の利用対象者…185／日常生活自立支援事業の実施体制…186／日常生
活自立支援事業の援助内容…186／日常生活自立支援事業と成年後見制度の違い…187

第2節　福祉サービスと苦情解決のしくみ・・・・・・・・・・188

福祉サービスにおける苦情…188／苦情解決体制…188／苦情解決と運営適正化委員会…189／福祉サービスに
対して寄せられる苦情…189／苦情への対応のあり方…190／苦情解決と権利擁護…190

第3節　福祉サービスと第三者評価・・・・・・・・・・192

第三者評価導入の背景…192／第三者評価のしくみ…192／第三者評価の評価項目…193／第三者評価が果たす
利用者に対する権利擁護…193

第12章　さまざまな権利擁護支援の実際

第1節　セルフネグレクトの人への支援・・・・・・・・・・198

事　例…198／セルフネグレクトの理解…199／セルフネグレクトの人への権利擁護支援…200

第2節　アルコール等依存症の人への支援・・・・・・・・・・202

事　例…202／依存症の内容と状況…203／依存症の理解と対応…204／権利擁護支援と依存症…205

CONTENTS

第3節　生活困窮者への支援・・・・・・・・・・206
事　例…206／生活困窮者自立支援事業の現状…207／生活困窮者と権利擁護支援…209

第4節　罪を犯した障害者・高齢者への支援・・・・・・・・・・210
事　例…210／罪を犯した障害者・高齢者の状況…211／罪を犯した障害者・高齢者への権利擁護支援…212

第13章　権利擁護支援システム構築の課題

第1節　権利擁護支援の動向──成年後見制度利用促進法と基本計画・・・・・・・・・・216
基本計画のポイント…216／地域連携ネットワークと中核機関の具体的な役割…217／具体化の課題…218／権利擁護支援と成年後見制度…219

第2節　権利擁護支援と市町村の役割・・・・・・・・・・220
国と地方公共団体の役割…220／虐待防止と市町村の役割…221／成年後見制度と市町村…222

第3節　権利擁護支援システムの構築に向けて・・・・・・・・・・224
権利擁護支援ニーズの内容と特性…224／権利擁護支援システムの構成…225／権利擁護支援システムの構築プロセス…228

さくいん・・・・・・・・231

第 I 部
ソーシャルワーク実践としての権利擁護

第1章

ソーシャルワークの理念と
権利擁護

本章で学ぶこと

● 本人の「生活」を支える権利擁護のために，必要な視点を知る（第1節）。

● 本人の主体性を尊重することの意味と，権利擁護の関係を理解する（第2節）。

● 権利侵害の予防的支援に必要な窓口と住民の協働について考える（第3節）。

● 地域ぐるみで権利擁護に取り組むため，しくみづくりと住民参画の意味を理解する（第4節）。

第1節 本人の「生活」を支える権利擁護

この節のテーマ
● 近年権利擁護が求められるようになった背景を理解する。
● 「生命」「生活」「人生」のそれぞれに課題があることを知る。
● 地域を基盤としたソーシャルワークの必要性を理解する。
● 基礎理論としてのジェネラリスト・ソーシャルワークの視点を知る。

権利擁護が求められる背景

近年さまざまな領域で人権問題が語られることが多くなった。LGBT[1]などのマイノリティや難民の問題，ヘイトスピーチ等の民族差別，虐待，子どもの貧困など，多様な課題がメディアで毎日のように取り上げられている。また「権利擁護」は，特に社会福祉の領域で語られることが大変多くなっている。同じ権利という言葉でも，**人権**（human rights）とは，国家にも侵すことができない普遍的なものとしての全て，人類に固有とされる尊厳や平等のことであり，一方で**権利**（rights）は，基本的には個人と個人の関係のなかで規定されるもので，法律，条約，条例などに定められている権利を指すことが多いといえる。

日本において近年「権利擁護」が求められるようになった背景にはいくつかの要因が考えられる。一つには，社会福祉基礎構造改革により，社会福祉サービスを利用する際に行政による措置として決定される方式から，利用者の自由な意思に基づく契約方式へ転換されたことにより，意思決定能力に課題のある人へのサポートが必要となったことがあげられる。そうして2000年に導入された契約方式の介護保険の施行と同時に民法の改正による成年後見制度が成立し，利用者にとって最善の利益を追求することが求められるようになった。二つには，高齢者介護における虐待，障害者虐待，児童虐待，新たな子どもの貧困の問題等，近年になってさまざまな事例が顕在化してきて，そこへの対応が求められるという状況がある[1]。

また三つ目には，戦後の社会福祉政策においては，企業と家族に依存した経済成長期には**社会福祉六法**[2]を中心に，その対象を緊急援護としての貧困者，児童，身体障害者から，知的障害者，高齢者，母子家庭などに拡大してきたが，やがて経済成長の後退を背景に，急速な高齢化・少子化施策として子育て支援や高齢者の介護・地域ケアが主流となってきた。こうしたなかで社会福祉は，政策に対する補完的な役割から，その隙間を埋めるような役割が求められるように変化してきたことがあげられる[2]。そこではさまざまな複合する課題を持った人々を既存の制度にあわせるのではなく，課題を持った本人を主体として，むしろ制度側が個々の本人の事情に合わせいくことを重視して，本人中心の支援をすることが重要となっている。そこに権利擁護の視点が見出される[3]。

必ず覚える用語

- [ ] **人権**
- [ ] **権利**
- [ ] **生活**
- [ ] **地域包括ケアシステム**
- [ ] **ソーシャルワーク**
- [ ] **ソーシャルアクション**
- [ ] **ジェネラリスト・ソーシャルワーク**

さまざまなレベルの「生活」を支える

　人々の「**生活**」は，さまざまなレベルで営まれている。英語の表記である"Life"には，生命，生活，人生の3つの意味を含んでいる。ソーシャルワーカーがその人の「生活」を支えるといったとき，それらのいずれか，また複数のレベルにおける課題があることを前提として，その時々の局面に対応していく必要がある。

　たとえば，「生命」のレベルとは，医療における治療の選択，終末期の希望，看取りに対する考え方等が含まれる。「生活」のレベルには，日常的な金銭管理や衣食住などに関する日常的な事柄など多くの課題がある。また「人生」には，居所の選択や職業の選択など人生を左右するような重要な事柄等が含まれる。

　ソーシャルワークにおいては，全ての人が個々に固有の身体的心理的状況を持ちながら，医療や学校，職場，家族，地域等多くの制度や機関等との複数の社会関係を結びつつ生活しているととらえている。それらが適切に調整され，円滑に生活できることを本人の主体的側面から支えることがその職務である。そこには，「生命」にかかわる医療との関係，「生活」にかかわる学校や職場，家族との関係，「人生」における地域との関係など，多くの生活上の課題が含まれ，その時々の場面における選択を支え，調整，仲介，代弁などの機能を果たすことにより，本人の「生活」を支えることがソーシャルワーカーとしての任務となる。

◆1　LGBT
Lesbian（レズビアン：女性の同性愛者）Gay（ゲイ：男性の同性愛者）Bisexual（バイセクシュアル＝女性も男性も恋愛対象となる人）Transgender（トランスジェンダー：体の性別と心の性別が一致しない状態の人）の頭文字をとったもの。同性愛は，過去には精神障害に分類されていた歴史があり，今日においても法的制裁の対象となっている国もある。日本においては近年公職にある人がカミングアウト（自らのセクシュアリティを公表すること）したり，同性婚に関する規定が自治体においてできるなど少しずつ理解が進んできているといえるが，身近なテーマとして適切な理解が得られているとは言いがたい状況にある。

◆2　社会福祉六法
生活保護法，児童福祉法，母子及び寡婦福祉法，老人福祉法，身体障害者福祉法，知的障害者福祉法，の6つの社会福祉に関する基本的な法律のこと。いずれも戦後の昭和20年代から30年代に制定されたもので，その後，内容や名称が改定されて現在に至っている。

◆3　地域包括ケアシステム
地域包括ケアに係る理念については，2012年に施行された介護保険法改正において「（中略）地域における自立した日常生活の支援のための施策を，医療及び居住に関する施策との有機的な連携を図りつつ包括的に推進するように努めなければならない」（第5条第3項）との規定が創設された。また，2013年12月5日に成立した「持続可能な社会保障制度の確立を図るための改革の推進に関する法律」において，初めて地域包括ケアシステムの法的定義がなされ，「地域の実情に応じて，高齢者が，可能な限り，住み慣れた地域でその有する能力に応じ自立した日常生活を営むことができるよう，医療，介護，介護予防，住まい及び自立した日常生活の支援が包括的に確保される体制」（第4条4）とされた。

第1章　ソーシャルワークの理念と権利擁護　5

第 1 章
ソーシャルワークの理念と権利擁護
第 1 節 本人の「生活」を支える権利擁護

地域を基盤とした「生活」を支える ソーシャルワーク

近年，高齢世帯・単身世帯の増加，家族や職場の互助機能の低下，価値観の変化など，社会構造の多様な変遷のなかで，新たな社会的孤立や排除，生活困窮などの課題が表面化するようになった。社会福祉行政が六法を中心に行われていた時代には，基本的には，それぞれの法に関係する生活の部分に対して援助が行われていた。たとえば特別養護老人ホームへの入所は，老人福祉法の下に，申請があれば入所判定を経て行政処分として措置されるなどである。しかしながらそれだけでは当事者の抱える複合した課題に対応することが難しくなっている。法律や政策の側から言えば，たとえば高齢者に関連するものだけでも，介護保険法，老人福祉法，成年後見法，高齢者虐待防止法，また持続可能な社会保障制度の確立を図るための改革の推進に関する法律（本法律の中で，初めて**地域包括ケアシステム**[◆3]の定義がなされた）等など，さまざまな関連法が成立している。また「**人生の最終段階における医療提供体制整備等事業**[◆4]」や「**在宅医療介護連携推進事業**[◆5]」等が推進されるなど，多様な形の施策も立ち上がってきている。

このような時代に，個人の生活を支えるには，個々のニーズに対応するために，一つの制度を適用して終わるのではなく，本人の住む地域を基盤として，生活全般を視野に，継続的な支援を行う必要がある[(5)]。たとえば経済的な困窮を理由に必要な医療を拒否し，孤立しているような場合，本人

との関係を樹立した上で医療につなげるための支援を行うことは大変重要である。その際に経済的な支援のために使える制度の活用のみならず，背景にある不安やその他の課題を適切に評価した上で，どのような内容の医療をどのようにして受けるか，場合によっては必要な介護やケアを受けるための準備，生活の場の選択，家族関係の調整，また意思決定能力に課題がある場合には，成年後見制度の活用等々も考えながら，生活全体を視野に入れた支援等が必要不可欠となってくる。こうした生活への支援や法的な支援には，さまざまな関連機関との協働や地域住民の協力等も得て，地域を基盤とした本人の生活を支えていく視点が求められる。

人と環境の交互作用に働きかける

ソーシャルワークとは，一人ひとりが地域における社会生活を円滑に営めるように，それぞれの人の強みを活かしながら，また制度や施策，人々との関係等を用いながら支援すると共に，より幸せな社会のしくみを作ることをめざして活動する，社会福祉の専門職である。このため，ソーシャルワークは，その発祥の頃から個人と個人を取り巻く環境の双方に関心を持ち，その交互作用に働きかけることを重要な視点としてきた。ソーシャルワークの基礎となる理論はさまざまな変遷を経てきているが，地域の福祉的問題の多様化や複雑化に対応するために，人と環境の両方を視野に入れた基礎的な理論として**ジェネラリスト・ソーシャルワーク**を位置づけることができる。

ジェネラリスト・ソーシャルワークは,「多様な展開をし,多方面にその機能を発揮するソーシャルワーク」[6]であり,たとえば,システム論を基礎として,個と地域を一体的なものとして対象把握すること,ストレスを複数のシステムの交互作用の結果としてとらえ,クライエント自身が変化を生み出す過程に深く関与すること,複数のソーシャルワーカーや専門家,ボランティアなどが連携・協働しながら支援するマルチパーソン(複数の人々による)援助システム等をあげている[7]。

核となる考え方は,個人の抱える課題を,個と環境の交互作用の視点からとらえ,変化のために多様な人々が介入することにより,何よりもクライエント自身が変化を生み出す過程にかかわり続けるという姿勢である[8]。また個人の課題を環境と交互作用するシステムととらえ,ソーシャルワーカーが媒介者となって介入することによって,組織やコミュニティに対しても変化を生むという意味で,アドボカシーや**ソーシャルアクション**(55頁)につながり,それらがまた交互作用することによりクライエント自身もエンパワーする[9]。このような意味においてジェネラリスト・ソーシャルワークは,クライエントの権利擁護にとっても大変重要な視点をもつといえる。

なお,ソーシャルワーク実践は,社会生活していく上での課題を持った個人への支援を軸に展開するが,上述のように,そのためには本人を取り巻く環境における多くのシステムにも働きかける必要があり,その対象となるのは本人以外の家族や地域・組織等の個人にも及ぶことがある。そうした場合,課題の解決のために支援の対象となる人のことを,本章では広く「クライエント」と表記している。

◆4 人生の最終段階における医療提供体制整備事業

2013年度に実施された「人生の最終段階における医療に関する意識調査」の結果を背景として,患者の意思を尊重した医療・ケアを実現するため,「人生の最終段階における医療の決定プロセスに関するガイドライン」に則って,医療機関において相談にのり,必要に応じて関係者の調整を行う相談員を含む医療・ケアチームの育成や住民向けの普及啓発を行う等により環境整備することを目的として,2014年より開始された厚生労働省が公募し,展開している事業。

◆5 在宅医療介護連携推進事業

医療と介護を必要とする高齢者が地域での生活を継続できるよう,関係機関が連携して在宅医療・介護を提供できるように,平成27年から平成30年までに全市町村が地域支援事業として取り組めるように厚労省が予算化した事業。事業項目は,医療・介護の資源把握,連携の課題抽出と対応策の検討,提供体制の構築推進,情報共有,関係者への相談支援,研修,住民への普及啓発等,8項目を全て実施することとされている。

注
(1) 岩間伸之・原田正樹(2012)『地域福祉援助をつかむ』有斐閣,115。
(2) 岩田正美監修,岩崎晋也編著(2010)『社会福祉とはなにか——理論と展開』(リーディングス日本の社会福祉第1巻)日本図書センター,8。
(3) 岩間伸之(2014)「権利擁護の推進と地域包括ケア——地域を基盤としたソーシャルワークとしての展開」『地域福祉研究』No. 42,16。
(4) 岡村重夫(1983)『社会福祉原論』全国社会福祉協議会,68-92。
(5) 前掲書(3)17。
(6) 山辺朗子(2011)『ジェネラリスト・ソーシャルワークの基盤と展開』ミネルヴァ書房,64。
(7) 岩間伸之(2011)「地域を基盤としたソーシャルワークの特質と機能——個と地域の一体的支援の展開に向けて」『ソーシャルワーク研究』Vol. 37,No. 1,12。
(8) 同前書,14。
(9) 同前書,13。

第2節 本人の主体性の尊重と権利擁護の接点

○ この節のテーマ
- 本人の主体性を尊重するということの意味を知る。
- 「価値」に基づいたプロセスで本人を支えることの意味を知る。
- 本人らしい生活を支える積極的権利擁護について理解する。
- 自己決定を支える前提となる援助関係について理解する。

本人の主体性を尊重する

　ソーシャルワークは，知識・技術・価値が一体となって実践に反映されるものである。そのなかでも「価値」は実践の柱となり，支援を方向づけするものとして大変重要なものである。「価値」(1)とは，ソーシャルワーク専門職として共通に持っておくべき価値基盤のことであり，「援助を方向付ける理念・思想・哲学」と説明できる。知識や技術をどのように，どの方向に向けて活用するかは，「価値」によって決まることになる。また「価値」の中で根源的な意味を持つのが，「存在そのものの尊厳」を重視するところから導き出される本人の「主体性の尊重」である。(2)

　支援のプロセス全般にわたって，課題の取り組みの主体は，あくまでも本人であり，本人は援助を与えられる存在ではない。医療のように，「治療する人」「治療される人」，あるいは教育のように「教育する人」「教育される人」という関係のように，「援助する人」「される人」という関係をソーシャルワークはとらない。またそのため，クライエントに対して問題のある人，弱点のある人というとらえ方もしない。生きていく上でのさまざまな課題はその人の文脈のなかでしか解決で

きず，他人が請け負うことはできない。ソーシャルワークは，本人しか生きられない人生をその人らしく実現していくための歩みに，社会関係というつながりの中で専門的に支えていく営みである。(3)

　社会福祉原論の観点から，複数の社会関係を結びながら生きていく人々の社会生活の主体的側面を支援することが社会福祉固有の視点であるとしたのは，岡村重夫である。生活する主体者としてクライエントをとらえ，その主体性を貫徹することを支え続けることが社会福祉実践としてのソーシャルワークであることの理論的な意味づけがここにあるといえる。

「価値」に基づくプロセスとして本人を支える

　本人の主体性を尊重した支援とは具体的にどのような実践を意味するのだろうか。岩間は，本(4)人主体を「中核的な価値」ととらえ，そこから派生する要素としての「価値」を5点あげ，以下のように解説している。

①　本人のいるところから始める──スタート地点の見極め

②　最初の一歩を支える──本人の存在そのものを尊重する

③ 援助関係を活用する——伴走する援助のための核の形成
④ 本人が決めるプロセスを支える——援助の過程を本人が展開する
⑤ 新しい出会いと変化を支える——本人を取り巻くシステムの新たな創造

　本人のいるところから始めるとは，本人のこれまでの人生や生き方，価値観などその人のストーリーを大切にして内側の世界から理解を深めるところからスタートすることである。地位や資産や能力等の要因とは全く関係なく，その存在そのものを尊重するという姿勢が根底にある。

　その上で，支援のプロセス全体の核となるのがクライエントとの援助関係である。そこではまずはクライエントを**受容**することにより，自分の居場所を確保できるような関係性が基底となる。そのことが梃子となって変化を生み出し，本人の主体性を発揮できるような環境を創っていく。始めから終わりまでプロセスの中心となるのは本人であり，それを支え続けるのが**ソーシャルワーカー**である。本人を取り巻く環境との関係を調整し，新しいシステムに絶えず変化していく。互いに支えあい相互作用し合って新しい関係を形成するプロセスを支え続けるなかで，本人の主体性の発揮につながっていくことが大切である。

▌積極的権利擁護

　権利擁護の概念に定まった定義はないが，基本的な生活上のニーズが満たされない場合は言うまでもなく，虐待や経済的搾取，差別等からの擁

必ず覚える用語

- ☐ ソーシャルワーク
- ☐ 価値
- ☐ 受容
- ☐ ソーシャルワーカー
- ☐ 自己実現
- ☐ ストレングス
- ☐ 自己決定
- ☐ 対人援助

◆1　受容
バイステックによるケースワーク関係の原則（31頁参照）の内の一つ。援助者がクライエントの存在に対して，敬意を持って受け止める姿勢を指し，置かれている状況を把握し，治療的な理解の下に適切な現実として認めることとされる。ケースワーカーの役割としては，クライエントの思考と感情，アンビバレント（両面価値）な欲求を受け止め，潜在能力をとらえて成長を促進することが求められる。そのためには，人間の行動様式についても十分な知識をもち，偏見や先入観を廃し，自らの感情を転嫁しないことなどが必要となる。

◆2　自己実現
心理学や社会学，精神医学など複数の学問領域で用いられるが，社会福祉学では，自己のもつ能力を活用して，自らの望む生き方や生活課題に対する価値を追及しその実現に向かうことを表している。社会福祉士の倫理綱領では，サービス利用者の自己実現を目指す専門職であることが明記され，支援に際しては，その実現を抑圧する環境への働きかけを含む。一方で心理学者のマズローは，生理的欲求や，安全の欲求，所属と愛情の欲求，承認の欲求といった社会的欲求の満足を前提として，自らの内にある可能性を実現して自分の使命を達成し，人格内の一致・統合をめざすことを指すとしている。

護が含まれることは間違いないといえる。しかしながら社会福祉の観点からは，「本人らしい生活や変化」を支えるという意味で，より積極的な姿勢が求められる。そこでは本人にとっての生活や人生の意味づけが重要な意味を持ち，上述したような関係性を取り結びながら本人の主体性を尊重し，本人自身が変化を生み出し**自己実現**◆2していく過程に深くかかわっていくことが必要となる。その事を岩間は「積極的権利擁護」と呼んでいる。(5)

　判断能力が不十分な人々に成年後見制度に基づいて後見人が選任されたとしても，その後見人が本人の意思を十分に尊重できずにサービスの契約をしたり，お金を使ったとすれば，たとえ合法的な行為であったとしても，権利侵害につながる可能性があり，危険性を孕むことになる。本人の判断能力が不十分でも，ニーズや要求をいかに把握するか，いかにして自己実現のプロセスを歩むのか，そのことに深くかかわろうとする姿勢を持ち，追究し続けるところに，権利擁護をソーシャルワークの文脈の中でとらえることの真価がある。(6)

　こうしたソーシャルワーカーによる本人の変化を支えるプロセスにおいては，生じている何らかの課題を一つの要素に起因するものととらえるのではなく，本人を取り巻くグループ，家族，機関，地域などさまざまな環境におけるシステムが交互作用する結果してとらえる。このため，本人の持つ強み（**ストレングス**）はもちろんのこと，多様な環境のシステムにおいてもマイナス面だけでなく，プラス面にも着目して活用するなかで，変化を促進するプロセスを支え続けることがソ

ーシャルワークにおける権利擁護の特徴といえる。(7)

自己決定を支える援助関係

　自分の事は自分で決めるという**自己決定**ができるためには，取り巻く周囲の環境が，本人にとって安心と安全が確保され，落ち着いた状況にあることが前提条件となる。意思決定能力や判断能力が低下している場合には，特に支援者との援助関係が非常に大切な基盤となる。さまざまな物事の決定にはソーシャルワーカーや成年後見人だけではなく，周囲の家族や近隣住民，サービス提供者，医療関係者などさまざまな人々がかかわる場合も多い。そのような状況の中で意思決定していくことには，根底に信頼できる援助関係があることが何よりも重要な前提となる。

　虐待が疑われる場合には，身体面，精神面とともにその環境を整えることへの判断が求められ，本人が自己決定できる状況に持っていくまでに必要な時間をかけることが重要となる。その上で，本人の主体性を尊重し，周囲の環境を広く視野に入れたプロセスの中で本人を支えていくことが大切である。(8)

　対人援助の基本は人と人との「関係性」にあり，支援の要となる大切な要素である。さまざまな背景をもった本人と良い「関係性」を結ぶためには，まず何よりも目の前にいる人が自分の意思を主体的に持った尊厳のある人として，率直に向き合えることがスタートとなる。ソーシャルワークは，価値・知識・技術の3つの要素を大事にする専

門職であり，こうした意味で「価値」が支援の基底にあるといえる[9]。

ソーシャルワークの母といわれる**リッチモンド**◆3[10]は，『ソーシャル・ケースワークとは何か』のなかで，各々の人間のパーソナリティに対して「直感的に畏敬の念を持て」と述べているが，そうした思いや態度を素直に持てることが，意思決定を支援する者に求められる資質の一つのポイントになる。

また意思決定のプロセスを支えるということは，本人の「揺れ」や「痛み」に付き合っていくことでもある。支援のプロセスにおいて，本人と周囲の意見が対立したり，イメージが湧きにくい事柄への対応や，リスクへの判断が難しい等，多くの課題が考えられるなかで，本人にとってより優位の希望を叶える道を模索し，長期的に揺らぎや変化を支えていくことが求められる。そうした信頼関係を基にした意思決定支援のプロセスのなかで得た経験を蓄積し，複数の支援者の中で可能な限り共有し，互いに確認しながら進めることが，当事者と支援者間，そして支援者同士の信頼関係と安心につながり，そしてそれらが好循環することになっていく[11]。

◆3　リッチモンド（Richmond, M.：1861-1928）

「ケースワークの母」といわれるメアリー・リッチモンドは，1861年に生まれ，ホテルの会計事務などを経て，1889年ボルティモアのCOS（慈善組織協会）に入職。友愛訪問においては生活困窮等の問題を個人の責任とせず，環境改良の必要性を説き，社会改良と「改良の小売的方法」としてのケースワークは相互補完的であるべきと主張した。その後，同協会の総主事等を歴任。1917年『社会診断』，1922年に『ソーシャルケースワークとは何か』を発刊している。

注

(1) 岩間伸之 (2014)「ソーシャルワーク実践における「価値」をめぐる総体的考察——固有性の根源を再考する」『ソーシャルワーク研究』Vol. 40, No. 1, 15。

(2) 同前書，16。

(3) 同前書，15-17。

(4) 同前書，18-22。

(5) 岩間伸之・原田正樹 (2012)『地域福祉援助をつかむ』有斐閣，117-119。

(6) 同前書，121-122。

(7) 岩間伸之 (2011)「参画型社会福祉の構想」大阪市立大学大学院白澤政和教授退職記念論集編集委員会『新たな社会福祉学の構築——白澤政和教授退職記念論集』中央法規出版，15-16。

(8) 前掲書 (5)，120-121。

(9) 前掲書 (1)，19。

(10) Richmond, M. E. (1922) *What is Social Case Work? An Introductory Description.* New York: Russell Sage Foundation. (= 1991，小松源助訳『ソーシャル・ケースとは何か』中央法規出版，96)

(11) 前掲書 (5)，120-121。

第3節 予防的支援と権利擁護

この節のテーマ
- 予防的支援に必要な総合的生活相談窓口と住民の働きについて理解する。
- インフォーマルサポートの意味と役割を知る。
- 地域住民と専門職との協働による対応のシステムを理解する。
- 予防的支援につながるソーシャルアクションについて考える。

総合的生活相談窓口の必要性と住民の働き

近年マスコミ等にも取り上げられることが多い「ゴミ屋敷」の問題や，引きこもり，養育力の低下した母子家庭の課題，サービスにつながらず孤立している認知症高齢者など，地域で自立して生活することにリスクを抱えている人々が増加する傾向にある。権利擁護支援においては，こうした人々の課題をできるだけ深刻化する前に，予防的に積極的に対応していくことが大切である。

こうした問題の背景には，さまざまな複合した課題，たとえば身体の病気や依存症などの障害，知的障害，経済的問題，家族関係等などからくる「生きづらさ」を抱えていることが多い。こうした人々の存在にまず気付くのは，実は専門家だけではなく，むしろ近隣の住民やお店の人，友人などであることが多いといえる。またそうした「生きづらさ」は，一つの制度で一つの機関で解決できるものでない。したがって問題に気付いたときに，気軽に相談できる窓口があることが大変重要となる。それには従来の縦割り行政に見られるような分断された対応ではなく，まず起きている状況をきちんと受け止め，「断らない」窓口が用意されていることが必要となる。(1)

そしてそこで拾い上げられたリスクに応じて，早期対応を目指して，時には専門家の**アウトリーチ**◆1とともに地域住民と協働して，支援を展開することになる。その際，専門家を含めた権利擁護支援や虐待防止のためのネットワーク，行政と社会福祉協議会などとの連携による制度の隙間を埋めるような支援体制や，NPO法人等との官民による協働などにより対応していくことが必要となる。またそうした支援体制をバックアップするために，自治体内部の庁内連携のしくみをしっかり構築することも大きなポイントとなる。(2)

一方，地域住民がこうした対応ができるためには，日頃から近隣の住民の変化に敏感に気づくことができるよう，地域の課題にアンテナを高くしておくことが求められる。しかしながらこのような動きは一朝一夕にできるものではなく，近隣におきた，たとえば孤立死等をきっかけにとして住民による見守りのシステムを作ったり，行政による認知症ケアのコミュニティ推進事業を受託したNPO法人等を中心とするネットワークを活用して，地域ぐるみの活動を促進する等の積み重ねがベースとなる。さらには問題解決の延長線上に**フォローアップ**としての住民による見守りや，監視することだけではない適切なかかわりを継続することもまた重要となる。(3)

インフォーマルサポートの形成

　支援のための社会資源には**フォーマルサポート**と**インフォーマルサポート**がある。概ね前者は公費を主な財源とする制度化されたサービスであり、後者は、そうした制度に基づかないあらゆる地域の活動が含まれる。インフォーマルサポートは、即応性と柔軟性が高いところに特徴があり、予防的な支援のために重要な役割を果たす。(4)

　たとえば、ある療養型病院では、患者の平均年齢は85歳を超えており、認知症を合併することも多い。退院時には、ほとんどの患者は在宅への退院を望むものの、在宅でのリスクを心配して家族や介護保険事業所は長期入院を希望することが多く、患者の希望が叶わないことが多い。そこで地域の連帯感を深めることで在宅への可能性を高めようと、行政と地域住民が協働して、認知症ケアコミュニティ推進事業へ参加し、病院を事務局とするNPO法人を設立した。そして地域住民のための地域住民によるさまざまな活動を展開することを通して、在宅支援にも多くの住民が関わるようになり、結果的に退院率を大幅に向上させることができた例がある。(5)

　本事例では、地域における認知症の疑いのある事例をキャッチし、予防的に支援につなげることが住民の役割の一つである。また退院時には専門職らとも協働してケア会議を開催し、本人・家族への対応に住民が協力し、継続的な見守りや可能な支援を提供するサポートシステムとして、在宅での療養生活を支え、生活の質の低下の予防に貢

必ず覚える用語

- [ ] アウトリーチ
- [ ] フォローアップ
- [ ] フォーマルサポート
- [ ] インフォーマルサポート
- [ ] 地域包括支援センター
- [ ] ソーシャルアクション
- [ ] エンパワメント

◆1　アウトリーチ
客観的には支援が必要とされる状態にあるにもかかわらず、自発的な援助の要請がない場合や、ニーズが自覚されていない場合に、援助機関のほうから積極的に介入を行い、その問題解決に向けた動機付けや具体的な支援を行うアプローチを意味する。日本の社会福祉では長く申請主義を基本としていたことが、アウトリーチ軽視の背景にあると言われ、「ケース発見」「情報提供」「サービス提供」「地域作り」といったミクロからマクロに至る視点が必要とされている。

◆2　地域包括支援センター
2005年の介護保険法改正において、「地域住民の心身の健康の保持及び生活の安定のために必要な援助を行うことにより、その保健医療の向上及び福祉の増進を包括的に支援することを目的とする施設」(第115条の46)と規定され、2008年には全市町村設置となっている。包括的支援事業と指定介護予防支援事業が必須事業であり、介護予防ケアマネジメント、総合相談、権利擁護、包括的ケアマネジメント支援業務を、原則として保健師、社会福祉士、主任介護支援専門員の3職種で実施することが求められている。

◆3　社会福祉の原理
岡村重夫は、その著書『社会福祉原論』のなかで、人々の生活における社会関係の主体的側面に視点を置くことを社会福祉の固有性とし、その意味内容として4つの原理をあげている。「社会性」の原理とは、社会福祉が問題とする「生活」は社会関係すなわち個人の社会生活に他ならないこと、「全体性」の原理は、複数の社会関係の全体を視野に入れること、「主体性」の原理は、個人は複数の社会関係に規定されながらも、それらの関係を統合する主体者であること、「現実性」の原理は、生活問題の事実をありのままに認識し、現実的に生活するための援助をすると共に、制度側に対しても運営方針の改定や新たなサービスの開始させるよう援助することを指している。

第1章
ソーシャルワークの理念と権利擁護
第3節　予防的支援と権利擁護

献している。

住民にとって認知症は我が事・関心事でもあり、こうした地域におけるインフォーマルサポートは、受け手と担い手はその役割が入れ替わる場合もある。そうした相互性がサポートを継続していく上で大変重要な要素となる。[6]

地域住民の参画と専門職との協働

高齢者虐待防止法が成立し、その対応における市町村の責任が明確になり、成年後見制度の活用や**地域包括支援センター**[◆2]の権利擁護機能の強化など、行政として整備すべき事柄も多い。そうした中で、地域住民は、虐待の発見や見守りだけでなく、予防的支援の観点からどのようなアプローチが求められるだろうか。

岩間伸之は、高齢者虐待対応を例にあげながら、[7]地域住民の参画による予防的支援と専門職との協働による支援のあり方について取り上げている。

高齢者虐待事例へのアプローチに求められるシステムとして、①キャッチシステム、②対応判断システム、③緊急対応システム、④サポートシステム、の4つのシステムが**図1-1**のように示されている。

これらは、発見、初動期の判断と対応、継続的支援という要素が全体に円環しているところにその特質がある。住民は特に虐待の疑いのある事例を把握し、支援につなげること、さらには専門職の関与により、当面の危機を回避し、基本的ニーズと安全、安心が確保された後の見守りやサポートの役割が大きいといえる。一方で、専門職の役割は、全ての局面で全体の動きの中で果たされることになる。[8]

ソーシャルアクションによる予防的支援

生活を支える制度・政策が近年さまざまに成立してきたことは先に述べた通りである。こうした制度は生活困難を支えるが、一定のルールで運用されている以上、常に制約が伴うことも現実である。社会福祉の立場からは、住民の生活をどのようにとらえているのだろうか。

岡村重夫は、**社会福祉の原理**[◆3]としての生活の全体性、社会性、主体性、現実性に基づき、制度の持つ課題を個人の社会関係の主体的側面に焦点をあてる視点を社会福祉固有の視点としている。そして住民の主体性を育む観点から、「個人は、多数の社会関係に規定されながらも、なおそれらの社会関係を統合する主体者である。つまり多数の社会制度に規定されながらも、これらの多数の社会関係を統合し、矛盾のないものとしながら、社会制度の中から自分に都合のよいものを選択したり、時にはこれを変革するよう働きかけて、社会人としての存在意義を示すのが、社会関係の主体的側面の論理のもつ意味である」[9]としている。

こうした住民の主体的な活動は、たとえば地域福祉計画策定に向けた、住民参加によるワーキンググループの活動でみてみよう。ワーキンググループで取り上げた課題を基に、住民が専門家による調査研究に協力し、そこから実証された内容を地域福祉計画に反映させるなどの活動の積み重

図1-1　高齢者虐待事例へのアプローチにおける4つのシステム

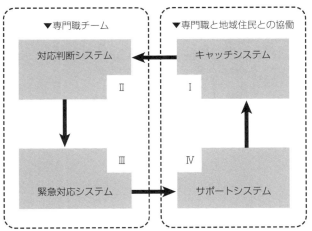

出所：岩間伸之（2008）『支援困難ケースへのアプローチ』メディカルレビュー社，173。

ねがその後の住民の社会生活上の困難の予防につなげることになる。こうした**ソーシャルアクション**への住民の関与はまた，住民自身の生活の主体者としての**エンパワメント**につながって，よりよい循環を生むといえる。[10][11]

　他方で，社会福祉の専門家による住民の権利擁護にかかわる活動も当然ながら非常に重要である。たとえば近年の**病院機能分化**[◆4]政策のなかで，病院経営上の問題から，医療機関による受入れ基準を内部的に設定し，ソーシャルワーカーもそれに準じて相談を行うことによって，要件に合わない患者の受入れを簡単に拒否してしまい，結果的にゲートキーパーとしての役割を担うことになっている例も散見される。その結果，行き場のない患者が不本意な環境の下での生活を余儀なくされ，結果的に病状の悪化や孤立という事態につながることもある。こうした姿勢はソーシャルワークとしての権利擁護には相容れないものであることを自覚し，ワーカー自身の対患者へのミクロレベル（25頁参照）の対人援助実践を省察すると同時に，地域全体を視野に入れてメゾ・マクロレベルの視点を持ってその状況を検証し，病院組織全体による問題意識にまで高めて，アクションにつながるような動きにまで反映させるための専門家としての力量を持つことが今後ますます求められるであろう。

◆4　病院機能分化
1948（昭和23）年に医療法によって医療機関の施設基準を定めて以来，医療法改定により病院の地域偏在の調整や，高齢化などに対応する病院機能の分化が定められ，第4次改定（2001年，平成13年）では，病床区分（一般病床，療養病床，精神病床，感染症病床，結核病床）の届出制が義務付けられた。適切な機能を持った病床で，患者が効率的な医療ケアを受けることを目指して，診療報酬上でも一般病棟，回復期リハビリテーション病棟，療養病棟等に分けられている。今後は2014年に制定された「医療介護総合確保推進法」により，都道府県が2025年に向けて医療機能ごとに需要と病床の必要量を推計し，目指すべき医療提供体制を実現するための施策を持ち込んだ「地域医療構想」を2018年3月に向けて調整し，毎年度具体的対応方針を取りまとめることとなっている。

注
(1)　兵庫県社会福祉協議会（2014）「地域総合相談・生活支援体制づくり研究会」報告書，5-6。
(2)　同前書，17-18。
(3)　岩間伸之・原田正樹（2012）『地域福祉援助をつかむ』有斐閣，126。
(4)　同前書，127。
(5)　猿渡進平（2013）「地域を繋ぎ"住み慣れた家へ退院"を目指す」『病院』Vol. 72, No. 1, 72-75。
(6)　前掲書(3)，128。
(7)　同前書，128-130。
(8)　同前書，129。
(9)　岡村重夫（1974）『地域福祉論』光生館，97。
(10)　前掲書(3)，21。
(11)　岩間伸之（2011）「地域を基盤としたソーシャルワークの特質と機能―個と地域の一体的支援の展開に向けて」『ソーシャルワーク研究』Vol. 37, No. 1, 11。

第4節 地域ぐるみで取り組む権利擁護に向けて

この節のテーマ
- 地域住民による参画型の活動の意義を知る。
- ネットワークが必要となる法的根拠とその意味を知る。
- 権利擁護の仕組みづくりの必要性を理解する。
- 権利擁護のための意識向上と社会資源開発の重要性を学ぶ。

地域で支える参画型社会福祉

ソーシャルワークとしての権利擁護を実践するためには、本人を取り巻くグループ、家族、フォーマル・インフォーマルな機関、サービス事業者、近隣、地域などさまざまな環境を視野に入れる必要がある。本人の抱える課題には、身体的、心理的、社会的に多様な背景があり、また本人らしい生活を実現にしていくためには、個人を支えるだけでは十分でないことはこれまでにも述べた通りである。たとえば普段からかかわってくれている隣人や民生委員などに、本人の生活を支えていく上で協力を求めたり、時には物事の決定にも参加をお願いすることがある。こうした個人の生活を近隣の人たちが支えることの一方で、たとえば、認知症がある人を地域ぐるみで支える活動を組織化するなど、個人の生活を支える地域をつくることもまた大変重要である。

かつて岡村重夫は、**地域福祉**の基本的性格として「住民の主体性と社会性すなわち自発的共同性を育てるような援助活動、すなわち地域組織化のための活動でなければならない」と主張した。ソーシャルワークとしての権利擁護実践には、地域におけるクライエントや地域住民の主体性を喚起することによって支えあうことが欠かせないといえる。

そうした支え合いのための活動として制度と成立しているものに**市民後見人**がある。成年後見制度ができて十数年が経過し近年その養成が期待されている。市民後見人の最大の意義は、市民という立場で権利擁護の取り組みに法的に根拠を持ちながら参画できる道が切り拓かれた点にある。市民後見人活動は、住民同士の「支え合い活動」の延長線上に位置づけられ、新しいコラボレーション（協働）の下に行われる市民による積極的な社会参画活動として期待される。

ネットワークによる連携・協働

複数の援助機関、専門職、そして地域住民がネットワークやチームを形成し、連携と協働によって援助を提供することは、**地域を基盤とするソーシャルワーク機能**の大きな特質である。

社会福祉士及び介護福祉士法においては、第2条に、「社会福祉士は、医師その他の保健医療サービスを提供する者その他の関係機関との連絡及び調整その他の援助を行う」また第47条に「福祉サービスや保健医療サービスなどが総合的に適切に提供されるよう、地域に即した創意と工夫

を行いつつ，連携を保たなければならない」と規定されている。そして2012年に施行された介護保険法改定においても「（中略）地域における自立した日常生活の支援のための施策を，医療及び居住に関する施策との有機的な連携を図りつつ包括的に推進するように努めなければならない」（第5条第3項）と「地域包括ケア」の理念が創設されている。

　一方で，ネットワーク自体は目に見えるものではなく，常に変動する状態や機能でもあり，とらえどころがないとも言える。岩間伸之によれば，ソーシャルワーク実践におけるネットワークとは，ソーシャルワークの目的を達成する手段としての関係者・機関の「つながり」であり，連携・協働・参画・連帯が機能する状態である。松岡克尚はまた，**ネットワーク**の性格には，相互作用性，成員の主体性，成員の対等性，**資源交換性◆2**，成員の多様性があるとする。したがってそれらのバランスによって，必ずしもネットワークが常にポジティブに働くとは限らず，ネガティブな方向へ流れることを防ぎ，形骸化させないための工夫も同時に求められることとなる。こうした働きかけを担うのは，社会福祉協議会のコミュニティワーカーや地域福祉コーディネーターであり，その役割は，たとえばメンバーの当初の「集められた感」から，主体性の高まりと合意形成を促進し，活動への支援者の組織化を図ることなどにある。

▍権利擁護のしくみづくり

　住民や専門家により発見され，相談の窓口に辿

◆1　市民後見人
定義や所掌範囲は明確にはされていないが，弁護士や司法書士などの資格は持たないものの社会貢献への意欲や倫理観の高い一般市民の中から，成年後見に関する一定の知識・態度を身に付けた良質の第三者後見人等の候補者のこと（日本成年後見学会）で，一般には，多額の財産や紛争のない比較的難易度の低い事案が想定されている。

◆2　資源交換性
松岡克久は，専門職のネットワークのメンバー間において，利用者の支援のために相互に情報を交換したり，互いに相談や助言をして情緒的に支えあったり，具体的な業務や仕事のやり取りをするなど，ギブ・アンド・テイクの関係が重要な要素であるとして，その要素を資源交換性と名付けている。

◆3　全国権利擁護支援ネットワーク
高齢者・障害者等の増大する多様な権利擁護支援ニーズに鑑み，支援手法の標準化・普遍化，支援現場からの問題提起，地域性を尊重した支援活動の推進，支援システムの構築のための法整備などを目指して，NPO法人「PASネット」の活動を発展させる形で2009年に設立された一般社団法人。2017年度現在，全国で134団体が加入している。

◆4　相互援助システム
ソーシャルワーク援助技術の一つであるグループワークにおける援助媒体には，ワーカーとメンバーの対面的援助関係，メンバー間の相互作用などがあるが，岩間は，ワーカーとの対面的関係では生起しえない問題解決の可能性を持つ理想的なグループとして，メンバー相互に手を差し延べあえる複数の援助関係が存在することを「相互援助システム」と呼んでいる。また「相互援助システム」の最大の魅力は，メンバー間の交互作用がグループ独自の規範や文化を創出し，それがさらにメンバー個々の行動に影響を与えるという相乗作用の中で全体としてのグループが成長していく創発的可能性にあるとしている。

第1章
ソーシャルワークの理念と権利擁護
第4節　地域ぐるみで取り組む権利擁護に向けて

りついたさまざまな当事者の課題は，権利擁護支援の受け皿としての的確なしくみづくりがなされていることによって，初めて地域での普通の生活が保障されることになる。それには，①当事者本人への支援　②権利についての住民の意識の向上　③社会資源の開発とシステム評価，の3つの方向が必要とされている。[10]

ここで取り上げる①の本人への支援には，生活に必要な福祉的支援と，権利侵害に対する法的対応や成年後見制度の利用支援等が含まれる。近年では，こうした当事者支援を中心とした権利擁護支援システムの中核的役割を果たす機関として，**権利擁護支援センター**を設置している自治体が増えてきており，2017年現在「**全国権利擁護支援ネットワーク**◆3」に加盟している権利擁護支援センターは，117団体に上っている。

権利擁護支援センターの機能は，直接的な相談窓口の機能のほかに，地域包括支援センターや虐待防止センター，障害者相談支援事業所等既存の相談機関に対するバックアップやネットワーキング，予防の観点を踏まえた人材育成やネットワークの構築等である。[11]

権利擁護のしくみを作るには，①支援ケースに応じて，必要な体制やしくみを部局横断で検討する。②自治体の関係部局と社会福祉協議会やNPOなどの外部機関と検討する場を設ける。③行政所管部局を明確にする。④権利擁護支援のしくみを点検・改善する場を確保する。⑤自治体の障害や介護保険等分野別計画に位置づけることが，ポイントとされている。[12]たとえば兵庫県西宮市では，②の場の設定を3年かけて検討し，権利

擁護支援システムの実効性を担保し，権利擁護支援センターの円滑な運営のための助言をする「運営委員会」，横断的課題を逃さないための「庁内トータルサポート体制」，システム全体の課題を検討する「システム推進委員会」の3つの場を設けた例がある。

権利擁護のための住民意識の向上と資源開発

誰もが地域の中で自立した生活を普通に行うことが保障されるには，権利擁護が必要な課題について住民自身が理解していることが前提とならなければならない。星野英一[13]によれば，日本の法律は，ほとんどが明治期または第二次世界大戦後に外国から輸入されたもので，当時の社会規範を十分に調査する時間がなく，「権利」という言葉自体も十分な吟味をする間もなく作られたとされている。このため，「権利」は，日本国民にとってはいわば外から与えられた感が強いのが特徴とされている。

実際に「権利擁護」が必要な課題には，権利侵害を受けている，権利の内容を知らされていない，権利が行使できない，判断能力が低下している等の状況が考えられる。[14]したがって，まずは住民自身が，地域のなかで人間らしく生きる権利を自覚し，様々な接点を通して，差別や偏見のない，社会的な排除を生まない受容的な**共生社会**のコミュニティを創っていくことが重要である。[15]

様々な多様性を受入れ，共生する社会を実感し，意識向上を図るには，グループを媒体として個人の成長や，問題の解決を促すソーシャルワークの

18 ｜ 第Ⅰ部　ソーシャルワーク実践としての権利擁護

一方法であるグループワークを活用することも有用である。問題解決の主体はあくまで本人であるというソーシャルワークの価値は，グループにおいても変わらず，ワーカーの役割は，グループの力動を援助媒体としながら，メンバー間の相互作用を促進させ，「**相互援助システム**[◆4]」を媒介として各メンバーのもつ問題解決につなげることにある[16]。こうした相互作用を通じて，住民自身が自らの問題解決や課題に向き合うことから，共生社会への意識の向上につながっていく。

　他方で，権利擁護のための相談支援体制は，先に述べたように，単独の機関によって達成できるものではない。また制度の有無にかかわらず柔軟な支援体制を構築することは行政だけで困難である。このため，公的機関，民間の機関・施設，当事者・住民団体，NPO など広範な参加による協働体制が求められる。こうした体制を促すネットワーク作りや，結果として新たな社会資源を生み出す**地域福祉コーディネート機能**（コミュニティソーシャルワーク）を確保することが今後大変重要な課題となる[18]。

必ず覚える用語

- [ ] **地域福祉**
- [ ] **市民後見人**
- [ ] **地域を基盤とするソーシャルワーク機能**
- [ ] **ネットワーク**
- [ ] **権利擁護支援センター**
- [ ] **全国権利擁護支援ネットワーク**
- [ ] **共生社会**
- [ ] **地域福祉コーディネート機能**

注

(1) 岩間伸之・原田正樹（2012）『地域福祉援助をつかむ』有斐閣，41-48。
(2) 岡村重夫（1970）『地域福祉研究』柴田書店，10。
(3) 岩間伸之（2011）「参画型社会福祉の構想」大阪市立大学大学院白澤政和教授退職記念論集編集委員会『新たな社会福祉学の構築——白澤政和教授退職記念論集』中央法規出版，62。
(4) 岩間伸之（2009）「権利擁護に担い手としての「市民後見人」の可能性——行政と市民の新しいコラボレーション」『月刊福祉』2月号，46。
(5) 岩間伸之（2010）「市民後見人の理念とこれからの課題——成熟した市民社会への道程」『月刊福祉』8月号，37-38。
(6) 前掲書（1），80。
(7) 松岡克尚（1998）「社会福祉実践における「ネットワーク」に関する一考察」『社会福祉実践理論研究』7，13-22。
(8) 同前書。
(9) 兵庫県社会福祉協議会（2014）『ネットワークと協働でつくる！総合相談・生活支援の手引』「地域総合相談・生活支援体制づくり研究会」報告書，22。
(10) 同前書，13。
(11) 同前書，14。
(12) 同前書，15。
(13) 星野英一（2010）『法学入門』有斐閣，3-4。
(14) 兵庫県社会福祉協議会（2007）「市町域の権利擁護のあり方検討会報告書」9。
(15) 前掲書（9），37。
(16) 前掲書（1），92-95。
(17) 同前書，91-95。
(18) 前掲書（9），38。
〈参考文献〉
岩間伸之（2008）『支援困難ケースへのアプローチ』メディカルレビュー社。

さらに学びたい人への基本図書

岩間伸之・原田正樹『地域福祉援助をつかむ』有斐閣，2012年
「地域福祉援助」を「地域を基盤としたソーシャルワーク」と「地域福祉の基盤づくり」を一体的にとらえて展開しようとする実践概念と定義し，そのモデルを構想して書かれている。その特徴は，さまざまな生活のしづらさを抱える人たちを専門職と地域住民らが協働して支え，個別の援助を包摂した地域福祉の推進と地域福祉の基盤づくりが循環していくところにあり，全体を一つの事例を用いながら解説している。

岩間伸之「ソーシャルワーク実践における「価値」をめぐる総体的考察——固有性の根源を再考する」『ソーシャルワーク研究』Vol. 40, No. 1, 15-24, 2014年
ソーシャルワークの構成要素である「知識」「技術」「価値」の内，「価値」に焦点付けて，実践における位置づけや重要性を示した上で，その全体像を中核的価値・派生的価値・根源的価値の3つの枠組みから論じている。存在への尊厳や主体性の尊重，支え合いの促進を「根源的な価値」として，ソーシャルワーク実践において「価値」の総体が具体的にどのように導き出されるのかについて解説している。

兵庫県社会福祉協議会「地域総合相談・生活支援体制づくり研究会」報告書「ネットワークと協働で作る！総合相談・生活支援の手引き」2014年
社会の構造的な変化が家族や地域，社会システムに大きな影響を与え，社会的な孤立・排除が課題となる現代において，「生活困窮者自立支援法」などの支援制度が始まり，地域包括ケアとして生活・福祉問題への対応が求められている。本報告書では，予防，早期発見から支援までの一連の流れとして，各自治体が関係者と協働して「総合相談・生活支援体制」を構築するための考え方と方法がまとめられている。

問：自分の住む地域において権利擁護が必要と思われるような問題や最近報道された事件等を取り上げて，地域のなかで住民がどのようにその問題に取り組むことができるのか，可能な限り多様な方法を考えてみよう。

ヒント：取り上げる問題は子ども，障害者，高齢者，患者等，どの分野でも構わない。自分自身ができること，近隣の人たちと共にできること，自分が所属する機関や組織と共にできること，地域における支援の専門家と共にできることなど，さまざまな方向から考え，そのプロセスについても想像してみよう。またそれらが当事者の主体性の尊重とどのように関係しているかを考えてみよう。

第2章

ソーシャルワークと
アドボカシー

本章で学ぶこと

● ソーシャルワークの価値に基づくアドボカシーの意味を理解する（第1節）。

● アドボカシーとエンパワメントのつながりを知る（第2節）。

● 自己決定の概念がアドボカシーの軸になることを理解する（第3節）。

● アドボカシーの実践には当事者を取り巻く環境のアセスメントが重要であることを知る（第4節）。

第1節 ソーシャルワークの価値としてのアドボカシー

● この節のテーマ
- ● ソーシャルワークの核となる概念であるアドボカシーと権利擁護について知る。
- ● ソーシャルワーカー倫理綱領におけるアドボカシーの意味を知る。
- ● ソーシャルワークの定義におけるアドボカシーの内容を知る。
- ● アドボカシーという概念の多様性を理解する。

ソーシャルワークの核となる
アドボカシーと権利擁護

アドボカシーは，ソーシャルワークの核となる重要な概念である。専門職としてのソーシャルワークは，知識・価値・技術によって構成されているが，アドボカシーは，ソーシャルワークの価値に基づいて，人間の尊厳と権利を守り，人々の**ス**
トレングスを大切にして，自己決定をサポートし，社会正義を実現することを目的とした活動である。

日本ではアドボカシーという用語は，権利擁護と同義に扱われていることが多いが，元々は法律の世界で「代弁」の機能を表す言葉として用いられてきた。一方で社会福祉の世界で権利擁護という用語がよく使われるようになったのは，特に**社会福祉基礎構造改革**における議論などを経て，介護保険の導入や成年後見制度の成立の時期以降のことである。

他方で，アドボカシーは実際には実行することは困難で，その内容の曖昧さが課題であるとも言われている。ソーシャルワークの理念としては長く語られ，その必要性を認識していても，実体を伴って用いられたのは比較的最近のことであり，具体的な活動に結びつけることは簡単ではない

と考えられる。

ソーシャルワーカー倫理綱領における
「アドボカシー」の意味

アドボカシーは，世界各国のソーシャルワーカー**倫理綱領**において取り上げられている。ここではアメリカ，イギリス，日本での倫理綱領におけるアドボカシーという用語がどのように使われているかを見てみる。

アメリカソーシャルワーカー協会（NASW）の倫理綱領では，核になる価値（Core value）としての「**社会正義／尊厳**」等のなかで，倫理的原則（Ethical principal）として，たとえば「ソーシャルワーク管理者はクライエントのニーズにあった適切な資源のためにアドボケイトすべきである」「ソーシャルワーカーは，基本的ヒューマンニーズを充足できるように社会状況を改善させ，社会正義を増進するような政策や法令の変化に対してアドボケイトする」とされている。

またイギリスソーシャルワーカー協会（BASW）の倫理綱領では，「人権と社会正義の原則がソーシャルワークの基礎である」として，不利益をもたらす社会政策，社会的公平，市民としての政治的社会的文化的権利，人権侵害をもたらす社会的構造，抑圧，パワーの搾取に関する義務

について述べ，構造的な不利益を克服するための
『アドボケイティング』を含むとしている。

　また日本では，日本ソーシャルワーカー協会，
日本社会福祉士会，日本医療社会福祉協会の倫理
綱領において，「価値と原則」のなかに「社会正
義」があげられ，「倫理基準」として「ソーシャ
ルワーカーは，利用者を擁護し，あらゆる権利侵
害の発生を予防する」ことが利用者に対する倫理
的責任とされている。また，社会に見られる不正
義の改善に対する働きかけ，人権と社会正義に対
する国際的問題の解決への働きかけについいも記
されている。

　このように，価値に基づくソーシャルワーカー
の倫理的行動として，社会正義の下，人間の基本
的なニーズが充足できるように利用者を擁護し，
権利侵害されないように，制度や政策など社会的
状況に対しても働きかけることが示されている。

■ ソーシャルワークの定義からみる アドボカシー

　次に，そもそもソーシャルワークとはどのよう
に定義され，そのなかでアドボカシーにかかわる
概念はどのように表現されているのだろうか。
2014年のIFSW（国際ソーシャルワーカー連盟）
の総会において採択された，ソーシャルワークの
定義は以下の通りである。

　ソーシャルワークは，社会変革と社会開発，社
会的結束，及び人々のエンパワメントと解放を促
進する，実践に基づいた専門職であり，学問であ
る。社会正義，人権，集団的責任，および多様性
尊重の諸原理は，ソーシャルワークの中核をなす。

必ず覚える用語

- ☐ **アドボカシー**
- ☐ **ストレングス**
- ☐ **倫理綱領**
- ☐ **社会正義**

◆1　ストレングス
対人援助において活用できるクライエントの
持つ「強み」を表す用語で，クライエントの
持つ能力，経験知，熱望，自信，社会関係，機
会，仕事や仲間，資産等の資源など多彩なも
のが含まれる。その視点はクライエントの問
題や病理に焦点を当てるのではなく，意思や
希望を基底に，支援者がストレングスを見い
だし実感できることにより生み出される信頼
関係を通して，クライエント自身による対処
や成長につながるという考え方にある。本章
第4節参照。

◆2　社会福祉基礎構造改革
わが国の社会経済的変化を背景に，1990年代
から2010年代にかけて第二次世界大戦後の社
会福祉のパラダイム転換をもたらす分水嶺と
なった改革。その考え方の中心は，国民の自
立支援や，措置方式から利用者の自由意思に
基づく契約方式への転換，地域福祉型社会福
祉等にあり，介護保険や成年後見制度などが
制定された背景ともなっている。ただし，そ
の評価については一面的にはとらえきれない
部分があるとされる。

◆3　社会正義
国際ソーシャルワーカー連盟（IFSW）による
ソーシャルワークの定義（2014）においてソ
ーシャルワークの中核をなすものとされてい
る。多くの学問領域で取り上げられているテ
ーマであるが，社会においては社会制度と個
人の多様性を包含する正義原理として，また
個人にとっては人権や権利擁護に繋がる議論
としてある。近年では現代社会において実現
されるべき手続き論として，ロールズによる
平等な基本的諸自由の保証，実質的な機会均
等，所得と富の公正な分配（「格差原理」）の
3つの原理が取り上げられることが多い。

第2章　ソーシャルワークとアドボカシー　23

第2章
ソーシャルワークとアドボカシー
第1節　ソーシャルワークの価値としてのアドボカシー

表2-1　アドボカシーの区分・種類と内容

パーソナル	セルフ	利用者自身が自分の権利主張をしたり，ニーズや関心を表明し，自分の問題として解決する
	ケース・クライエントインディビジュアル	個人，または家族の権利に対するアドボカシー
	ファミリー	家族のニーズに関する直接的，専門的知識を活用して生活状況を改善するための活動で，個人よりもむしろ機関のシステムに用いられる。家族会などにおける意識改革等
	グループ・コレクティブ	当事者が集団として施設やコミュニティにおいて，制度や法律を変えたり，より多くのサービスを要求するなど，自らアドボカシーを推進する
	ピア	同じ（生活）障害を持つもの同士で行うアドボカシー
	アシスティブ	たとえばソーシャルワーカーが行うアドボカシー
	シチズン	市民参画のアドボカシーで，基本は1対1の関係で市民が特定個人の生活改善のための時間と労力を使うことによるアドボカシー。コミュニティレベルの市民自治による制度構築の意味に使われることもある
システム	クラス・コーズ	あるグループやクラスの全てに人に影響する政策や実践に対して行う活動
	パブリック	公的役割としてサービスの質を担保し，監査などを通じてチェックする活動
	リーガル	法律面から，法律化を中心に利用者の権利の行使，保護する活動
	ニストレイティブ	サービス機関の管理のあり方に関するアドボカシー活動
	コミュニティレベル	地域住民への教育や冊子などにより，権利に対して啓発するような活動

出所：小西加保留（2007）『ソーシャルワークにおけるアドボカシー――HIV/AIDS 患者支援と環境アセスメント視点から』ミネルヴァ書房，42（表1-2-6）。

ソーシャルワークの理論，社会科学，人文学及び地域・民族固有の知を基盤として，ソーシャルワークは生活課題の取り組み，ウエルビーイングを高めるよう，人々やさまざまな構造に働きかける。[2]

このようにソーシャルワークの定義においても，人権や社会正義という概念を基底にして，人々のウエルビーイングを高めるように人々やさまざまな構造に働きかけること，さらには社会変革や開発を目指すことが明示されている。すなわち国際的な定義からもアドボカシーがソーシャルワーク実践や学問においてキーとなる概念であることがわかる。

さまざまなレベルのアドボカシーの概念

アドボカシーという用語はさまざまな分野で用いられており，その概念が示す意味やその内容は大変幅広く多様である。シュナイダーらは，90余の先行の定義のなかから，アドボカシーのキーとなる言葉（key dimension）を抽出して多い順に整理した結果，上位5つは，弁護（pleading），代理（representing），行動を起こす（taking action），変化を増進させる（promoting change），権利と恩恵にアクセスする（accessing rights and benefits）であった。

　このようにアドボカシーの概念には合意された定義がないといわれるが，大きくパーソナルレベルとシステムレベルに分けられる。パーソナルレベルでは，**クライエント**[4]や家族が最適なサービスを受けられるように，行政やサービス提供機関との間でその権利を擁護する活動であり，システムレベルでは，パーソナルレベルの活動を基盤として，クライエント集団や地域などの利益のためにサービスや制度を変革していくための活動を指している。

　また**表2-1**に示されるように，２つのレベルのなかでもさらにさまざまな種類と内容を含んでいる。

　アドボカシー活動の種類には，その対象，活動を行う主体，性格，内容，場などいろいろな要素が含まれており，またそれらを担う人も，当事者，家族，住民，弁護士，ソーシャルワーカー，行政，NPO，機関管理者などさまざまである。クライエントを取り巻く環境は，軸足の置き方や見る角度によって，個人，集団，地域，社会と**ミクロレベルからマクロレベル**[5]までわたっており，広い範囲の内容を含んだものであることがわかる。

◆4　クライエント
一般社会においては，「顧客」という意味で使用されるが，社会福祉実践においては，多くはソーシャルワーカーによる支援の対象者としての相談者，利用者，当事者を示す用語として用いられる。基本的にはソーシャルワークとしての契約を結んで支援を開始するという意味が含まれる。

◆5　ミクロレベル，マクロレベル
ソーシャルワークは人と環境の交互作用に介入する専門職であるために，その向かう方向には，個人から対人，組織，地域，社会制度など広い領域にかかわりを持つ。基本的に当事者のいる位置としてのミクロ領域に軸足を置き，その主体性を尊重しながら，課題の解決をするためには，複数の社会関係に含まれる組織や地域等のメゾ領域への対応，さらには制度・施策といったマクロな領域にも介入することが必然となることから，ミクロからメゾ，マクロまで多様なレベルを視野に入れる専門職という意味で用いられる。

注
(1)　Schneider, R. L. & Lester, L. (2001) Social Work Advocacy: A New Framework for Action. Canada: Brooks/Cole.
(2)　社会福祉専門職団体協議会と日本社会福祉教育学校連盟が協働して日本語定義の作業を行った。
(3)　前掲書 (1)，59。

第2節 エンパワメントとアドボカシーの関係

この節のテーマ
- エンパワメントの概念の始まりと意味を知る。
- エンパワメントとソーシャルワークの関係について理解する。
- エンパワメントとアドボカシーの関係を知る。
- エンパワメントとアドボカシーの概念の課題について考える。

エンパワメントの概念の始まりと意味を知る

　ソーシャルワークの定義にも取り上げられている**エンパワメント**という言葉は，もともとは17世紀に，「公的な権威や法的な権限を与える」という意味の法律用語として使われたのがはじめといわれている。その後60年代の**公民権運動**[◆1]や70年代のフェミニズム運動の中で発展し，80年代から公衆衛生や福祉，看護の領域でも使われるようになった。

　エンパワメントの理論をソーシャルワークに導入したのはマイノリティとされる黒人のソロモンであり，彼の定義によれば，「**スティグマ**[◆2]を付与された集団に所属することによる，否定的な評価によって生み出された無力化を減らすことを目的に，ソーシャルワーカーがクライエントと共に取り組む活動のプロセス」とされる。

　エンパワメントの概念はさまざまであるが，共通する内容としては，①何らかの要因や属性等により抑圧された人が対象であること，②クライエントが力（パワー）を獲得するプロセスであること，③個人・集団・社会・政治的レベルにわたるアプローチであること，である。したがってエンパワメントとは，抑圧された個人が自分自身のなかにその状況を内に取り込んでしまうのではなく，抑圧を作り出す社会構造を変革していくための基盤となる考え方ということができる。

　ソーシャルワークにおいてはエンパワメントは，ワーカーとクライエントが**パートナーシップ**を組んで共に参加するプロセスととらえられ，ソーシャルワークにおける「価値」として重要な人間の尊重や自己実現，人間の変化の可能性，社会性などの考え方にも合致するアプローチである。ソーシャルワークがエンパワメント・プロフェション（Empowering profession）といわれる所以でもある。ただし一方では，アドボカシー実践と同様に，なかなか実践に結びつくことは難しいともいわれている。

エンパワメントとソーシャルワークの関係

　ソーシャルワークはその発展の歴史において，生活上の課題を抱えるクライエントと，クライエントを取り巻く社会との接点に関心を持ち，その関係を紐解くことから解決方法を見出すというかかわり方をしてきた。しかしながらソーシャルワークの専門性を，問題を見つけ解決することにおいて見出そうとするあまり，解決のための知識や技術を追求しすぎてしまった結果，クライエン

トを何らかの病理を抱えた人としてとらえてしまう傾向が否定できない部分があった。

このようにソーシャルワーカーはクライエントの尊厳や主体性を大切にするといいながら，病理モデルからクライエントを見てしまうという自己矛盾した関係のなかで，これまでのソーシャルワーカーとクライエントの援助関係の枠組みを超えるものとしてエンパワメント理論が導入されたということができる。すなわち，クライエントもソーシャルワーカーも，共に自己実現を目指す主体として，パートナーとして共に協働し，誠実に互いを尊重してその強さを認め合うことが求められる。また互いの弱さには**非審判的態度**[◆3]を持って臨み，多様性を尊重しながら開かれたコミュニケーションを基に，社会に向けた活動へも共に挑戦し，社会を創っていくことも目指す。このような関係へソーシャルワーカーとクライエントの役割がシフトしたものととらえることが可能である。

エンパワメントとアドボカシーの関係

エンパワメントもアドボカシーも，個人と社会の両方を視野に入れ，**ミクロレベル**と**マクロレベル**（前節参照）の両方の活動を含んでいると述べてきたが，そうであるなら両者の関係はどのように考えればよいのだろうか。

シュナイダーらによると，ソーシャルワークのアドボカシーにおける価値の特徴の一つは，クライエント自身が問題解決のリーダーシップをできるだけ取り，自分で声を上げるエンパワリング

必ず覚える用語

- ☐ **エンパワメント**
- ☐ **スティグマ**
- ☐ **パートナーシップ**
- ☐ **ミクロレベル**
- ☐ **マクロレベル**
- ☐ **セルフ・アドボカシー**

◆1　公民権運動
1950年代から1960年代にかけてアメリカのマイノリティとしての黒人による，公民権（Civil Rights）の適用や人種差別解消のために闘った運動のこと。その代表的な指導者であるキング牧師らによるバス・ボイコットや1963年のワシントン大行進をはじめ，多くの運動を経て，1964年 7 月に公民権法（Civil Rights Act）が制定された。

◆2　スティグマ
身体や外見上の特性をはじめとした一定の属性を持った人々に対して付与される社会的失格者としての“烙印”のこと。元々は奴隷や犯罪者の身体に刻み付けた徴が語源である。その対象は身体的特徴のみならず，人種，民族等々多くの属性にわたり，社会における関係のなかでさまざまな差別・偏見を伴ってスティグマ化される。それらはまた当事者自身のなかに否定的な効果を及ぼすこともある。

◆3　非審判的態度
バイステックによるワーカー・クライエント間におけるケースワークの 7 原則の内の一つで，クライエントの抱える課題の原因に対して有罪・無罪といった責任の決め付けを排除する態度のこと。クライエントの態度や行動に対して評価的な基準は持ちつつも，非審判的態度は思考と感情の両方を含みクライエントに伝達されることが必要とされている。バイステックの原則（31頁）参照。

第2章
ソーシャルワークとアドボカシー
第2節　エンパワメントとアドボカシーの関係

にあるとしている。また「エンパワメントの基盤を形成するもっとも具体的な実践としてアドボカシーがあり，（中略）エンパワーすることがアドボカシーの目的」であるとして，アドボカシーをエンパワメントの「具体的実践であり且つ目的」とする考え方がある。他にも「エンパワメントは社会的視点を持った深まりと広がりのあるもので，それはまさにアドボカシーの実践である」と，アドボカシー実践のマクロな視点を強調するとらえ方もある。

一方で北野誠一は，エンパワメントを「自立して自分らしく生きる力を高めること，およびそのプロセス」と定義し，その内容は，奪われている力の自覚，阻害要因との対決，解決する力や支援する力の活用であるとしている。そして，アドボカシーを「権利に関わる法的，政治的諸問題に関して，個人や仲間がエンパワメントすることを支援する一定の方法や手続きに基づく活動の総体」と明確に定義して，アドボカシーをエンパワメントの下位に位置づけられる概念とする考え方がある。

他方で，ソーシャルワークはその発展の歴史のなかで，個人に焦点を当てることに重心を置いた時代と，社会環境に重心を置く時代が交互に振り子のように揺れてきたといわれており，エンパワメントは，そうした個人と社会の双方向への振り子現象の中から，両方にまたがる二重の焦点を持つ理論として登場したともとらえられている。そしてアドボカシーもまた，ミクロレベルとマクロレベルの双方のレベルの概念を含んでおり，その統合を目指している点において方向性を同じく

しているともいえる。

以上にように，アドボカシーとエンパワメントの関係にもまたさまざまな考え方やとらえ方があるが，エンパワメントはクライエント自身が主体となることが基本的に重要であるという立場に立っていることから，アドボカシーの種類でいうと**セルフ・アドボカシー**[4]の文脈でとらえられることが多い。また，総合的に見れば，エンパワメントはアドボカシーより上位の概念に位置づけられ，アドボカシーはエンパワメントの達成のための主要な具体的活動の一部として，今後その内容を明確にしていく必要があると考えられる。

エンパワメントとアドボカシーの概念の課題

エンパワメントの概念には限界や課題もあるといわれている。まず，元々ソーシャルワークは，ミクロレベルの介入が中心になった枠組みを持っており，そこに社会の変化を目指す実践を組み込む事の難しさや，マクロレベルの実践に向けた技術や方法論が十分でないことがある。またソーシャルワークを専門職としてとらえると，専門職の持つ権威がクライエントとの間のパワーバランスを崩してしまい，パートナーシップを形成しにくいこともある。さらには，単に抑圧されているということだけでは説明できず，保護的な支援が必要と思われるクライエントの場合や，社会的・政治的レベルのエンパワメントを望まないクライエントの存在等において，その理論的な限界がある，といわれている。

またアドボカシーにおいても，まずは援助関係

の樹立や，クライエントを尊重した本人理解が基底になければならず，クライエントと向き合う際の専門的な実践能力が何よりも問われることになる。そして本人からアドボカシーの訴えがなくても開始が必要と思われる時に，その必要性と妥当性をどのような形で判断すればよいのかが課題となり，その際に求められる他職種との協働のあり方も重要な課題となるだろう。またこうした動きを保障できるシステムも必要であり，残された課題がさまざまにあることを理解しておくことも大切である。

◆4 セルフ・アドボカシー

アドボカシーの概念は，大きくパーソナルレベルとシステムレベルに分けられる。パーソナルレベルとは，クライエントや家族が最適なサービスを受けられるように，行政やサービス提供機関との間でその権利を擁護する活動を指す。セルフ・アドボカシーはその一つであり，利用者自身が自分の権利主張をしたり，ニーズや関心を表明し，自分の問題として解決する活動のことをいう。本章第1節参照。

注

(1) Schneider, R. L. & Lester, L. (2001) Social Work Advocacy: A New Framework for Action. Canada: Brooks/Cole, 77-80.

(2) 谷口政隆 (1999)「社会福祉実践におけるエンパワーメント」『社会福祉研究』75(7), 53。

(3) 高山直樹 (監修) 社団法人日本社会福祉士会 (2002)『社会福祉の権利擁護実践』中央法規出版, 6。

(4) 北野誠一 (2000)「アドボカシー（権利擁護）の概念とその展開」河野正輝・大熊由紀子・北野誠一 (編)『講座障害をもつ人の人権 3. 福祉サービスと自立支援』有斐閣, 143。

(5) 久保美紀 (2000)「エンパワーメント」加茂陽 (編)『ソーシャルワーク理論を学ぶ人のために』世界思想社, 110。

(6) 岩間伸之 (2001)「ソーシャルワークにおける『アドボカシー』の再検討」山縣文治 (編)『社会福祉法の成立と21世紀の社会福祉』ミネルヴァ書房, 36-37。

第3節 自己決定の尊重とアドボカシーの概念

この節のテーマ
- アドボカシーの軸となる自己決定の考え方について理解する。
- 権利としての自己決定の意味を理解する。
- アドボカシーのための自己決定支援における主要な要素を理解する。
- 自己決定された事の実現のために組織や社会に働きかけることの意味を知る。

アドボカシーの軸となる自己決定の考え方

ソーシャルワーカーとクライエントの関係の原則として，**バイステックの原則**◆1がある。個別化，受容，意図的な感情表出，統制された情緒的関与，自己決定，非審判的態度，秘密保持の7原則である。これらの原則の源は人間の基本的欲求に根ざしており，クライエントの欲求とワーカーとクライエントの間の相互交流のなかでとらえられる原則である。中でも特に重要で中心となる原則が**自己決定**である。人間は本来自分の人生や生活に関係する物事を自分自身で決める能力＝自己決定能力があり，またその権利があるという，個人を尊重する考え方を基本としている。

アドボカシーは先に述べたように，ソーシャルワークの価値に基づいて，人間の尊厳と権利を守り，人々の**ストレングス**を大切にして，自己決定をサポートし，社会的正義を実現することを目的とした活動である。したがって，その軸となるのは，クライエントの中心にあるニーズを，個々人の置かれたさまざまな環境のなかからいかに導き出し，自己決定を支えるかということである。クライエントの**ストレングス**を信じ，自分のしたいことやできることを決定できるように，適切な

コミュニケーションの下に，周りの環境整備を通じて，可能な限りの選択肢を提示しながら，具体的に働きかける。そして，その結果決定された内容の実現のために，ミクロレベルに止まらず，メゾ・マクロレベルを視野にそのプロセスを共にし，伴走していくことがソーシャルワーカーには求められる。

権利としての自己決定

人権は，18世紀の近代市民革命によって「**人および市民の権利宣言**◆2」がなされた後，150年以上を経た第二次世界大戦後の1948年に，国際連合総会において「世界人権宣言」が採択されたことが重要である。宣言には法的拘束力はないといえるが，「人権」を「人類社会のすべての構成員の固有の尊厳と平等で譲ることのできない」普遍的な権利とし，「すべての人民とすべての国とが達成すべき共通の基準」を示したことに大きな意義があるといえる。

一方日本においては，憲法第25条において，「健康で文化的な最低限度の生活を営む」という**生存権**，健康権が謳われ，また第13条に，「個人としての尊重，生命，自由及び幸福追求に対する国民の権利」を「公共の福祉に反しない限り」「最大

の尊重を必要とする」と制定されている。第13条は，自己決定能力を前提とした**自己決定権**の基底に繋がる条項とされている。

　他方で，**近代市民法**[3]は，自立した人間を前提として成立しており，自己決定能力が低下している場合には，それを支えるしくみが必然的に求められることになる。日本においてそのための制度として成立したのが2000年にスタートした成年後見制度であり，このような意味で，憲法的な要請によりできた制度ととらえることが可能である。[1]

　したがって，アドボカシーのための軸となる自己決定の能力については，特に支援が必要となった病気や障害のために言語による表現が困難な場合や，表現はできても一貫性がない場合など様々な状況が考えられ，後に述べるようにそのことを十分理解した上での支援が必要となる。

▌アドボカシーのための自己決定支援

　クライエントの自己決定に基づいた支援をするには，まずは的確にその意思を確認することがスタートとなる。自己決定を取り巻く環境にはさまざまな状況や要因が考えられる。意思を表現すること自体が病気や障害のために難しい場合，表現はできても一貫性や合理性に課題がある場合，気持ちや考えを持っていても周囲や置かれた環境によって表明できないでいる場合，決定するだけの十分な選択肢がない，または示されない場合，経験不足のためにイメージが湧かず，決められない場合等など多様である。

　このような複雑な状況を理解し，本人の真のニ

必ず覚える用語

- ☐ **バイステックの原則**
- ☐ **自己決定**
- ☐ **ストレングス**
- ☐ **人権**
- ☐ **生存権**
- ☐ **自己決定権**
- ☐ **連携**
- ☐ **ネットワーク**
- ☐ **アドボカシーのプロセス**

◆1　バイステックの原則
バイステックによれば，ケースワーク関係とは「クライエントが自分とその環境の間にもっともよい適応を達成するように援助する目的をもったケースワーカーとクライエントの間の態度と情緒の力動的相互作用」であり，クライエントの要求，ケースワーカーの反応，クライエントの知覚の3つの方向を含んでおり，関係全体の要素として7つの原則をあげている。

◆2　人および市民の権利宣言
1789年フランスの近代市民革命における基本原則を記した「人および市民の権利宣言」はフランス人権宣言とも呼ばれている。17条から構成される条文は，自由と平等，国民主権，言論の自由，権力の分立，所有の不可侵などが盛り込まれている。しかしながらその主体は男性と男性市民であり，女性や女性の市民としての人権については制定者の念頭に置かれていなかったとされている。

◆3　近代市民法
市民革命以降の資本主義社会において一般市民生活を規制する重要な役割を持つ私法の基本となる「民法」のことで，日本では明治維新以降のことと位置づけられる。自由と平等を根本理念として，その基本原理は，権利能力平等原則，所有権絶対の原則，契約自由の原則，過失責任の原則である。しかしながらその後，貧富の格差問題，強者による契約の強制など矛盾が生じるなか，権利濫用の禁止や契約公正の原則などへの修正がなされている。

第2章　ソーシャルワークとアドボカシー　31

第2章
ソーシャルワークとアドボカシー
第3節　自己決定の尊重とアドボカシーの概念

ーズを摑むためには，まずはワーカー・クライエント間のコミュニケーションを中心とした両者の関係性が大変重要となる。特にコミュニケーションの7割を占めるといわれる，**非言語の要素**[◆4]への観察力が問われるといっても過言ではない。的確にニーズを把握するためには，適切な環境を設定して同じ提案や場面を繰り返し提示してみるなかで，微妙な表情やしぐさをしっかり観察し，それを複数の目によって確認するなどの工夫とプロセスが重要となる。

　観察力を高めるためには，当事者の障害や疾病に対する理解と共に，その障害に合わせたコミュニケーションの技術（YES／NOで答えられる質問，絵や図で示す等々）を学んでおくことも必要である。そうした見出した意思を実現するために常にパートナーシップを維持して共にその実現へ共に向かうプロセスを共有していくことが求められる。もちろんこうした働きかけはさまざまな生活の場面や節目で繰り返し行われることになる。そのためにはまた次節で述べるアセスメントの技術等を総合できることが，実際にクライエントの自己決定とその実現を保証することにつながっていくことになる。

■ 意思の実現のための
■ 組織や社会への働きかけ

　本人の意思が確認できたとして，その実現のためにはさまざまな壁が考えられる。実現に対する周囲の人の意見の食い違いに対する調整や置かれた環境からの救出など，乗り越えるべき課題は多様にある。また当事者にとってのリスクの予防

や実現の現実性の観点から，いかに最大限適切な介入・支援ができるかが問われることになる。たとえば認知症のため精神科病院に入院したものの長年投薬もされず，寡黙で話をしない患者に対して，唯一できるコミュニケーションであった腕相撲を契機に，外出，そしてその後退院を実現させ，本人の望む有料老人ホームに入所できた事例[(2)]がある。そのプロセスには，支援者との関係性の樹立を始めとして，病院スタッフとの調整や地域の資源とのやり取り等，支援に見通しを持って**連携**[◆5]のあり方を探り，**ネットワーク**[◆6]を活用するなど，メゾ・マクロな技術に及ぶ多彩な支援能力が活用されている。

　シュナイダー[(3)]は，特にメゾレベルにおける具体的な**アドボカシーのプロセス**におけるポイントについて，次の8点をあげている。①課題の特定と目標の設定，②事実の把握，③戦略と戦術の計画，④リーダーの供給，⑤意思決定とスタッフを知る，⑥サポートの基盤をひろげる，⑦根気強く，⑧アドボカシーの努力を評価する。こうしたプロセスを可能な限り当事者と共に進めるためには，メゾ・マクロにわたるさまざまな知識や技術を蓄積していく必要がある。

◆4 非言語の要素

コミュニケーションは，言語，言語の派生的要素（声の大きさ，テンポ，トーン，声色等）非言語（表情，しぐさ，顔色，服装など）の３つの要素から構成されており，メッセージには言語以外の要素が７割を占めているとも言われている。当事者が発しているメッセージを的確に理解するためには，確かな観察力や，コミュニケーションを阻害する要因への対応と理解，自己点検・自己覚知を通して，その能力を高めておくことが重要である。

◆5 連携

連携とは，複数の関係者が個々の専門性や役割に基づいて共同する行為に取り組む際の活動の総体であり，「チーム」が，共通の目標達成のために取り組む一定のメンバーによる活動であるのに比べて広義の意味を持つ。

◆6 ネットワーク

ネットワークは，人々を結びつけ，活動や理想等の分かち合いを可能にするリンクであり，ネットワーキングは，そのつながりを形成するプロセスを表す用語である。

Close up

認知症のため長年精神科病院に投薬もないまま入院し，寡黙で話をしない患者Ｙさんに対して，後見人は唯一可能なコミュニケーションの手段であった腕相撲を契機に関係を樹立し，最終的に退院して本人の望む有料老人ホームに入所するところまで支援できた事例がある。この事例では双方の信頼関係をどのようにして樹立し，どのような支援ができたのだろうか。

まず，初対面のときには，後見人はこれまでに得ていたあらゆる情報をいったん頭の中から全部棚上げし，あらゆる先入観を持たずに，本人に率直に話しかけた。しかし全く反応を示さないＹさんに対して「腕相撲をしましょうか」と声をかけ，実際腕相撲をした。その時のわずかな反応や表情をしっかりと観察し，敏感に感じ取った。すなわち「わざと負けてくれた」のでは？と感じさせられるわずかな態度を見逃さず，Ｙさんにはその場の状況を読み行動することができる人（ストレングス）であると，直感的に感じ取ることができた。そこから生まれた両者の信頼関係を基に少しずつ推し進めた支援によって，10年以上にわたって封印されていたＹさんの自発性や主体性を呼び覚まさせることができた。まずは「コーヒーを飲みたい」という希望を引き出し，喫茶店でコーヒーを飲むことから始めた。その後は「帽子がほしい」という希望が出され，そしてその後「家に帰りたい」という希望を導くことができた。後見人はこうした支援の経過のなかで，意思の実現に際して病院のシステムや，医師を始めとする職員の姿勢や行動に対して，自らの立ち位置を検討し，医療に対する疑問を「べき論」でぶつけるのではなく，たとえば医師からは外出許可を得て，付き添いのための資源は地域で開発するように，相手の陣地を侵さずに，可能な道筋にのみ入り込むという行動を取った。これまで幾重にも社会的排除を体験させられていると思われるＹさんと支援者とのかかわりは，Ｙさんにとってはエンパワメントされる経過であり，また支援者側からは，Ｙさん，病院組織，地域，それぞれに対するアドボカシー活動として，権利擁護のための意思決定支援事例といえる。[4]

注

(1) 平田厚（2012）『権利擁護と福祉実践活動 ── 概念と制度を問い直す』明石書店，89。

(2) 平野隆之・田中千枝子・佐藤彰一・上田晴男・小西加保留（2018）『権利擁護がわかる意思決定支援 ── 法と福祉の協働』ミネルヴァ書房，45-52。

(3) Schneider, R. L. & Lester, L. (2001) Social Work Advocacy: A New Framework for Action. Canada: Brooks/Cole, 77-80.

(4) 前掲書 (2)，45-52。

第 **4** 節 環境アセスメントとアドボカシー

◯ この節のテーマ

- ●アドボカシーにおける環境アセスメントの重要性とその意味を知る。
- ●クライエントを取り巻く環境のアセスメントについて理解する。
- ●システムとしてのメゾ・マクロな交互作用を含むアセスメントを理解する。
- ●支援者自らのいる位置へのアセスメントの意味を理解する。

環境アセスメント

本人の意思を尊重したアドボカシーとしての支援を貫くには，出会った場面において，本人の置かれている状況を可能な限り全体的，包括的に把握して，どこから誰に，何に対してどのように支援を展開していくべきかを判断するために，根拠のあるアセスメントができる力を備えておく必要がある。ミケルソンによれば，「アドボカシーへの努力を開始する際には，『環境』が，クライエントの自己決定や社会正義の主張を妨害していることを認識しておくことが重要であり，クライエントの周囲の状況を徹底的に知った上で，様々なアドボカシースキルと戦略を持っていなければならない」とされている。また「情報は，アドボカシーにおける努力の本質」であるとされ[(1)]，アドボカシー実践のためには本人の環境に関する情報のアセスメントが欠かせないことになる。

また「**環境アセスメント**」とは，ケンプらによ[(2)]ると，クライエントを取り巻くさまざまな周囲の環境と交互作用についてその状況を知り，分析するプロセスであり，「情報には，リスク，課題，関心のある問題と同じく，長所，資源，可能性，機会が含まれ，クライエントが経験する環境の意味

に注意が払われる」とされている。

ここでは環境アセスメントを，①クライエントを取り巻く環境アセスメント，②システムとしてメゾ・マクロな交互作用をとらえるアセスメント，③支援者自らのいる位置から見たアセスメント，の３つの切り口から解説していく。

クライエントを取り巻く環境アセスメント

人間の意思のあり様は，当然のことながら人さまざまで，特に意思決定能力や判断能力が低下している場合は，その背景となる疾患や障害だけでなく，発症の時期や経過，これまでの生活と現在置かれている環境，生活歴等による影響が大きく，個別性が非常に高くなることが考えられる。

石川時子は，自己決定をする主体となる人の内的な能力を検討することを目的として，「**自律**」の能力を以下のように４つの構成要素が含まれているとしている[(3)]。

> 行為主体性：前提条件としての存在者として主体性，人権の意味を込めたもの。
> 選好形成：対立する複数の欲求のどれを優先するかを決める選好を形成する能力であり，情報や過去の経験，状況等から優先順位をつける能力。

合理性：選好の実現に対して考察する能力であり，一貫性を持つ合目的性と社会規範や社会通念上の価値に対する一致性により構成される。
表出：自身の意思を表出する能力，ならびに他者の理解を得るためのコミュニケーション，交渉能力を含む。

さらに，これらの能力に影響を与える環境要因として，社会や文化を支配する価値観に基づいて存在そのものを否定してしまうような環境や，イデオロギーを含んだ誘導，社会通念に照らした抑圧等があるとしている。また「表出」の能力については，能力はあっても環境要因によって表現できないこと等もあることから，自律にとって必要条件ではあっても，それだけでは十分条件でないことを強調している。

　また，環境アセスメントのための情報には，当事者の「ストレングス」を軸に支援目標を設定することが必要となる。「ストレングス」とは，精神障害者支援の領域においてラップにより提示された概念であり，たとえば本人の能力，熱望，自信，資産等の資源，社会関係，機会，仕事や仲間等，生活の質など多彩なものが含まれる。クライエントの持つストレングスを，支援者が観察でき，実感できることが信頼関係を生む基底となり，その強化にもつながっていく。

　こうした情報を集める際には，過去から現在に至るまでの生活を時間軸として理解するためのタイムラインを時系列に描くことで，本人にとって重要なエピソードやその経過が読み取れ，さらに深く情報への気づきが導き出される可能性が

◆1　エコマップ
エコマップとは，あるケースの一時点における諸要素の空間的配置とそれらの関係に関して図示したものである。

◆2　ジェノグラム
エコマップの中心に置かれるのが，ジェノグラムであり，基本的には3世代以上の家族メンバーとその人間関係を記載した家系図作成法のことである。複雑な家族構造や家族メンバー間の情緒関係や前世代からの家族歴も視覚的に表示することが可能となる。

◆3　システムモデル
18世紀に物理学において発展した「システム論」，すなわち全体は多様な要素から成り立ち，それぞれの要素は互いに交互作用しながら全体を構成するという理論に基づくソーシャルワークのモデルである。その背景には，ソーシャルワークの基本的視座である「人と環境の交互作用」を一体的にとらえ，またソーシャルワークの方法論としてのケースワーク，グループワーク，コミュニティワークの総合化の流れがある。また20世紀半ばにベルタランフィにより「一般システム論」が提唱されると，様々な分野に取り入れられ，ソーシャルワークの分野では，ハーン，ピンカスとミナハン，ゴールドシュタイン等が中心となって展開された。

◆4　医療法
日本の医療を支える制度は，主に医師法，医療法，健康保険法，診療報酬によって構成されている。医療提供体制の根幹となる「医療法」は1948年に制定され，2016年までに主要な改定が計7回行われている。主な目的は，医療を受ける者の利益の保護，良好かつ適切な医療を効率的に提供する体制確保により，国民の健康の保持に寄与することにある。そのために，医療の適切な選択への支援，医療の安全の確保，病院，診療所などの開設や管理，医療機能の分担や業務連携の推進等にかかわる事項が定められている。

第2章　ソーシャルワークとアドボカシー　35

第2章
ソーシャルワークとアドボカシー
第4節　環境アセスメントとアドボカシー

ある。

■ システムとしてのメゾ・マクロな 交互作用をとらえるアセスメント

　本人を中心とした周囲の環境との交互作用を，システムとしてとらえる視点によるアセスメントである。たとえば医療現場においては，疾病や障害のため，意思決定能力や判断能力に何らかの課題を抱える患者が存在する。また治療の選択や退院後の居所の選択に直面する場面は大変多く，医療者と本人，患者と家族，医療機関の経営者と相談員などの間で対立やせめぎあいが生じることも予想される。

　こうした時に今置かれている全体の構図を把握するために活用されるツールの一つとして，**エコマップ**◆1が使用される。本人を中心に空間軸として本人を取り巻く環境について，人や機関，制度等を配置して，その関係の内容（協力関係や葛藤状態など）やその方向・強度を示す線でつなぎ，視覚的にわかりやすく示したものである。またこれに家系図としての**ジェノグラム**◆2と合わせて，時には支援者が患者・家族と共に協働して点検しながらアセスメントを考えるツールとして使用することも可能である。

　また，ピンカスとミナハンが提唱した**システムモデル**◆3という考え方を活かすこともできる。4つのシステム，すなわち**クライエント・システム**（クライエントが家族・地域社会と相互作用するシステム），**チェンジ・エージェント・システム**（ソーシャルワーカーと所属する機関が相互作用するシステム），**ターゲット・システム**（ソーシ

ャルワーカーとクライエントの問題解決のために標的となる相手・状況・機関等が相互作用するシステム），**アクション・システム**（クライエントの問題解決のために実際に活動する人たちと間でリアルタイムの相互作用が起こるシステム）を視野に入れ，その交互作用を見極めて，支援の方向を探っていく。

　たとえばクライエントの意思は，周囲の支援者らとの交互作用の中で形成されたり，変化したりすることが容易に予測できる。医療現場では医師を頂点とする権力構造やシステム化された組織構造，**医療法**◆4や**診療報酬**◆5などの制度の枠組みによる縛り等が，直接・間接にクライエントに影響を与え，周囲の支援者もまたそのなかに巻き込まれてしまうことが起こりがちである。

■ 支援者自らのいる位置から見た アセスメント

　クライエントを支援する際の3つ目のアセスメントとして，支援者自らのいる位置がある。久保紘章は，アドボカシー実践には，「ソーシャルワーカー自らも『環境』の中にいながら，主体と環境の対置関係を前提にした介入を求められている(5)」ところに支援の困難性があると指摘する。つまり，権利擁護に関わる支援者は，当事者にとっての環境の中に常にいながら，その環境に働きかけることになり，そこに難しさがあるということである。

　たとえば，当事者の意思を尊重し，その実現のために，当事者のいる組織への働きかけが重要となる場合がある。その際，部外者としての支援者

36 ｜ 第Ⅰ部　ソーシャルワーク実践としての権利擁護

がどのような立ち位置にいて，どこに介入すべきかを検討する必要があり，単に権利擁護の理念を掲げて「べき論」をぶつけるのではなく，クライエントとの接点から得られた情報を根拠に，相手の陣地を侵さずに，可能な道筋を探る等の行動を取ることが求められる。またこうしたかかわりは，一人の支援者の判断に全てを委ねるのではなく，たとえば複数のスタッフで確認を行って，その立ち位置を確認しながら支援を継続することも，活動の客観性を保証するためにも重要となる。

　当事者と支援者，家族と支援者，支援者同士，様々な交互作用が生じているなかで，支援者自らの立ち位置を確認しながら，支援を継続することは，当事者のエンパワメントに通じるアドボカシー実践には不可欠な姿勢といえる。

　なお，以上の3つのレベルのアセスメントは，実際には別々に行われるものではなく，交互に関連，影響しあっており明確な線引きは難しい部分も含まれていることを理解しておくことも大切である。

必ず覚える用語

- □ 環境アセスメント
- □ 自律
- □ エコマップ
- □ ジェノグラム
- □ クライエント・システム
- □ チェンジ・エージェント・システム
- □ ターゲット・システム
- □ アクション・システム

◆5　診療報酬
診療報酬とは，保険診療における医療行為などの対価として計算される報酬（1点10円で計算）であり，医師への報酬を表すものではない。医科・歯科診療について，入院等の基本診療料，検査や処置等の特掲診療料，調剤技術料，薬剤料等によって構成されている。

注

(1) Mickelson, J. S. (1995) Advocacy. In National Association of Social Workers, Encyclopedia of Social Work, 19th. Washington, DC., 96.

(2) Kemp, S. P., Whittaker, J. K. & Tracy, E. M. (1997) Person-Environment Practice: The Social Ecology of Interpersonal Helping. Gruyter, Inc（＝2000, 横山穣・北島英治・久保美紀・湯浅典人・石河久美子訳『人──環境のソーシャルワーク実践：対人援助の社会生態学』川島書店，96。）

(3) 石川時子 (2009)「能力としての自律──社会福祉における自律概念とその尊重の再検討」『社会福祉学』50(2), 10-12。

(4) Rapp, C. A. (1998) The Strengths Model Case Management with People Suffering from Severe and Persistent Mental Illness, （＝江畑敬介監訳, 澤田龍之介・辻井和男・小山えり子・平沼郁江 (1998)『精障害者のためのケースマネジメント』金剛出版）

(5) 久保紘章 (2002)「社会福祉実践方法と人と環境への視野」仲村優一・窪田暁子・岡本民夫・太田義弘 (編)『戦後社会福祉の総括と二一世紀への展望Ⅳ実践方法と援助技術』ドメス出版，142-162。

さらに学びたい人への基本図書

北野誠一『ケアからエンパワメントへ——人を支援することは意思決定を支援すること』ミネルヴァ書房，2015年
ケアするということは，支援者と本人の間で相互にエンパワメントされる過程であることを，体験を交えながらわかりやすく解説している。またその過程で重要な課題となる意思表明・意思決定の支援について，実際の活動の中から具体的に示すと共に，日本における権利擁護にかかる制度上の課題について考察している。

小西加保留『ソーシャルワークにおけるアドボカシー——HIV/AIDS 患者支援と環境アセスメントの視点から』ミネルヴァ書房，2007年
ソーシャルワークにおけるアドボカシーの概念が体系的に取り上げられている。また長年にわたる HIV/AIDS 領域のソーシャルワーク実践と調査に基づき，アドボカシーに関わる課題の構造，環境アセスメントの必要性，またソーシャルワーカーのいる位置とアドボカシーの関係等について述べている。

平野隆之・佐藤彰一・上田晴男・田中千枝子・小西加保留『権利擁護がわかる意思決定支援』ミネルヴァ書房，2017年
意思決定支援の実際を通して，本当の権利擁護とは何かをわかりやすく伝えることを目的として書かれた著書。成年後見における支援事例を基に，事例学習，事例検討（会），事例研究という構成をとって，学びやすくかつ深い内容を提供している。

 第2章

問：当事者の所属する組織や制度上の問題のために，当事者にとって権利侵害の状態にあると思われる事例を想定して，本人の意思決定を支え，その実現を目指して，本人のエンパワメントとアドボカシーの視点から，環境アセスメントを行い，対応の方法を考えてみよう。

ヒント：本章で書かれている内容を参考に，ジェノグラムやエコマップを活用して，本人を取り巻く環境を本人の時間軸（過去・現在・未来）と，空間軸（現在の環境における交互作用）より多角的にとらえることから，対応の内容や方法や考えてみよう。

第 **3** 章

意思決定支援の理解

本章で学ぶこと

● ソーシャルワークにおける自己決定の尊重と意思決定支援の潮流について学ぶ（第1節）。

● 意思決定の三層構造について学ぶ（第2節）。

● 現場によって異なる意思決定の支援について学ぶ（第3節）。

● 意思決定で不利がある人の権利擁護を理解し支援につなげる（第4節）。

第1節 自己決定の尊重と意思決定支援

この節のテーマ
- ソーシャルワークの倫理にある「自己決定の尊重」を考える。
- 自己決定，意思決定，自立，自律などの類似の概念を知る。
- 「支援つき意思決定」を理解する。

「自己決定を促し尊重する」とは

日本の社会福祉教育のなかですでに繰り返し登場している「バイステックの原則」（31頁）では「自己決定の原則」（クライエントの自己決定を促し尊重する）と述べられている。さらに遡ればソーシャルワークの母と言われるリッチモンド（11頁）は「クライエントの中に自己信頼を育てること」述べており，自己決定尊重の倫理に繋がる萌芽がある。現在，ソーシャルワークの倫理綱領では「ソーシャルワーカーは，利用者の自己決定を尊重し，利用者がその権利を十分に理解し，活用していけるように援助する」と述べられており，どの国でも自己決定（self-determination）は重要な倫理として位置づけられている。自己決定は，ソーシャルワークの倫理の根幹であると言える。

しかし，自己決定がどのように説明されているか，歴史的に見ていくと，それは徐々に変化していることがわかる。バイステックの述べた1950年代の自己決定の尊重とは，「人は自己決定を行う生まれながらの能力を持っている」としながらも，一方ではクライエントの自己決定能力はワーカーが「発達させるもの」であり，判断能力やワーカーの所属する機関の機能によっては自己決定

が制限されることも認めている。1950〜60年代のソーシャルワークの議論・実践では，ソーシャルワーカー側が尊重すべき自己決定かどうかを見極めることの重要性の方が優先されていたといえる。しかしこれが，1960年代末以降，障害を持つ当事者運動，自立生活運動[◆1]によって批判されることとなった。当事者が求めていたのは，専門家が提示した枠組みのなかでの決定ではなく，危険を冒すことも含めて自らの手で選び決めることを自己決定とし，「自己決定する自立（自律）」を主張したのである。つまり，現代の自己決定とは，ソーシャルワーカーが誘導したり選択肢を制限したりすることではなく，利用者が持つ意思を中心に据えて支援することを指している。

自立，自律，自己決定，そして意思決定

自立（independence），自律（autonomy），自己決定（self-determination），意思決定（decision-making）は，類似の概念でありそれぞれ論者によって意味が重なる場合もあるが，異なっている場合もあり，ここで歴史的経緯も踏まえ説明しておく。

自立（independence）は，当初，経済的・身体的に他者に頼らず，独立を指す狭い意味として使われてきた。しかし，当事者運動では，他者か

40 第Ⅰ部 ソーシャルワーク実践としての権利擁護

ら介助・ケアを受けながらも自分で決めること
を重視した「自己決定する自立（自律）」が唱え
られたことにより，狭い意味の自立ではなく，介
助や支援を受けつつも自分で決めることを指す
ようになった。人格的自立，精神的自立，社会的
自立なども自立の概念に加わるようになる。した
がって，自立の意味は，人格や意思を含み，自分
で考え自分で決めるという，自律（autonomy）
や自己決定（self-determination）に近づいていく
ことになる。

　自律（autonomy）とは，他者の支配を受けず，
自身の意思を持ち，合理的に判断し行動すること，
と一般的には理解されている。しかしこれも，近
年では自身の価値観や選好を形成する段階で他
者の影響を受けることや，合理的と言われるもの
自体も社会環境の影響を受けることが知られて
おり，周囲から切り離された自律は存在しない
（本書第 2 章第 4 節参照）。

　日本において**自己決定**（self-determination）が
制度上で強調されるようになったのは，1989年以
降の社会福祉基礎構造改革（23頁）が一つの転換
点である。介護保険制度などの一連の改革のなか
で，サービス利用者の契約と自己選択・自己決定
が社会福祉サービスのなかで重視されるように
なった。一方で，「自己決定する自立（自律）」や
「自律した人間像」というのは，自分で考え，熟
慮し，判断能力を十分に備えた強い人間を想定さ
せる。これは知的，精神障害者や認知症高齢者に
とってハードルが高い人間像となり，ともすれば
そうした人々が自己決定や自律の議論から置き
去りにされることにもなる。

必ず覚える用語
☐ バイステックの原則
☐ リッチモンド（Richmond, M.）
☐ 当事者運動
☐ 自立生活運動
☐ 自己決定する自立（自律）
☐ 自立
☐ 自律
☐ 自己決定
☐ パターナリズム
☐ 意思決定
☐ インフォームド・コンセント
☐ イギリス意思能力法
☐ 障害者権利条約
☐ 意思決定支援

◆1　自立生活運動
1960年代にカリフォルニア大学バークレー校
の重度の身体障害を持つ学生とその介助者か
ら起こった運動で，IL 運動（Independent
Living movement）とも呼ばれる。障害を持
つ人が地域で当たり前に生活するための制度
やサービスを政府に求め，自立生活センター
（CIL；Center for Independent Living Inc.）
を設立，全米，そして世界に運動が展開され
ていく。1981年国際障害者年にも影響。自立
生活運動は，「一人でなんでもやれるようにな
る」のではなく，手伝ってもらって着替えた
り，生活の介助を受けたりしながら，仕事や
社会活動に参加する意義を強調した。

第 3 章　意思決定支援の理解 ｜ 41

第3章
意思決定支援の理解
第1節　自己決定の尊重と意思決定支援

バイステックらの時代は，判断能力が十分でない人には，ソーシャルワーカーが正しい方向に導くことや，ソーシャルワーカーの判断する利益と保護が優先されていた。しかしこれらの位置づけは判断能力の有無を誰が決めるのか，どう線引きするかなど，専門家が一方的に決める**パターナリズム**[◆2][(2)]の問題をもたらすことになる。多くの一般的な人にとっても，福祉サービスの利用は熟慮したとしても迷いが生じるものである。そこでは決定を自分に一任されるのではなく，相談という行為が重要になってくる。そこで，利用者に選択を一任して放置するのではなく，利用者と支援者が話し合い，利用者の本意に近づくために他者が決定プロセスに関わるという，「支援を受けた上での自己決定」や「支援つき意思決定」が重要であることが，2000年代以降，次第に浸透してきている。

「支援つき意思決定」出現の流れ

社会福祉やソーシャルワーク論上では，従来から自己決定の語の方が用いられてきた。しかし生命倫理や他国の影響を受け，ここ十数年で**意思決定**（decision-making）がよく使われるようになってきている。ただし自己決定と意思決定が互換的に使われる場合も多く，差異が明確でない場合も多いが，自己決定が「自己決定権」として法的な権利の及ぶ範囲，あるいは「自己責任」とセットで語られることの弊害が増えるにつれて，人が決めることの内実や意味に焦点をあてるために，意思決定が用いられることが増えてきている。

ここで少し医療倫理，生命倫理学上の意思決定

について確認しておきたい。古くから，医療や福祉の難題として，判断能力が十分でない人，意思表示をすることができない人，自己の利益にならないような選択をしてしまう人の支援をどうするかは難題であった。子どもや意識不明の人，障害や認知症のある人，自身を傷つけたり，アルコールを多用したり，自分の身体ケアをしないセルフネグレクトなど，一口に意思を尊重すると言ってもそれが正しくないように思われる人は多数いる。医療の場合，医師が一方的に利益を判断し，父親的な温情主義をとること（パターナリズム）が肯定されてきた時代が長かった。しかし医療行為は不可逆性のものが多いことや（手術等をすれば，前の状態とは異なる），患者の利益にすらならないことを医師が行う弊害もあった。

1950年代からアメリカで患者の自己決定権と医療者の情報開示が議論され，その中で**インフォームド・コンセント**[◆3]（Informed Consent）の概念が発達してきた。インフォームド・コンセントは「説明と同意」と訳されてきたが，正しくは「説明を受けた上での同意」である。初期のインフォームド・コンセントは書面による契約を重視し，医療者が「同意のサインを取り付ける」ような形で理解されてきた。しかし，本来は患者がその医療行為に納得した上で，医療者に「同意を与える」ものであることから，医師が患者に説明を尽くした上で，一緒に決める過程を重視するようになる。1982年アメリカ大統領委員会報告書では，インフォームド・コンセントは「共有された意思決定（shared decision-making）」であることが強調されている。

42　第Ⅰ部　ソーシャルワーク実践としての権利擁護

アメリカに限らず，当事者の意思決定の重要性が指摘されても，実際にそれが定着しているかどうかは別であり，またしばらくは意思決定と自己決定が互換的に使われているものも多い。もう一つ注目すべきは，2005年にイギリスで制定された**意思能力法**（Mental Capacity Act）である。この法律は医療上の処置や子どもの利益を守る決定が，意思能力が有るか／無いかという二元論的に線引きされるのではなく，支援を受けた上でどのような決定に至るか，という視点を重視しており，意思能力が不十分であるとされる人への，代行決定や最善の利益を守るための法である。この法律の支援つき意思決定の考え方が他の国にも影響を与えているといえるだろう。次いで，2006年国連で採択された**障害者権利条約**[4]では，障害を持つ人が身体や意思能力によって差別されないことを掲げた。これにより特に知的障害関係で，意思能力とその支援についての議論が活発化する。

日本においては，2006年の障害者自立支援法の施行時には「自立」支援がキーワードであったが（もちろんこの場合は社会的・人格的を含む広い意味の自立である），同法の改正過程では「意思決定支援」が盛り込まれることが要望され，2011年改正障害者基本法，2013年施行の障害者総合支援法では**意思決定支援**が明確に記されている。このように，近年は意思決定への着目と，意思決定自体は他者から支援を受けて成立するものであり，その支援の在り方が検討されているといえるだろう。

◆2　パターナリズム

古くは父親主義，専制主義とも訳され，専門職が権威的，一方的に対象者の利益となることを決めて押し付ける態度として批判されてきた。ただし近年は自己決定とは単純には対立しないパターナリズムの基準があることも論じられている。

◆3　インフォームド・コンセント
　　　（Informed Consent）

説明を受けた上で，患者が医療者に同意を与えるという，医療における重要な倫理原則のひとつ。古くは，医療者は患者に不安感を抱かせないために，真実を告げないという「ヒポクラテスの誓い」という倫理原則があったため，善意があれば同意を得ない治療も正当化されてきた。しかし，行き過ぎた手術や患者に知らされない治験など，数々の訴訟を経て，IC が確立されていく。説明は一回きり・一方的なものではなく，受け手の理解や同意能力に合わせたプロセス重視の方法が望まれる。日本においては1980年代頃から登場し，医療のみならず社会福祉の領域でも，介護保険の導入にあたって IC の必要性が論じられるようになった。

◆4　障害者権利条約（障害者の権利に関する条約）

障害者権利宣言(1975年)，国際障害者年(1981年)，国連障害者の十年（1983〜1992年）の宣言を経て，2006年に同条約が国連採択（日本政府の署名は2007年，批准は2013年，効力発生は2014年と，国連の中では140番目と遅い）。条約の批准にあたっては，その内容に則った国内法の整備が必要となるため，日本は障害者基本法の改正，障害者差別解消法の成立によって批准することができた。条約の主な内容は，障害者を庇護の対象ではなく権利の主体であると位置づけており，障害に基づくあらゆる差別の禁止，障害者が社会に参加し包摂されることの促進，条約の実施を監視する枠組みの設置，などの50条を掲げている。

注
(1)　日本ソーシャルワーカー協会倫理綱領の倫理基準 I.（5. 利用者の自己決定の尊重）より。
(2)　石川時子 (2014)「パターナリズム──援助におけるパターナリズムの正当性とその背景にある価値観」岩崎晋也・岩間伸之・原田正樹編『社会福祉研究のフロンティア』有斐閣。

第3章　意思決定支援の理解　43

第2節 意思決定支援の構造

この節のテーマ
- 意思決定と代行決定，共同（協働）決定について理解する。
- 意思決定の三層構造（意思形成・意思表明（意思疎通）・意思実現）について理解する。
- 意思決定の「誘導」について理解を深める。

意思決定・共同（協働）決定・代行決定

　第1節では，**意思決定**（decision-making）は「支援つき意思決定（supported decision-making）」の考え方が広がっていることを述べてきた。ここで意思決定の周辺概念であるものとの違いや重なりについて確認したい。

　インフォームド・コンセントはその概念の成立過程のなかで，医療者と患者が話し合い，価値観を出し合う共同（協働），共有の意思決定モデル（shared decision-making）に変遷していった。医療者（支援者）の持つ方針や価値観を示し，患者（利用者）も自身の人生観や価値観，希望を示し，お互いの対話のなかから決定を導くモデルである。これは意思決定をシェア（shared）するわけで，医療者（支援者）と対話する段階で，患者（利用者）には意思があることが前提となっている。したがって，後述する意思決定支援（＝意思を形成する段階から支援する）とはやや異なることに注意されたい。

　代行決定（substitute decision-making）とは，本人（利用者）に代わって他者（支援者や代理人）が決めることである。**成年後見制度**はこの代行決定の代表例である。代行決定の基本的な考え方は，他者が一方的に代わって決めるのではなく，あくまで本人のために，本人の代わりに他者が決定することである。代行決定には二つの考え方があり，本人の過去の言動や価値観に照らして選ぶであろう選択を，推定して行う「代行判断（substituted judgment）」基準と，乳幼児や重い障害があり，本人の意思が推定できない場合に他者がその人の利益を考える「最善の利益（best interests）」基準がある(1)。本人の過去の価値観がわかる代行判断基準の場合は，意識不明下において望まない治療を回避できる，認知症になってもその人らしい財産の遣い方ができる，などのメリットがあるが，難しいのは危機を経験した人が現在の意思と過去の意思が同一であるとは限らないことである。また**最善の利益基準**の場合は，専門家が持つ価値観と権力が一体化し，最善の利益が保護や危険防止に傾き過ぎて当事者の抑圧につながることが，これまでのパターナリズム批判と重なる点である。代行判断は，あくまで本人の意思と自律を最大限反映した上で，最善の利益を守ることであり，代行決定者の価値観や利益の考え方に追従するものではない，と理解され実行されなければならない。

意思決定の三層構造（意思形成・意思表明・意思実現）とその支援

　さて，自己決定も意思決定も，困ったときには

誰かから支援されるものであり，個人が独力で他者の影響から切り離され，社会環境に寄らず自主的に行えるものではない，という理解が広まってきている。しかし，「支援」とは，誰が，どのように，どうやって，何に向って支援するのか，という多様な問いを含んでいる。ここでは意思決定支援を①意思形成，②意思表明，③意思実現の3つに分けて考えたい。⁽²⁾

① 意思形成

誰がかかわるのか，ここではソーシャルワーカーとその関連する職種がかかわることに限定して考えることとする（資格の有無ではなく，社会福祉関係者という広い意味とする）。「どのように」支援するのか，意思決定の一つには，好みや希望を形成する，意思を意思として持つ段階として「意思形成」があると考えることができる。人にはさまざまな願望があり，いくつかの願望が両立しない場合や，どれを希望していいかわからない，選好どうしの葛藤が生じる場合がある（第2章第4節にでてくる「選好形成」参照）。元気で健康でありたい，アルコールは自由に飲みたい，手術はしたくない，お金は無いがたくさん使いたい……など，いくつかの願望が同時に成立しないことは多々ある。また，永らく抑圧された状態にあったり，被虐待経験があったりする場合など，「どうせ……だろう」と希望を持つことさえ難しい人もいる。意思形成支援とは，利用できる情報を得て，選択肢にはどのようなものがあるかを知り，希望を持てるように支援することである。また抑圧された状態にある人や，重度の障害がある人でも，どのような人でも意思を形成することは

必ず覚える用語

- ☐ 意思決定
- ☐ インフォームド・コンセント
- ☐ 代行決定
- ☐ 最善の利益基準
- ☐ 意思形成
- ☐ 意思表明
- ☐ 意思実現

◆1 成年後見制度
2000年介護保険制度と同時に施行され，福祉サービス利用のための「車の両輪」と喩えられた。認知症高齢者をはじめとした，判断能力や意思決定能力に不利がある人に対し，法律行為を代行するための制度。家庭裁判所の審判を経て，補助・保佐・後見の3つの形態がある。

◆2 エンパワメント（empowerment）
直訳すると「力を与えること」「権限を与えること」になる。1950〜60年代アメリカ合衆国の公民権運動や黒人の解放運動に端を発し，社会的に差別され，抑圧されてきた人々が，自らの主体性や本来持っている力を発揮し，環境に働きかけるという，思想面と運動面の両方がある。ソーシャルワークではソロモンの『ブラック・エンパワメント』(1976) が有名であり，黒人，女性，移民など，社会的・文化的に抑圧されてきた人々の存在に着目し，問題に対応する個人の心理面から，政治的な課題にまで多岐にわたる議論を起こした。80年代以降，当事者の持つ力を大切にするというソーシャルワークのもっとも重要な価値のひとつとなっている。

第3章
意思決定支援の理解
第2節　意思決定支援の構造

できるという認識を持ち，ソーシャルワーカーが
エンパワメント◆2する姿勢が重要である。

②　意思表明

次に，意思を持つ人が，どうやってそれを他者
に伝えるのか，「意思表明」に対する支援がある。
これは，本人が言葉や態度，行為として意思を示
すことを支援するとともに，微細な快・不快の表
情を読み取ること，コミュニケーションツールや
IT機器の使用，閉じられたyes／noの質問を駆
使することなど，支援者側が工夫を凝らして意思
確認する技術も支援の一つに当たる。もちろん，
抑圧のない環境とかかわり方が重要となってく
る。北野誠一は「意思表明支援の原則」として，
「本人の使いうるあらゆる表現・表出・表明方法
を駆使して，本人がその思いを表明することを支
援することをいう」と述べている。支援者側が思
い込みを避けるためにも，複数の人がかかわるこ
とも大切である。

③　意思実現

最後に，どうやって・何に向って支援するのか，
「意思実現」という支援があげられる。本人が意
思を持ち，選択肢があったとしても，そこに至る
までにさまざまな条件やハードルがあるかもし
れない。またソーシャルワーカーや支援者は，保
護的観点から専門職の決める「枠」の中の決定を
前提としがちである。リスクがある場合も含めて，
本人が望む「新しい選択肢」をエンパワメントで
きるか，実現に向ってどのようなステップを踏む
べきか，などを検討し，支援していくことである。

意思決定支援には以上のように意思形成・意
思表明・意思実現の3つがあるが，これらは段階

ではなく，同時進行で起こるものでもある。逆に
言えば，実現できる期待がなければ，その意思を
明確に形成したり表明したりすることは困難で
ある。自分の持つ選択肢や権利を知らず，抑圧さ
れた状態，諦めさせられてきた状態では，意思形
成も意思表明も見えなくなってしまうため3つ
を全て支援して「意思決定支援」と呼ぶことがで
きる。

意思決定の「誘導」を考える

意思決定支援は，意思形成・意思表明・意思実
現のどの段階でもソーシャルワーカーや周囲の
人間のかかわり方，環境が大きな影響を与えるこ
とになる。支援する側の持つ価値観や社会環境が，
利用者に対して影響を与えることは当然である
し，極端に言えば，中立で客観的な支援というも
のなど存在しない。バイステックの原則では「援
助者は自分の感情を自覚して吟味する（統制化さ
れた情緒的関与）」と述べられているが，価値観
を持つこと自体が悪いのではなく，自身の価値観
を自覚して，それを支援に悪用しないことが重要
なのである。

しかし，悪用する意図などもちろんなく，善意
と親切心から，相手の意思を優しく絡めとって一
定方向へ「誘導」する支援は，ありうるのだ。し[3]
かも，利用者側が納得して意思決定する場合には，
「支援つき意思決定」と区別がつかない。それは
特に意思形成の段階から関与すると，容易に起こ
りうるのである。つまり，意思を形成する段階で，
支援者側が特定の選択肢を提示し，それを良い，

望ましい，と思い込ませた上で本人が選び取れば，意思決定したことになるし，選択肢を提示すること自体が「支援」ということになってしまう。

意思形成では，本人自身も不確かな感情や願望から，何かを自分の選好として築きあげていく。そもそも，福祉との出会いは，その人にとって人生の何らかの危機であることが多く，意思を形成する過程では，それが自分にとって良いことなのかすらわからないことが多い。その際に接するソーシャルワーカーや専門職は，一定の職業的権威づけが存在するため，提示される選択肢は良いもの・正しいものに見えてしまいがちである。とりわけ，現在ある制度・政策は，社会資源を規制するため，その社会資源内で選択することが良いことであると思わされる。たとえば，施設入所サービスが充実している場合には，障害者や高齢者は施設に入所することが良いという前提で選択肢を提示し，意思形成に働きかけることができてし

まう。反対に，施設が不足している場合には，在宅サービスを使いながら地域で独り暮らしをする方向に，選択肢を提示し誘導することが可能である。

前述したように，意思形成・意思表明・意思実現は段階的なものではなく同時進行でも起こりうる。意思形成に関与する場合には，長期的にはどのような意思実現を望んでいるのか，意思実現と意思表明を支援しなければ，支援者側の枠組みにの中に誘導してしまうおそれがあることに十分な注意が必要である。支援者側がどのような価値に基づいて支援するのか，その価値観を伝えていいのか，重ねて考えなければならない。

Close up

意思形成

意思形成とは，ぼんやりと希望を持つ段階を想像していただきたい。学生の場合，どこに進学するか，どこに就職するか，など10代後半からさまざまな選択と岐路に立たされ，そのたびに希望と悩みが交錯することだろう。成績や経済状況が良ければ，希望に向かって努力することは称賛されるが，家庭環境や経済状況によって希望があってもそれを言い出しにくかったり，そもそも夢を持つことすら諦めざるを得

ない場合がある。また複数の希望があっても，一つしか選択できない時には，希望に優先順位をつけ，二番目以降を諦めるしかないことになる。意思形成は，どのような人も不確かな段階で迷いがあり，選べない選択に未練が付きまとうものである。辛い選択をしなければならない時に，どのような表明の仕方や，留保の自由があるかなど，形成の段階からの支援の仕方を考えなければならない。

注

(1) 千葉華月（2000）「『最善の利益』基準を考える——イギリスにおける成人の精神無能力者に対する医療上の処遇」『生命倫理』vol. 10. no1. 167-175。

(2) ここでは小西加保留・田中千枝子（2015）「意思決定支援ガイドラインのための基礎研究報告」（日本弁護士連合会第58回人権擁護シンポジウム第2分科会資料）を参考に「意思形成・意思表明・意思実現」の3類型を採用している。また北野誠一は『ケアからエンパワーメントへ』（2015年，ミネルヴァ書房）では「意思決定・意思表明支援」とし，佐藤彰一は意思表明の一部に相当する概念として，「意思確認・意思疎通支援」と説明している（佐藤彰一「第2章　意思決定支援と権利擁護」全国権利擁護ネットワーク編（2015）『権利擁護支援と法人後見』ミネルヴァ書房）。

(3) 優しさ，善意，親切心から相手を支配するような干渉の仕方を，パターナリズムに対して「マターナリズム」と呼ぶことができる。

第3節 相談支援における意思決定支援

この節のテーマ
- 相談支援の現場によって異なる意思決定を理解する。
- Life の3つの意味から考える。
- 尊重，支援の在り方を再考する。

現場によって支援者によって異なる「意思決定」とは

第1節で「自己決定する自立（自律）」や「自律した人間像」は，知的障害や認知症の人々を置き去りにしてしまうこと，現在では「意思決定の支援」「支援つき意思決定」に議論が移行していることを述べたが，ここでは「誰が」，「どのような状況に対して」，自己決定や意思決定の支援をされるのかを考えてみたい。

自立生活運動（41頁）で唱えられた「自己決定する自立（自律）」は，経済・身体的自立だけを意味するのではなく，自分の生活を自分でコントロールすることを強調していた。1970年代までの障害者福祉政策は，施設入所や養護学校など地域生活から切り離され，措置による福祉制度が多かったため，障害を持つ人は外出や，食事や，日常生活のスケジュールなどあらゆる生活の場面において管理されていた。そこで目指された「支援を受けた上での自己決定／意思決定」の例は，一人暮らしをし，介助者を自分で選び，介助シフトを組み，食事や排泄の細かなケアの指示を出し，日常の生活を自分でコントロールすることなどがあげられる。

しかし，子どもとかかわる支援者にとっては，意思決定支援はまた別のイメージがあるだろう。

虐待により児童養護施設に入所した児童が，親に会いたい，家に帰りたいという意思を持っている場合，単純にそれが支援しがたい場合もある（再統合がありえない家庭は一定数存在する）。子どもが理想とするような親ではない場合や，危険が予測されることもある。この場合は意思形成と意思実現の間に相当の溝があることになる。保護を優先し危険を冒させない**パターナリスティック**な対応は非難されてきたし，意思形成を誘導するようなかかわりには十分な注意が必要であるが，ここでの意思決定の支援とは，実現できる意思なのか，形成された意思を時に変更させるような更なる情報提供を重ねる，長く慎重な関わりとなってくる。

医療現場では，ほとんど時間をかけられないまま「決断を迫る」ようなかかわりも生じる。意識不明下の患者の家族に対して，延命治療をするか／しないか，がん切除手術をした場合リスクがどの程度あるのか，手術しない場合は何年生存率何%か，副作用の有無，など，リスク＆ベネフィットがほとんどわからない状態から患者や家族は決断をしなければならない。そこでの意思決定の支援とは，相当な窮迫性を伴い，多大な情報をわかりやすくていねいに伝えること，混乱する感情を受け止め整理を手助けすること，実現に向けて技術や物的な支援をすること，などが考えられ

る。

Life の 3 つの意味「生活・人生・生命」から考える意思決定支援

　以上のように，支援を受ける人がどのような人でどのような状況にあるかによって，意思決定支援は相当に異なり，そこに関わる支援者も，意思決定といってもイメージするものは異なってくるのである。そこで，意思決定の場面を整理して理解するために，Life という語を用いて考えてみたい。

　Life には①生活，②人生，③生命の 3 つの意味がある。**Quality of life**[1] は日本語では「生活の質」と訳されてきたが，もともと英語圏の意味はもう少し多様である。

①　生　活

　Life の一つ目の意味，「生活」であるが，これは「暮らし」，「日々の営み」，「日常生活」などを指している。我々の日常生活は，細かな意思決定の連続と繰り返しである。朝何時に起きるのか，もう少し寝坊をしていいのか，朝食に何を食べるか，今日は何を着るのか，どこへ行くのか……。こうした意思決定と選択は，自力で行える場合にはほとんど意識されないが，それが阻害される時や，他者の介助を受ける時に初めて意思決定の問題として浮かび上がる。介助・介護の現場ではこの日常生活における意思決定を想定しやすいだろう。この場合，意思決定の支援とは，「よりよい暮らし」を目指すことを含んでいる。十分な選択肢があること，それを表明してよいと思わせる環境，聞き取る技術のある支援者，ストレスの少

必ず覚える用語

- ☐ 自立生活運動
- ☐ パターナリスティック
- ☐ ナラティヴ・アプローチ
- ☐ セルフネグレクト

◆1　クオリティ・オブ・ライフ
　　　（Quality of Life；QOL）
略語で QOL（キュー・オー・エル）と呼ばれることもある。もともと医療の発展とともに浸透してきた概念で，単に病気ではない，疾患として治療している，という状態を重視するのではなく，本人にとって痛みや苦しみが少ないか，快適で人間らしい生活か，意味のある人生か，人権や自由が保障されているか，など，本人の主観的次元を取り入れており，文脈によって多様に論じられる。

第 3 章　意思決定支援の理解　49

第3章
意思決定支援の理解
第3節　相談支援における意思決定支援

ないそれの実現，など，対象者や現場，実践者それぞれに蓄積がある。[(1)]

②　人　生

次いでLifeの二つ目は「人生」「生き方」の意味がある。これは日々の生活の延長線上にあり，長期的に蓄積されてきたものであり，その人の考え方や価値観として語られることも多い。**ナラティヴ・アプローチ**[◆2]などが重視している側面でもある。ソーシャルワーク，相談援助の場合には，この「人生」の転換点となるような場面が多い。多くの人にとって，福祉サービスとの出会いは，何らかの「困ったとき」であり，専門家の助言を求めたかったり，大きく生活が変わるような不安を抱える時である。福祉サービスの利用契約，施設の入退所，就学や就労，年金の受給や移転，そしてこれまでの希望を諦める瞬間であったりもする。人生を左右する決定には迷いや苦悩が生じるものであり，希望するより良い選択肢があれば喜ばしいが，悲しみや不安を伴いながらの決定となることもある。ここでの意思決定への支援とは，情報を提供し，感情を受け止め，選好を整理し，実現可能性の検討を利用者と支援者がともに行うことを指す。ただし，そのやり方によってはパターナリスティックな抑圧や意思形成の誘導が可能であり，支援者側がどのような価値観を持つのかが問題となってくる。

③　生　命

三つ目のLifeの意味は「生」「生命」，いのちや死に向きあうことである。緊急性や医療性の高い現場では，生死に関わる決定が求められる。特に医療の場合は不可逆性のものが多く，選択の結果が良くなかったからといって元に戻してやり直すことができない。この場合の意思決定は，ほとんどの人にとって経験のない，かつ重大な決定であるため，「よりよいを目指す」というよりは，どちらがより悪くないか，何を選んでも選ぶことができなかった選択肢への迷いが残ることになる。ここでの意思決定の支援とは，情報提供の正確さや丁寧さなど，ソーシャルワークの技術的な側面もあるが，究極的には当事者の決定に寄り添うしかない場合も多い。決定を強要しない，誘導しない，など消極的な「〜しない」という支援の形もある。当事者にも支援者にも，生命にかかわる意思決定の支援には精神的な負担感が高い。

■「尊重しがたい」をもう一度考える

自己決定の尊重の原則，意思決定の支援，その言葉自体はソーシャルワークでは自明とされている。一方で，「尊重しがたい自己決定がある」「支援者が唯々諾々と利用者の言葉に従うことは支援ではない」という人もいる。その言葉を，単純にそのまま受け取ってはいけない。意思決定の支援は，それによって利用者にとっても支援者にとっても利益になると思われる場合には，それほど葛藤が生じない。支援の方向性がよいものを目指す場合には，ベストか，ベターか，程度の違いはあるが，同じ目標に向って行動することができる。上記の「尊重しがたい」という時には，利用者にとって利益とならない（と支援者が思う）場合に，よくない方向性をどう評価するか，それぞれの価値観に関わる問題となってくる。意思形成

での情報が不十分なゆえに選択されているのか，意思表出を支援者が理解できていないのか，意思実現に相当な難しさがあるのか，自己決定／意思決定を区分して詳細に検討すると，また違った評価になることもある。

　また支援者が，どこの現場に身を置いているかによっても，上記の言葉の意味は異なる。生活・暮らしの中の利用者の細かな意思決定を，支援者の人手不足が原因で「わがまま」と片付けるのか，死につながるほどの**セルフネグレクト**[3]を「本人が関わるなと言っているから」と放置するのか，支援者が直面している課題は全く異なる。支援者間でどの Life の意思決定にかかわっているのか，整理して内省することも必要であろう。このような場合には，支援者が一人で判断するのではなく，支援者が複数名でかかわり，支援者同士が価値観を討議する場が必要となってくる。またその際，複数名で一斉に当事者を抑圧することがないように，アセスメントやカンファレンスの技術を活用しながら，価値観を協議することが大切である。

◆2　ナラティヴ・アプローチ（Narrative approach）

ナラティブの表記も同様，物語りアプローチなどとも呼ばれる。1980年代後半，M. フーコーの社会構成主義の影響を受けた心理やソーシャルワークの手法で，ナラティヴ論，ナラティヴ・セラピーなどとも呼ばれている，いわゆるポストモダン・アプローチの一つ。基本的な考え方としては，専門家によって権力や支配体制，正しさが作られていることを疑問視する。当事者の言葉に耳を傾け，その人が現実をどうとらえているのか，何を問題とし，何を解決とするのか，どう「物語る」のかに着目し，ワーカーの支援は協働体制であることを徹底する志向にある。

◆3　セルフネグレクト

自分自身の世話をしないこと，QOL が極端に低下していても，それを放置したり改善を望まないような状態を指す。近年はゴミ屋敷の問題と関連して注目されるようになってきているが，背景にはうつや認知症などの疾患や，貧困，社会的孤立，希望が持てないなど，さまざまな問題が隠れている。

注　(1)　渡辺一史 (2003)『こんな夜更けにバナナかよ——筋ジス・鹿野靖明とボランティアたち』北海道新聞社，では，鹿野が一日24時間の介助を受けながらも，食べ物や睡眠時間，恋に至るまで全てを自分で管理し，介助者を「教育」している姿が描かれている。生活における意思決定支援を考える上で参考になる書である。

第4節 権利擁護としての意思決定支援

この節のテーマ
- 意思決定で不利がある人について知る。
- 法律の背景にある価値の問題を考える。
- 権利擁護としての意思決定を考える。

権利擁護の観点からみる成年後見制度

今後，日本の人口動態の推計では，2060年に人口は8,600万人，うち約4割が65歳以上人口となり，高齢者福祉サービスの利用者の増加，そして認知症の人の支援がますます増大することが予想される。また，障害者福祉政策はここ十数年で大きく変わり，障害を持つ人の就労支援や，地域生活を推進する方向性，発達障害など新たな障害の概念によって対象の拡がりを見せている。意思決定支援を必要とする人は，今後ますます増えてくるだろう。

認知症や判断能力に障害を持つ人に対して，自分で支援を求めることが難しい場合や，自分の状態や生活の状況を理解して人に支援を求めることが難しい場合には，権利擁護の観点から意思決定支援が求められている。その制度として，日本では**成年後見制度**（本書第Ⅲ部参照）がある。しかしこの法律は，2000年の介護保険制度の導入に合わせて，サービス契約が難しい人の代行決定をどう行うかという観点や，高齢者への悪質商法や消費者被害が急増する現実問題に対応するために制定されたという背景がある。したがってソーシャルワークの価値やアドボカシーの考え方（本書第2章参照）と重なる部分もある権利擁護の制度ではあるが，本人を保護するため，主に財産や身辺管理について，他者が代行決定をすることを中心に定められているものである。

本章第1節でふれたイギリス意思能力法（Mental Capacity Act）の精神とは根本的に異なる。意思能力法の理解に基づけば，権利擁護は本人の意思決定を中心に，最善の利益をどう考え支援するか，という方針であるが，日本の成年後見制度は，「判断能力が不十分な人を保護し，支援する」制度であるため，基本的に権利擁護といっても保護的観点が優勢であり，もし後見人（保佐人・補助人）が本人の意思よりもパターナリスティックな保護を優先したとしても，制度の趣旨には沿っていることになってしまう部分がある。

成年後見制度が今後また変わるかもしれないが，現行制度で支援を行う場合には，意思決定に不利がある人に対して，単に保護することを権利擁護と考えるのではなく，意思決定支援とは何か，本人の最善の利益とは何か，その社会で満たされるべき権利とは何か，などを考えた権利擁護活動が，特にソーシャルワーカーに期待されるだろう。

意思決定と「社会」

意思決定自体は，全ての人が何かしら毎日遭遇している。しかし「支援」の対象となるかどうか

は，その時代と社会によって異なってくる。個人と家族の問題，自己責任の問題として片づけられることもあれば，社会の問題として共有され，支援の方策が考えられることもある。意思決定に不利がある人，判断能力が不十分とされる人だけが，意思決定支援の対象となるわけではない。判断能力があっても，混乱や情報不足，情報過多で決めるのが難しい状態にある人や（たとえば，難しい治療の選択の場面など），抑圧され，権利を剥奪された状態（パワーレスな状態）にある人には，その人の持つ力を支え，「**権利を擁護するための意思決定の支援**」が必要となる。さらに言えば，意思と判断能力があったとしても，社会が権利を認めなければ，意思決定として扱われなかった歴史と社会がある。

　自立生活運動やノーマライゼーションの概念が拡がる以前には，障害者は親元か施設かの二択しかなかった。そして1950〜60年代までは「**医学モデル◆1**」が主流であり，障害は克服すべきものであり，障害者は努力して，リハビリテーションに励み，社会参加しなければならなかった。現に日本の身体障害者福祉法（1949年制定，現行法でもある）を見てみると，第二条に「すべて身体障害者は，自ら進んでその障害を克服し，その有する能力を活用することにより，社会経済活動に参加することができるように努めなければならない」と定められている。障害の克服の名の下に，たとえ拒否の意思表明があったのにもかかわらず，治し，健常に近づくための強制が多々あった。[(1)]

　そしてハンセン氏病患者に対しては，隔離政策や断種といった深刻な人権侵害を強いていた歴 [(2)]

必ず覚える用語

- [ ] 成年後見制度
- [ ] 権利を擁護するための意思決定の支援
- [ ] 医学モデル
- [ ] 優生思想
- [ ] 優生保護法
- [ ] 判断能力が不十分な人
- [ ] ソーシャルアクション

◆1　医学モデル

一般的にソーシャルワーク論では「生活モデル」との対比で，障害学・障害者福祉論では「社会モデル」との対比で論じられる傾向にある。医学モデルは，個人の疾患や障害など，「問題」の原因を個人に焦点化し，それを治療対象とすることで解決を図ろうとするため，治療やリハビリテーション重視となる。これに対し，ソーシャルワーク論上では，システム論や生態学の影響を受け，環境が個人に与える影響や，「人と環境の交互作用」から援助理論を発展させた。また障害学，障害者福祉論の分野では，疾患や障害があったとしても，それを個人の努力に還元してしまうことを問題視し，制度や環境のバリア（社会的障壁）を解決すればそれは障害ではなくなる，「障害は社会がつくる」との発想の転換を示した。

第3章
意思決定支援の理解
第4節 権利擁護としての意思決定支援

史がある。拒否という意思があったにもかかわらず、中絶や断種手術を強要され、隔離入所を強いられたまま、入所者は社会から途絶していった。背景には**優生思想**, **優生保護法**があり、障害や疾病を持つ人の意思を無視しても構わない、といった考え方が社会を占め法律を形成していたのである。

法律は、その社会を占める価値観が現れるものであり、これらが単なる過去のものではなく、現在も、今後も、人の尊厳や権利を侵害するような社会がつくられるかもしれない。ソーシャルワーカーは単なる法律や制度を運ぶ人間ではなく、意思決定に権利擁護という視点を常に持ち合わせなければならない。

意思決定と権利擁護

これまで述べてきたように、意思決定は個人が誰にも頼らず独力でできるものではなく、誰かの支援を受けながら、自身の中にある希望や意思を明確にして、よりよい Life のため、あるいは悪い状態を避けるために行われる決定である。そして意思決定の支援とは、誰かの支援を受けるとしても、基本的に、「どんな人でも意思決定はできる」という視点から支援が始まるものである。

日本の成年後見制度で考える権利擁護は、「**判断能力が不十分な人**」に対して行う保護と支援であるが、この「判断能力」は誰しも「十分ではない」ともいえる。逆に言えば、誰にでも判断能力は「ある」のである。どんなに障害の重い人でも、快・不快は示すことができるし、重い認知症の人

でもその人の人生の歩みからなしうる判断がある。意思決定ができないとされてきた人でも、意思形成・意思表明・意思実現のどれが阻害されているのかを考えることによって、誰にでも意思決定はでき、支援することができる、と考えるのが世界の潮流である[3]。

そして、意思決定は、社会がそれを支援する体制がなければ、意思があったとしても無視し抑圧することもありうる。権利擁護に関わる支援者は、意思を実現するために、社会に働きかけること、**ソーシャルアクション**[3]の視点を持つことも必要である。

Close up

優生思想から学ぶ社会の価値観

　日本では1940年に国民優生法が定められ，優生学の見地に基づき，本人の意思にかかわらず強制的に不妊手術（断種）が行われた（廃止後，1948年に優生保護法，1996年に現在の母体保護法に改正）。これは世界各国でも同様の法があり，福祉国家として知られる北欧でも，第二次世界大戦後～1970年代頃までの長期に渡って，障害者に対する強制的な不妊手術や中絶手術が行われていたことが明らかになっている。対象は遺伝性疾患だけでなく，ハンセン病や精神障害，知的障害，あるいは知的障害が疑われただけの人（実際には教育機会の欠如であった）にも拡大していった。優生学とは20世紀初頭に台頭した「遺伝的に優れた人間」に関する学問である。それが優れていない人は誰か，劣っている人間は淘汰されるべきである，殺人しても構わない，という風に次第に過激な形となっていった。優生思想自体にはさまざまなレベ

ル，派があるが，第二次世界大戦前後で人種差別や障害者差別，弾圧，人口政策に結びついていった国が多い。

　重要なのは，当時の社会（政策立案者だけでなく，そこに暮らす多くの人々）が，それを正しい，良い，という価値観の下に推進したということである。人権や尊厳という，一見普遍的に思われる価値は，時代と社会によって変わっている。人権侵害も，対象となった人がどんなに侵害されている，拒否している，と訴えても，意思を受け止める人がいなければ，意思とはみなされないのである。何が良いのか，正しいのか，それが変わることもあるということを，我々は考え続けなければならない。

　少々古くなるが，『優生学と人間社会』（米本昌平，松原洋子，橳島次郎，市野川容孝，2000年，講談社現代新書）を一読されたい。

2

◆2　優生保護法（1948～1996廃止）

「優生手術」と「母体保護」の二つの柱から成り，中絶の対象を定めている。障害や遺伝性疾患も中絶理由の対象にあげられており，1970年代には自治体レベルで出生前診断と中絶の推奨運動につながっていった。1996年に優生手術に関する部分が削除され，「母体保護法」に改められている。2018年に入ってから，当時の優生保護法に基づいて精神疾患や聴覚障害を理由に強制不妊手術を受けさせられた人々が多数いることが明らかになり，全国的に国に対して提訴が起こっている。

3

◆3　ソーシャルアクション

ソーシャルワークの重要な理念のひとつ。人権や社会正義，社会的排除などの政治的に大きな課題から，個人や地域住民が抱える個別の課題をつなぐまで，さまざまなレベルで連携と喚起，変革を促す活動。古くは，大正期のデモクラシーから，昭和後期には公害運動や薬害エイズ訴訟など，当事者の運動が制度改正につながった例は多々ある。近年は特に，専門職が関与せずとも，当事者がインターネットやSNSを介したつながりで政治活動に結び付くことがある。

注

(1)　障害学や自立生活運動の軌跡にはこうした議論の蓄積が様々にあるが，さしあたり『生の技法——家と施設を出て暮らす障害者の社会学』（1990年，生活書院）の安積純子を参照。

(2)　ハンセン氏病は日本ではらい病とも呼ばれ，明治に隔離政策が始まり，のちに強制的に施設入所となり，治療法が確立されても1953～1996年まで「らい予防法」による隔離政策が敷かれていた。

(3)　佐藤彰一はこれを「意思決定のパラダイム転換」と呼んでいる（『権利擁護支援と法人後見』（2015年，ミネルヴァ書房）第2章より）。

第3章　意思決定支援の理解　｜　55

北野誠一『ケアからエンパワーメントへ——人を支援することは意思決定を支援すること』ミネルヴァ書房，2015年
長年，自立生活の思想と実践にかかわってきた著者の単著で，自立生活や自己決定を「エンパワーメント」の角度から論じていく。筆者はエンパワーメントを「共に生きる価値と力を高めること」と述べる。日本の障害者福祉において，当事者たちに諦めさせていたことは，エンパワーによって全く異なる可能性があると，ソーシャルワーカーの視点を改めさせてくれる本。

寺本晃久・岡部耕典・末永弘・岩橋誠治『ズレてる支援！』生活書院，2015年
同じ執筆者らによる『良い支援？』（生活書院，2008年）と合わせて読みたい。筆者らは，長年当事者に寄り添い，地域での生活を支えてきているが，それでも，当事者の心の内とは異なったり，読み取れなかったり，試行錯誤と新たな悩みを繰り返す。さまざまなところで自立支援や自立生活が言われるなかで，当事者と支援者のリアルを何度も問いかけられる書。

安積純子・尾中文哉・立岩真也・岡原正幸『生の技法——家と施設を出て暮らす障害者の社会学（第3版）』生活書院，2012年
1990年に藤原書店から初出されてから何度も増補・改訂がなされている，日本の障害者運動を知る上で重要な書。自立生活運動はアメリカからの輸入と理解されがちだが，その流れとは別に日本には「青い芝の会」の運動があった。援助やリハビリテーションの名の下に，当事者がパターナリスティックに抑圧されてきたこと，管理・隔離の施設，家族のしがらみと負担など，現在でも何度も学びを新たにする必読の書である。

Try! 第3章

問：Aさん（30代女性）は軽度の知的障害があり，特に社会的なサービスを使わずに資産家の親と生活していたが，相次いで両親が死亡し，孤立した状態になってしまった。近所の男性が急に結婚を申し込み，Aさんも了承し結婚する。配偶者である夫は，Aさんの成年後見人として家裁にも認められた。直後から，夫が高級外車を次々と所有し，豪遊していることが近所でも噂されるようになる。ソーシャルワーカーがAさんを訪問し，財産搾取ではないかとそれとなく聞いたが，Aさんは「今のままでいい。夫が好きだし信用している」と言う。ソーシャルワーカーは，成年後見制度を悪用した財産搾取だと考えているが，Aさんの意思や今後の生活をどう考えるべきか，悩んでいる。

ヒント：Aさんの意思は，一つではないはず，複数の意思は対立しないだろうか。Aさんの利益とは何だろうか？Aさんが考える利益と，ソーシャルワーカーが考える利益は違うのだろうか？
Aさんの意思と利益は対立するだろうか？その上で，Aさんは何を選ぶだろうか？

第II部

権利擁護と法

第4章

憲法規範としての権利擁護

本章で学ぶこと

- 個人の尊厳，幸福追求権が憲法上保障されている意味を理解する（第1節）。
- 自己決定権，法の下の平等が憲法上保障されている意味を理解する（第2節）。
- 生存権が憲法上保障されている意味を理解する（第3節）。
- 国際条約と憲法の関係を理解する（第4節）。

第1節 個人の尊厳，幸福追求権（自分らしく生きる権利）

この節のテーマ
- 個人の尊厳が憲法上保障されている意味を理解する。
- 基本的人権の種類を学ぶ。
- 幸福追求権が憲法上保障されている意味を理解する。
- 公共の福祉の意味・内容を理解する。

個人の尊厳等の問題となる場面

認知症のある高齢者が脱水症状で入院した。高齢者は，退院後自宅で生活することを強く希望している。しかし，家族は，高齢者を心配し，施設に入所させようとしている。

このような場合，高齢者の憲法上の権利に対する侵害はないだろうか。

個人の尊厳とは

憲法第13条前段は，「すべて国民は，個人として尊重される」としている。

「個人として尊重される」（**個人の尊厳**）とは，各個人を最高かつ固有の価値を有する人格として尊重すること，すなわち，一人ひとりをかけがえのない存在として大切にすることをいう。

この個人の尊厳の考え方から，**憲法の三大原則**◆1の一つである「基本的人権の尊重」（憲法第11条）が導かれている。

すなわち，一人ひとりをかけがえのない存在として大切にしなければならないからこそ，一人ひとりの人権を尊重しなければならないとされるのである（人権の固有性）。

また，人権は原則として公権力に侵されず（人権の不可侵性），人種，性別や身分等の区別に関係なく，人であるということだけで当然に享有できるものである（人権の普遍性）。

憲法は，国民の義務として，①教育を受けさせる義務（第26条第2項），②勤労の義務（第27条第1項），③納税の義務（第30条）を定めているが，決して，義務を果たさなければ，人権が保障されない，人権が尊重されないという関係にあるわけではない。

基本的人権の種類

基本的人権（**図4-1**）は，主に，①自由権，②社会権，③参政権，④受益権，⑤平等権に分類される。

①**自由権**とは，国家から干渉されることなく，自由にする権利をいう。

自由権は，憲法第18条以下に規定されている。まず，精神的自由権として，思想・良心の自由（第19条），信教の自由（第20条），表現の自由（第21条）等がある。また，身体的自由権として，奴隷的拘束及び苦役の禁止（第18条），適正手続きの保障（第31条）等がある。さらに，経済的自由権として，居住・移転・職業選択の自由（第22条第1項），財産権（第29条）がある。

②**社会権**とは，社会的・経済的弱者が人間らし

---

60 | 第Ⅱ部 権利擁護と法

い生活をすることができるように，国家に対して，積極的な介入を求めることができる権利をいう。

憲法において，社会権として規定されているのは，生存権（第25条），教育を受ける権利（第26条），勤労の権利（第27条），労働基本権（第28条）である。

③**参政権**とは，国の政治に参加する権利をいう。憲法では，選挙権（第15条）等が規定されている。

④**受益権**とは，国家に対して，給付や制度の整備等を要求することができる権利をいう（国務請求権）。憲法では，請願権（第16条），裁判を受ける権利（第32条），国家賠償請求権（第17条），刑事補償請求権（第40条）が規定されている。

⑤**平等権**とは，全ての国民は法の下に平等であり，人種，信条，性別などにおいて，差別されない権利をいう。憲法では，法の下の平等（第14条）のほか，選挙の平等（第15条第3項，第44条），夫婦の同等と両性間の本質的平等（第24条），教育機会の平等（第26条）が規定されている。

もっとも，この人権の分類は，絶対的なものではないことに注意が必要である。

というのは，人権のなかには，自由権的側面と社会的側面を有するものがあるからである。

たとえば，自由権に分類した表現の自由のなかには，知る権利があるが，この知る権利には，「情報を国家から干渉されずに自由に知る権利」という自由権的側面と「国家に対して情報を公開するよう請求する権利」という社会権的側面がある。

必ず覚える用語

- ☐ **個人の尊厳**
- ☐ **自由権**
- ☐ **社会権**
- ☐ **参政権**
- ☐ **受益権**
- ☐ **平等権**
- ☐ **幸福追求権**
- ☐ **プライバシー権**
- ☐ **公共の福祉**

◆1　憲法の三大原則
国民主権，基本的人権の尊重，平和主義をいう。国民主権とは，国民が国の政治の在り方を最終的に決める権利を有することをいう。平和主義は，憲法第9条に定められている。

第4章
憲法規範としての権利擁護
第1節　個人の尊厳，幸福追求権（自分らしく生きる権利）

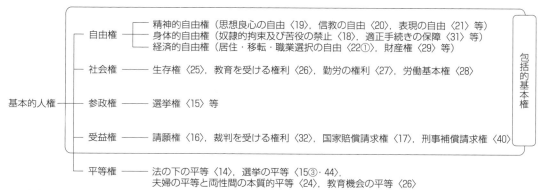

図4-1　基本的人権の種類

注：〈　〉内は条文。
出所：筆者作成。

幸福追求権（自分らしく生きる権利）とは

憲法第13条後段は，「生命，自由及び幸福追求に対する国民の権利については，公共の福祉に反しない限り，立法その他の国政の上で，最大の尊重を必要とする」としている。

このように，憲法は，幸福追求権，すなわち，人間らしく幸福に生きるための権利も尊重するとしているのである。

幸福追求権は，憲法第15条以下に列挙されている人権と憲法制定当時に考えられていなかった新しい人権を保障するものである（**包括的基本権**◆2）。

もっとも，あらゆるものを人権として認めると，人権の価値が希薄化してしまうため，個人の人格的生存に不可欠な利益を内容とする権利を保障するとするのが通説である。

具体的には，プライバシー権（私事をみだりに公開されない権利）や環境権（良い環境の中で生活する権利），後述する自己決定権等が新しい人権として考えられている。

このような包括的基本権を保障する憲法第13条と憲法第15条以下の個別の人権を保障する条項との関係は，**一般法と特別法**◆3との関係に立ち，個別の人権を保障する条項が妥当しない場合に限って，憲法第13条が適用されると解するのが通説である。

公共の福祉

「**公共の福祉**」とは，人権と人権の衝突を調整するための実質的公平の原理をいう。

すなわち，社会で生活する以上，他者の人権との衝突が考えられる。

たとえば，ある人が他人のプライバシーを侵害するような表現をした場合，ある人の表現の自由と他人の**プライバシー権**とが衝突することにな

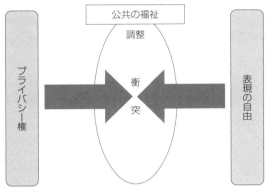

図4-2　公共の福祉

出所：筆者作成。

る。

その衝突場面では、他者の人権も保障しなければならないため、全ての人の人権が公平に保障されるように、人権と人権の衝突を調整する必要がある。そのことを「公共の福祉」というのである（**図4-2**）。

決して、個人と無関係な公共の利益により制約されることや多数の人のために個人が犠牲になることを意味しているものではない。

本人の希望は尊重される

高齢者が退院後自宅で生活したいという希望は、前述した居住・移転の自由（第22条第1項）や幸福追求権、また後述する自己決定権等として憲法上保障されるものである。

「基本的人権の種類」の項では、居住・移転の自由を経済的自由権として紹介したが、居住・移転の自由には、自分自身の希望する場所に住んで、多くの人とかかわる等して、自己実現を図るという精神的自由権の側面や身体を拘束されないという身体的自由権の側面もある。

このように、高齢者の退院後自宅で生活したいという希望は、憲法上保障される重要な権利であるから、**公共の福祉**に反しない限り、尊重されなければならない。家族が心配だからというだけの理由で制限できるものではない。

家族の入所意向が強くても、高齢者の希望を尊重して、可能な限り、介護保険のサービスを利用する等して、高齢者が自宅で生活できるように調整すべきである。

もっとも、高齢者の身体状態や認知症の進行状況から、自宅での生活が困難な場合もある。そうだからといって、家族との話だけで、施設入所を決めるのではなく、高齢者本人も交えて、話合いを重ね、生活の場所を決めていくべきである。

◆2　包括的基本権
憲法第13条の法的性格を倫理的な規範ではなく、憲法に列挙されていない新しい人権を法的権利として保障し、新しい人権の憲法上の根拠となる規定と考える。

◆3　一般法と特別法
一般法とは、人、場所、事項を特定せずに、一般的に広く適用される法律をいい、特別法とは、特定の人、場所、事項に適用される法律をいう。

第2節 自己決定権・法の下の平等

この節のテーマ
- 自己決定権の内容を理解する。
- 障害のある人や高齢者の自己決定権について学ぶ。
- 法の下の平等の意味・内容を理解する。
- 積極的是正措置について学ぶ。

自己決定権において問題となる場面

重度の障害がある人が、自宅で生活するためには、夜間も含めて1日24時間の介護が必要である。しかし、自宅のある市からは、1日あたり8時間の介護支給量しか認めてもらえないことから、自宅で生活できず、本人の望まない施設での生活を余儀なくされた。

このような場合、重度の障害がある人の憲法上の権利に対する侵害はないだろうか。

自己決定権とは

自己決定権とは、公権力から干渉されることなく、自分のことを自分で決定することができる権利をいう。

前述したとおり、自己決定権は、個人の人格的生存に不可欠な利益を内容とする権利として憲法第13条により保障されることから、その内容についても、人格的生存に不可欠な重要な事柄に限定すべきである。

自己決定権の内容としては、①自己の生命、身体の処分にかかわる事柄、②家族の形成・維持にかかわる事柄、③リプロダクション（生殖活動）にかかわる事柄、④その他の事柄に分けて考えることができる。

①には治療拒否や**尊厳死**[◆1]等が挙げられ、③には結婚、出産、中絶等があげられるが、②とも重なる。④には、ライフスタイルに関する事柄が含まれる。

なお、ライフスタイルに関する事柄についても、服装や髪形等人格的生存に不可欠な重要な事柄に限定される。

障害のある人の自己決定権

障害者権利条約を作ろうという運動の中で"Nothing About Us Without Us"（私たちのことを、私たち抜きに決めないで）という言葉がスローガンとして使われ、日本でも、障害者権利条約の締結・批准に向けた運動の中で、スローガンとして使われた。

障害のある人に対して、自己決定権を保障するためには、本書第3章で述べた意思決定支援が必要不可欠である。

十分に意思決定支援を行ったうえで、本人が客観的に不合理な自己決定をするのであれば、その自己決定を尊重すべきである。

無理に客観的に合理的な自己決定を求めるよ

うなパターナリスティックな干渉は控えるべきである。

自宅で生活するか，施設で生活するかは，④ライフスタイルに関し，人格的生存に不可欠な重要な事柄であるから，重度の障害があっても，自己決定権として，保障されるべきものである。

障害者基本法第1条において，「全ての国民が，障害の有無にかかわらず，等しく基本的人権を享有するかけがえのない個人として尊重されるものである」という理念が確認されている。

また，障害者基本法第3条では，全ての障害者が「基本的人権を享有する個人としてその尊厳が重んぜられ，その尊厳にふさわしい生活を保障される権利を有する」ことを前提に，第2項で，全ての障害者が可能な限り，どこで誰と生活するかについての選択の機会が確保され，地域社会において他の人々と共生することを妨げられないことが明記されている。

高齢者の自己決定権

高齢者は，加齢によって認知症を発症したり，身体にさまざまな障害が生じたりするため，医療や介護等の支援が必要となってくる。

たとえ，高齢者がそのような状態になったとしても，人権の普遍性から，当然に，自己決定権は保障される。

高齢者は（障害のある人も同じだが），他人に迷惑をかけるのは申し訳ないという気持ちから，自分自身の希望や気持ちを述べないことがある。

障害のある人同様に，十分な意思決定支援を行

必ず覚える用語

- ☐ 自己決定権
- ☐ 尊厳死
- ☐ 障害者権利条約
- ☐ 平等権
- ☐ 平等原則
- ☐ 形式的平等
- ☐ 実質的平等
- ☐ 相対的平等
- ☐ 絶対的平等
- ☐ 積極的差別是正措置

◆1　尊厳死
現在の医療では治癒の見込みがない末期患者が延命治療を止めて，人間としての尊厳を保ちながら，自然死を迎えることをいう。他方，安楽死とは，不治かつ末期の患者が生命が短縮されることを希望して，医師等の協力を得て，命を絶つことをいう。尊厳死・安楽死に関して，横浜地裁平成7年3月28日判決がある。

◆2　社会的身分・門地
社会的身分とは，人が社会において占める継続的な地位をいう（最高裁昭和39年5月27日判決）。他方，門地とは，家柄をいう。

◆3　障害者差別禁止指針
2016年4月1日に施行された「障害者の雇用の促進等に関する法律の一部を改正する法律」第34条及び第35条の規定に基づき，障害者に対する差別として禁止される措置を具体的に明示した指針。

第4章
憲法規範としての権利擁護
第2節　自己決定権・法の下の平等

表4-1　平等の定義

形式的平等	個人を法的に均等に扱い，自由な活動を保障する機会の平等	実質的平等	社会的・経済的弱者をより厚く保護し，他の者と同等の自由と生存を保障する結果の平等
絶対的平等	各人の性別・能力・年齢・財産・職業等の違いを考慮せず，一律に扱う平等	相対的平等	各人の性別等に違いがあることを前提に，合理的な理由がある場合には異なった取り扱いを認める平等

出所：筆者作成。

ったうえで，高齢者の自己決定を尊重すべきである。

法の下の平等（憲法第14条）

　憲法第14条第1項は，「すべて国民は，法の下に平等であって，人種，信条，性別，**社会的身分又は門地**により，政治的，経済的又は社会的関係において，差別されない」としている。

　この規定により，個人に対して，国家から差別されず，平等に扱われる権利（**平等権**）を保障し，国家に対して，個人を差別してはならないという原則（**平等原則**）を定めている。

　「法の下」の意味は，法を平等に適用するだけでなく，法の内容自体も平等であることが要求さ

れている。

　不平等な内容の法律をいくら平等に適用しても，平等権を保障することはできないからである。

　「法の下」の「法」は，法律だけでなく，政令・条例等成文法のほか，慣習法ないし判例法等不文法も含み，また，行政・司法における平等な取り扱いも要請されている。

「平等」の意味

　では，「平等」はどのような意味であろうか（**表4-1**）。

　19世紀後半の近代立憲主義の社会においては，個人を法的に均等に取り扱い，自由な活動を保障する機会の平等（**形式的平等**）が重視されていた。

　しかし，資本主義の進展に伴い，貧富の格差が拡大し，社会的・経済的弱者を守るために，それらの者をより厚く保護し，他の者と同等の自由と生存を保障する結果の平等（**実質的平等**）が重視されるようになった。

　日本国憲法においても，社会権が規定されていることから，実質的平等の考え方が取り入れられている。

　また，憲法で保障されている平等は，各人の性別，能力，年齢，財産，職業等に違いがあることを前提に，合理的な理由がある場合には，異なった取り扱いを認める**相対的平等**を保障したものであり，各人の違いを考慮せず，一律に取り扱う**絶対的平等**を保障したものではない。

　そうであるから，不合理な差別は禁止されるが，合理的な区別は認められることになる。

そのため，女性に認められる産前産後の有給休暇や未成年者の飲酒禁止等は，合理的な区別として認められている。

差別の禁止

憲法は，差別を禁止する事項として「人種，信条，性別，社会的身分，門地」をあげている（第14条後段）が，これは例示的列挙にすぎず，これら以外の事項による不合理な差別も禁止される。

そのため，当然，年齢や障害による不合理な差別も禁止される。

積極的差別是正措置（アファーマティヴ・アクションやポジティヴ・アクション）とは，人種差別や性差別等歴史的社会的差別を解消する目的で，実質的平等を積極的に実現するための優遇措置をいう。

「障害者に対する差別の禁止に関する規定に定める事項に関し，事業主が適切に対処するための指針」（**障害者差別禁止指針**[◆3]）において，積極的差別是正措置として，障害者を有利に取り扱うことは差別に該当しないとされている。

一方高齢者に対する差別としては，「年齢差別」という問題がある。日本では，雇用対策法及び地域雇用開発促進法の一部を改正する法律において，募集・採用にあたって年齢制限を付すことを禁止している。アメリカや EU 各国では，雇用における年齢禁止法が定められ，積極的差別是正措置を適法とされている。

自己決定権の保障

前述したとおり，自宅で生活するか，施設で生活するかは，ライフスタイルに関し，人格的生存に不可欠な重要な事柄であるから，重度の障害のある人にも，**自己決定権**として，保障されるものである。

また，重度の障害のある人が自宅で生活できず，本人の望まない施設での生活を余儀なくされることは，地域において現に自立した生活を送ることができている障害のない人と比べて，障害のある人だけが不平等な取り扱いを受けることになるから，平等権の侵害にも当たりうる。

なお，障害者基本法第4条第1項は，「何人も，障害者に対して，障害を理由として，差別することその他の権利利益を侵害する行為をしてはならない」，第2項は，「社会的障壁の除去は，それを必要としている障害者が現に存し，かつ，その実施に伴う負担が過重でないときは，それを怠ることによって前項の規定に違反することとならないよう，その実施について必要かつ合理的な配慮がされなければならない」としている。

第3節 生存権

この節のテーマ
- 生存権が憲法上保障されている意味を理解する。
- 生存権の法的性格を学ぶ。
- 生存権の判例を学ぶ。

生存権の問題となる場面

生活保護を受給していた高齢者が，70歳以上に支給されていた生活扶助の加算である「老齢加算」が廃止されたことにより，生活に困窮するようになった。

このような場合，生活保護を受給していた高齢者の憲法上の権利に対する侵害はないだろうか。

生存権とは

第2節でも述べたとおり，資本主義の進展に伴い，貧富の格差が拡大し，社会的・経済的弱者を守るために，それらの者をより厚く保護する必要が生じた。

そこで，社会的・経済的弱者が人間らしい生活をすることができるように，国家に対して，積極的な介入を求めることができる権利（社会権）が保障されるようになった。

憲法第25条第1項は，「すべて国民は，健康で文化的な最低限度の生活を営む権利を有する」として，**生存権**を保障している。

そして，第2項は，生存権の保障を実現するために，「国は，すべての生活部面について，社会福祉，社会保障及び公衆衛生の向上及び増進に努

めなければならない」として国の責務を規定している。

このことにより，生活保護法，老人福祉法，身体障害者福祉法等の社会福祉法や国民健康保険法，国民年金法，老人保健法，介護保険法等の社会保険法等が定められ，社会保障制度が設けられている。

法的性格

憲法第25条は，生存権を保障し，国の責務を規定しているが，最低限度の生活基準についての金額や条件等具体的な制度を規定していない。

そこで，生存権保障が不十分だとして争う場合に，第25条に基づいて，訴訟を起こすことができるかということが問題となる。

この点に関して，プログラム規定説，抽象的権利説，具体的権利説がある（**表4-2**）。

プログラム規定説とは，第25条は，国が確保すべき政治的，道徳的目標を定めたにすぎず，具体的な権利を定めたものではないとする見解である。

抽象的権利説とは，第25条に基づいて直接訴訟を起こすことができず，生存権の内容を具体化する法律があって初めて訴訟を起こすことができるとする見解である。

表4-2　生存権の法的性格

プログラム規定説	第25条は国が確保すべき政治的，道徳的目標を定めたに過ぎず，具体的権利を定めたものではない
抽象的権利説	第25条に基づいて直接訴訟を起こすことができず，生存権の内容を具体化する法律があって初めて訴訟を起こすことができる
具体的権利説	第25条に基づいて直接訴訟を起こすことができる

出所：筆者作成。

具体的権利説とは，生存権の内容を具体化する法律がなくても，第25条に基づいて直接訴訟を起こすことができるとする見解である。

通説は，抽象的権利説であり，生存権の内容を具体化する法律があって初めて訴訟を起こすことができるとされている。

重要な生存権に関する判例

重要な生存権の判例として，朝日訴訟と堀木訴訟がある。

①　朝日訴訟

朝日訴訟とは，亡朝日茂さんが日用品費月額600円という生活保護基準が健康で文化的な最低限度の生活水準を維持するには足りないとして起こした訴訟である。

最高裁昭和42年5月24日判決は，第25条は「すべての国民が健康で文化的な最低限度の生活を営み得るように国政を運営すべきことを国の責務として宣言したにとどまり，直接個々の国民に対して具体的権利を賦与したものではない」，「何が健康で文化的な最低限度の生活であるかの認定判断は，いちおう，厚生大臣の合目的的な裁量に委されており，その判断は，当不当の問題として政府の政治責任が問われることはあっても，直ちに違法の問題を生ずることはない」とした。

②　堀木訴訟

また，堀木訴訟とは，堀木フミ子さんが，全盲の視覚障害者として障害者福祉年金を受給していたところ，児童扶養手当法には公的年金との**併給禁止規定**[1]があることから，児童扶養手当を受給

必ず覚える用語

- ☐ 生存権
- ☐ プログラム規定説
- ☐ 抽象的権利説
- ☐ 具体的権利説
- ☐ 朝日訴訟
- ☐ 堀木訴訟
- ☐ 教育を受ける権利
- ☐ 勤労の権利
- ☐ 労働基本権

◆1　併給禁止規定
一人一年金支給の原則に基づき，支給事由が異なる二つ以上の年金の受給権を有する場合，本人が選択する一年金のみを支給し，他の年金は支給されないという規定である。これは，二つの年金がいずれも受給者の生活支援という同一の目的で支給されているからであり，両者の目的が異なる場合には，併給禁止原則の例外が認められる。

◆2　学生の国民年金の任意加入
現在，20歳以上の者は学生かどうか関係なく，国民年金に強制加入することになっているが，1991（平成3）年3月までは，20歳以上の学生は，任意加入であった。

◆3　団結権
団結権とは，労働者の団体を組織し，その団体に参加する権利をいう。

◆4　団体交渉権
団体交渉権とは，労働者の団体が使用者と交渉する権利をいう。

第4章　憲法規範としての権利擁護　｜　69

第4章
憲法規範としての権利擁護
第3節　生存権

できなかったことに関して，この併給禁止規定が憲法第14条や第25条に反するとして起こした訴訟である。

最高裁昭和57年7月7日判決は，「憲法25条の規定の趣旨にこたえて具体的にどのような立法措置を講ずるかの選択決定は，立法府の広い裁量にゆだねられており，それが著しく合理性を欠き明らかに裁量の逸脱・濫用と見ざるをえないような場合を除き，裁判所が審査判断するのに適しない事柄であるといわなければならない」「社会保障給付の全般的公平を図るため公的年金相互間における併給調整を行うかどうかは，さきに述べたところにより，立法府の裁量の範囲に属する事柄と見るべきである。また，この種の立法における給付額の決定も，立法政策上の裁量事項であり，それが低額であるからといって当然に憲法25条違反に結びつくものということはできない」としている。

この堀木訴訟の考え方は，大学在学中障害を負った人が国民年金に**任意加入（当年の国民年金の任意加入）◆²**していなかったため，障害基礎年金の支給を受けられなかったことが違憲だとして争った学生無年金障害者訴訟（最高裁平成19年9月28日判決）においても，踏襲されている。

▎老齢加算と生存権

そもそも，生活保護制度は，「健康で文化的な最低限度の生活」，生存権を保障したものであるから，「老齢加算」が廃止されることによって，生活に困窮するようになるのであれば，生存権の侵害が問題となる。

実際に，老齢加算は，2004（平成16）年度及び2005（平成17）年度に段階的に減額され，2006（平成18）年度に廃止された。

そのため，全国9か所で，「老齢加算」が廃止されたことが憲法第25条第1項等に違反するとして訴訟が起こされた。

最高裁平成24年2月24日判決においても，堀木訴訟が踏襲され，「保護基準中の老齢加算に係る部分を改定するに際し，最低限度の生活を維持する上で老齢であることに起因する特別な需要が存在するといえるか否かを判断するに当たっては，厚生労働大臣に上記のような専門技術的かつ政策的な見地からの裁量権が認められるものというべきである」とした。

また，「上記の特別な需要が認められない場合であっても」「加算の廃止は，これを含めた生活扶助が支給されることを前提として現に生活設計を立てていた被保護者に関しては，保護基準によって具体化されていたその期待的利益の喪失を来すものであることも否定し得ないところである」「厚生労働大臣は，老齢加算の支給をうけていない者との公平や国の財政事情といった見地に基づく加算の廃止の必要性を踏まえつつ，被保護者のこのような期待的利益についても可及的に配慮する必要があるところ，その廃止の具体的な方法等について，激変緩和措置を講ずることなどを含め，上記のような専門技術的かつ政策的な見地からの裁量権を有しているものというべきである」とした。

そして，裁量権の範囲の逸脱又はその濫用があ

る場合に，違法となるとした。

　そのうえで，「いずれの観点からも裁量権の範囲の逸脱又はその濫用があるということはできない。したがって，本件改定は，生活保護法3条又は8条2項の規定に違反するものではないと解するのが相当である」「本件改定は，このように憲法25条の趣旨を具体化した生活保護法3条又は8条2項の規定に違反するものではない以上，これと同様に憲法25条に違反するものでもないと解するのが相当である」とされた。

　このように，生存権の侵害があるか否かは，行政の裁量権の範囲の逸脱又はその濫用があるか否かを具体的に検討することになる。

　そのうえで，行政の裁量権の範囲の逸脱又はその濫用があれば，違法・違憲となる。

その他の社会権

　憲法は，生存権以外に，社会権として，**教育を受ける権利**（憲法第26条第1項）と**勤労の権利**（第27条），**労働基本権**（第28条）を保障している。

　教育を受ける権利は，教育を受けることを国家等から侵害されないという自由権的側面と国家に対して適切な教育を受けることができるように要求するという社会権的側面を有する。

　また，労働基本権は，**団結権**[3]，**団体交渉権**[4]，**団体行動権**[5]を内容とするが，国家等からそれらの権利を侵害されないという自由権的側面と国家に対して，労働基本権を保障する措置を要求するという社会権的側面を有している。

　労働基本権は，使用者対労働者の関係において

も，労働者の権利を保障することを目的としているため，私人間でも直接適用される（**私人間効力**[6]）。

◆5　団体行動権
団体行動権とは，労働者の団体が労働条件の改善等を目的として団体で行動する権利であり，争議権ともいう。

◆6　私人間効力
人権規定は，国家との関係で保障されるものと考えられてきたが，マスメディア等の社会的権力による人権侵害の危険性が増大したため，私人間でも適用されるのかが問題となった。この点，私人間では直接適用されず，私法の一般条項の解釈・適用において憲法の趣旨を考慮する間接適用説が通説である。もっとも労働基本権は直接適用されるというのが通説である。

第4章　憲法規範としての権利擁護 | 71

第4節 国際条約と憲法

● この節のテーマ

- ●条約の意味を理解する。
- ●条約締結手続きを知る。
- ●憲法と条約の関係について学ぶ。

国際条約とは

条約とは，国家間又は国家と国際機関との間で締結される文書による合意をいう。

このように，条約は，基本的には，国家を拘束するもので，国民の権利や義務に直接影響を及ぼすものではない。

しかし，条約のなかには，国民の権利や義務に直接影響を及ぼし，国内法的効力を有するものもある。

この場合，日本では，後述するとおり，**批准**[1]の前後で国会の承認を経ることになっているので，特別な国内法の制定をしなくても，国内法的効力を発生するとされている。

たとえば，日本は，2014（平成26）年1月20日に障害者権利条約を批准し，同年2月19日に公布され，国内でその効力が生ずるに至っている。

条約の締結手続き

憲法では，第73条第3号において，内閣が条約の締結を行い，「事前に，時宜によっては，事後に，国会の承認を経ることを必要とする」と定めている。

条約の締結手続きは，一般的には，①内閣による交渉，②合意内容の成文化，③**全権委員**[2]による署名（調印），④内閣による批准，⑤批准書の交換（二国間条約）又は寄託（多国間条約）を経てなされる。

国会の承認は，④内閣による批准の前になされるのが原則である。

なお，前述したとおり，緊急の必要がある場合など，国会の事前承認を経ることが難しい場合には，事後に国会の承認を経ることを認めている。

事後に国会が承認をしなかった場合の条約の効力については，①国内法だけでなく，国際法上も無効であるとする見解，②国内法的には無効であるが，国際法上は有効であるとする見解，③原則として国際法上有効であるが，相手国が国会の承認が必要であることを知っている場合は無効とする見解がある。

憲法と条約の関係

憲法第81条は，「**最高裁判所**は，一切の法律，命令，規則又は処分が憲法に適合するかしないかを決定する権限を有する終審裁判所である。」と規定している。

また，憲法第98条第1項は，「この憲法は，国の最高法規であって，その条規に反する法律，命令，詔勅及び国務に関するその他の行為の全部又

72 │ 第Ⅱ部 権利擁護と法

は一部は，その効力を有しない」，第2項は，「日本国が締結した条約及び確立された国際法規は，これを誠実に遵守することを必要とする」と規定している。しかし，第81条においても第98条第1項においても，条約は明記されていない。

条約と憲法とはどのような関係にあるのだろうか。

この問題については従来から，二元説と一元説とが対立してきた。二元説は，憲法と条約は異なる次元の法であり，条約が国内で効力をもつには，別に国内法の制定を待たなければならないから，両者は抵触しないとする見解である。

他方，一元説は，憲法と条約は同一の法体系にあり，条約にどのような国内法的効力を認めるかは，国内法で決めることになるとする見解である。

一元説が通説であり，この見解に立つと，条約と憲法のどちらが優位にあるのかが問題になる。

この点，**憲法優位説**と**条約優位説**とが対立している。

条約優位説に立つと，違憲の条約が締結された場合に，憲法第96条に定めるよりも簡易な手続きで憲法改正が行われてしまうことになるため，憲法優位説が通説である。

憲法優位説に立つと，憲法が国の最高法規である以上，憲法が条約よりも優位であり，憲法に適合した条約のみが国内法的効力を有し，違憲の条約は効力を否定されることになる。

必ず覚える用語

- [ ] 条約
- [ ] 最高裁判所
- [ ] 憲法優位説
- [ ] 条約優位説

◆1　批准
国家が条約に拘束されることに対して最終的に確認し，同意を与える行為をいう。批准は，批准書の作成により行われ，条約は，批准書を相手国と交換したり，外交会議開催国に寄託したりすることにより，正式に成立し，効力を発生する。

◆2　全権委員
外交交渉や条約の締結のために，全権委任状を与えられ，国家を代表して派遣される委員のことをいう。

第4章　憲法規範としての権利擁護 | 73

さらに学びたい人への基本図書

芦部信喜『憲法学Ⅱ――人権総論』有斐閣，1994年
人権宣言の歴史，人権の観念，人権の享有主体や包括的基本権（憲法第13条）等について，詳細に解説している。人権について，より深く学びたい人にお勧めの書籍である。

芦部信喜『憲法学Ⅲ――人権各論(1)増補版』有斐閣，2000年
法の下の平等，精神的自由権や経済的自由権について，詳細に解説している。それらの人権について，より深く学びたい人にお勧めの書籍である。

渋谷秀樹・赤坂正浩『憲法1 人権（第6版）』有斐閣アルマ，2016年
初めて憲法を学ぶ人にも配慮して，憲法の個別の人権をイメージしやすいように，分かりやすくまとめた基本書である。

棟居快行・松井茂記・赤坂正浩・笹田栄司・常本照樹・市川正人
『基本的人権の事件簿――憲法の世界へ（第5版）』有斐閣，2015年
基本的人権の重要な判例に関する事案について，初めて憲法を学ぶ人にとっても分かりやすく解説している。具体的に憲法の人権がどのような場面で問題となるのかを理解する助けとなる一冊である。

問：高齢者や障害のある人の幸福追求権，自己決定権，平等権，生存権等憲法上保障される権利が侵害される場面を想定し，その侵害が何により起こっているのか（他者の人権なのか公共の利益なのか等）を分析し，憲法上問題がないのかを考えてみよう。

ヒント：本章の記載内容を参考に，高齢者や障害のある人の権利が侵害される場面を具体的に考えてみよう。そして，その侵害が誰のどのような権利と衝突しているのか，それともそれ以外の家族の心配，他人に迷惑をかける等の社会秩序の維持や，利用できる福祉サービスがない等の社会福祉制度の不備等によるのかを具体的に考えてみる。

第**5**章

民法における
権利，義務，責任

本章で学ぶこと

●権利能力，意思能力，行為能力の意味・内容を理解する（第1節）。

●契約法における権利と義務について学ぶ（第2節）。

●不法行為責任について学ぶ（第3節）。

●親族・相続について学ぶ（第4節）。

第1節 権利能力，意思能力，行為能力

この節のテーマ

- 権利能力の意味・内容を理解する。
- 意思能力の意味・内容を理解する。
- 行為能力の意味・内容を理解する。

問題となる場面

認知症を発症している高齢者が何度も訪問販売で高額な布団やマットを購入させられた。

また，知的障害のある人が電話勧誘で次々に健康食品を購入させられた。

このような場合，認知症のある高齢者や知的障害のある人は，商品代金を返してもらうことはできないだろうか。

権利能力とは

権利能力とは，権利義務の主体となることのできる資格をいう（表5-1）。

人（自然人）であれば全ての者が出生から死亡まで権利能力を有している（民法第3条第1項）。

「出生」とは，民法では，胎児が母体から全部露出したときのことをいうため，胎児は，権利能力を有しないのが原則である。

ただし，民法は，例外として，①不法行為に基づく損害賠償請求（民法第721条），②相続（民法第886条），③遺贈（民法第965条）においては，胎児はすでに生まれたものとみなすとしている。

もっとも，「胎児は既に生まれたものとみなす」というのは，胎児に権利能力を認めるのではなく，出生した場合には，胎児だったときに遡って権利能力を肯定するという意味である（**停止条件**説[◆1]，大判昭和7年10月6日）。

また，民法第34条では，法人は，**定款**[◆2]等で定められた目的の範囲内において，権利を有し，義務を負うと定められている。

以上のとおり，認知症や障害があっても，権利能力がある。認知症等により，判断能力の著しい低下や自分の意思で行動できないことがあったとしても，権利能力を失うことはない。

意思能力とは

意思能力とは，自らがした行為の結果を判断できる精神的能力をいう。意思能力はおおよそ7歳から10歳くらいの精神的能力とされているが，不動産や金融商品を購入する場合と日用品を購入する場合とでは，必要とされる意思能力が異なるとも考えられる。

意思能力を欠く者（意思無能力者）がした契約（法律行為）は，無効である（大判明治38年5月11日）。なお，**平成29年改正民法**[◆3]において，この点が明文化された（改正民法第3条の2[(1)]）。

意思無能力者保護のための制度であるから，契約をした意思無能力者以外の者がこの無効の主張をすることはできないと解されている（相対無

表5-1　権利能力等の定義

権利能力	権利義務の主体となることのできる資格
意思能力	自らがした行為の結果を判断できる精神的能力
行為能力	単独で完全に有効な法律行為をすることができる能力ないし資格
責任能力	自らの行為が法的責任を負う行為であることを判断できる能力（＊本章第3節で記載）

出所：筆者作成。

効）。

　意思能力があるか否かは，個別の契約ごとに具体的に判断される。

　そのため，同じ人がした契約であっても，ある契約では意思能力がないと判断されたが，他の契約では意思能力があると判断されることがある。

　また，契約時に意思能力がなかったことは，意思無能力者が証明しなければならない。

　しかし，実際には，契約した後になって，契約時に意思能力がなかったことを証明するのは簡単なことではない。

　さらに，契約が成立した後で，意思能力がないと判断されるとその契約が無効となるので，契約の相手方は，不測の損害を被るおそれがあり，取引の安全を害する。

　そこで，意思無能力者の保護と取引の安全の確保の観点から，あらかじめ判断能力が不十分であるため，契約を単独で行う資格がない者を画一的に定めておき，相手方がそれを容易に知り得るような方法を用意しておくことが必要となる（制限行為能力者制度）。

必ず覚える用語

- [ ] **権利能力**
- [ ] **意思能力**
- [ ] **行為能力**
- [ ] **制限行為能力者**
- [ ] **クーリング・オフ**

◆1　停止条件
一定の事項が発生（条件成就）することで法律行為の効力が発生する条件のことである。たとえば「社会福祉士の資格を取得したら支払う」という場合には，社会福祉士の資格を取得することが支払いの停止条件となっている。

◆2　定款
商号，事業の目的，資本金額，組織や活動等を定めた会社の根本的規則をいう。

◆3　平成29年改正民法
平成29年5月26日に可決成立し，同年6月2日に公布された「民法の一部を改正する法律」をいう。一部の規定を除き，公布の日から起算して3年を超えない範囲内において政令で定める日に施行されるため，注意が必要である。

注　(1)　「大審院判決」の略。大審院とは，大日本帝国憲法下の最高裁判所のことである。

第5章
民法における権利，義務，責任
第1節　権利能力，意思能力，行為能力

行為能力とは

　行為能力とは，単独で完全に有効な契約（法律行為）をすることができる能力ないし資格をいう。

　民法は，未成年者や成年後見制度の利用者（成年被後見人，被保佐人，被補助人）の行為能力を制限する（制限行為能力者制度，民法第4条〜第21条）。

　制限行為能力者とされた者は，行為能力が制限された範囲内において単独で完全に有効な契約（法律行為）を行うことができなくなる。そのため，その者の利益を図るために保護者を付けることになる。

　保護者は，制限行為能力者が契約を行うことを支援し，あるいは，制限行為能力者を代理して契約を行う。

　また，保護者には，制限行為能力者が単独の判断で契約した場合には，その契約の効力を否定する権限が与えられている。

　すなわち，未成年者，被保佐人，被補助人が，親権者又は保佐人，補助人の同意なく行った法律行為は取り消すことができる（民法第5条第2項，第9条，第13条第4項）。

　また，成年被後見人は，後見人の同意があっても，有効な法律行為を行うことができないので，成年被後見人の法律行為は，日用品の購入等日常生活に関する行為以外は，後見人の同意があったとしても，取り消すことができる（民法第17条第4項）。

　なお，成年後見制度の類型により，行為能力の制限範囲，保護者の権限が異なるため，詳細については，第8章第2節で解説する。

制限行為能力者の相手方の保護

　取消しとは，契約を締結した時点ではいったん有効とされるが，その後，取り消すことにより，契約締結した時点に遡って無効となることをいう。

　そのため，制限行為能力を理由として契約を取り消された場合も，相手方は，不測の損害を被ることになる。

　そこで，相手方を保護する制度も設けられている。

　まず，行為能力を確認する手段として，未成年者には，戸籍や免許証等年齢を確認する公的書類があり，成年後見制度には，成年後見登記に関する「登記事項証明書」または「登記されていないことの証明書」がある。

　もっとも，制限行為能力者の契約の相手方は，戸籍や登記事項証明書等を取り寄せることができないため，制限行為能力者に対して，提示を求めることにより，確認しなければならない。

　また，民法第20条では，制限行為能力者の相手方の催告権を定めている。

　相手方は，制限行為能力者と契約を締結すると，いつ取り消されて無効になるかわからない不安定な状態が続くことになる。

　そのため，相手方に，制限行為能力者側に対して，1か月以上の期間を定めて，その期間内に契約を取り消すのか，**追認**[4]するのかを確答するよう

求める**催告権**を認めて，相手方の保護を図っている。

また，制限行為能力者側から期間内に確答がなくても，法的状態を確定することができるとして，相手方の保護を図っている。

すなわち，制限行為能力者が行為能力者になった後の行為能力者，親権者，後見人，保佐人及び補助人に対して催告して，上記期間が経過した場合は，行為を追認したものとみなし（民法第20条第1項，第2項），被保佐人及び被補助人に対して催告した場合は，行為を取り消したものみなすとされている（民法第20条第4項）。

なお，未成年者及び成年被後見人に対する催告権に関する規定はない。

さらに，民法第21条では，制限行為能力者が，行為能力者であることを信じさせるために詐術を用いたときは，その行為を取り消すことができないとされている。

すなわち，制限行為能力者が自ら偽って，相手方に行為能力者であると誤信させた場合にまで，法律により保護するに値しないとされ，制限行為能力者の取消権を制限することにより，相手方を保護しているのである。

支援者がすべきこと

認知症のある高齢者や知的障害等障害のある人が，契約時に当該契約について意思能力がなかったと証明することができれば，商品代金を返してもらうことができる。

また，本人が契約時に制限行為能力者とされて

おり，当該契約が行為能力の制限された範囲内のものであれば，本人および保護者が当該契約の効力を否定することができる。

もっとも，本人が意思無能力者や制限行為能力者に当たらない場合であっても，訪問販売，通信販売や電話勧誘販売等は，**クーリング・オフ**など特定商取引法等その他の法律により，当該契約の効力を否定することができることもある。

高齢者や知的障害のある人が何度も訪問販売で購入させられるうちに，いわゆる「カモリスト」に掲載され，悪質業者のターゲットになることも考えられるため，支援者としては，早期に，法律の専門家に相談に行くことをすすめることである。

4

◆4 追認
取り消すことができる法律行為を意思表示により確定的に有効とする行為をいう（民法第123条）。ただし，意思表示をしなくても民法第125条記載の事実があったときは，追認したものとみなされる（法定追認）。

5

◆5 催告権
相手方に一定の行為をするように請求することをいう。

6

◆6 クーリング・オフ
消費者が訪問販売等不意打ち的な勧誘等により契約した後，消費者に冷静に考え直す時間を与えて，一定期間内であれば無条件で解除できる制度をいう。

第2節 契約法における権利と義務（売買，賃貸借，雇用）

- 契約成立の要件・効果を学ぶ。
- 売買契約について学ぶ。
- 賃貸借契約について学ぶ。
- 雇用契約について学ぶ。

契約において問題となる場面

独り暮らしをしていた高齢者が，自宅を売却して，サービス付き高齢者向け住宅に入居することにし，すでに契約をしたようであるが，その内容をしっかりと把握していないようである。

このような場合に，支援者としてはどういうことに気を付けて何を確認したらよいか。

契約の当事者

自宅を売却するためには**売買契約**，サービス付き高齢者向け住宅に入居するためには**賃貸借契約**が必要である。

契約の当事者になると，その契約から発生する権利を取得し，義務を負担することになる。

そこで，各契約が誰と誰との間のものかという各契約の当事者を確認する必要がある。

契約の成立

契約は，申込みと承諾により，成立する。

申込みとは，相手方の承諾があれば直ちに契約を成立させるという意思表示である。

他方，承諾とは，申込みの内容で契約を成立させるという意思表示である。申込みの内容をそのまま承諾せずに，条件や変更を加えると，新たな申込みとなる（民法第528条）。

具体的には，「自宅を1000万円で売ります」という申込みに対して，「自宅を1000万円で買います」という承諾により，契約は成立する。

「自宅を1000万円で売ります」という申込みに対して，相手が「自宅を800万円で買います」という意思表示をした場合は，承諾ではなく，新たな申込みとなる。

申込みは，原則相手が承諾する前は，撤回することができる。

他方，相手が承諾して契約が成立すると，当事者は契約内容に拘束され，契約内容を履行しなければならず，原則一方的に契約を破棄（解除）することができなくなる。契約内容を履行しなければ，**債務不履行責任**[1]を問われることになる。

ただ，契約や法律により認められる場合や当事者間の合意による場合に限り，解除できることになる。

そこで，各契約がすでに成立しているのか，各契約が今どの段階にあるのかを確認する必要がある。

契約内容

当事者は，契約内容を自由に決めることができる（**契約自由の原則**）。[◆2]

もっとも，専門業者（宅地建物取引業者）が不動産の売主となる場合には，買主に不利益な契約を結ばれないように，宅地建物取引業法により，契約内容に一定の制限が定められている。

また，相手が事業者であれば，**消費者契約法**による一定の制限もある。[◆3]

そこで，契約内容について，対象となる不動産の内容，売買価格，代金の支払時期・方法，引渡し時期等を確認するとともに，高齢者にとって不利益な内容がないかを確認する。

情報提供義務

当事者間の情報や専門的知識に大きな差がある場合，契約の締結過程において，信義則上，情報提供をする義務が課されることがある。

専門業者（宅地建物取引業者）が不動産の売主となる場合や不動産の売買・賃貸借の仲介を行う場合等には，宅地建物取引業法により，宅地建物取引士が，契約に先立ち，宅地建物取引士証を提示したうえで，「重要事項説明書」を交付し，物件の重要な事項について説明することが義務づけられている（宅地建物取引業法第35条1項）。

宅地建物取引士証の提示がなかったり，重要事項説明がなく，書類も発行されなかったりした場合には，宅地建物取引業法違反となる。この場合

必ず覚える用語

- ☐ **売買契約**
- ☐ **賃貸借契約**
- ☐ **債務不履行責任**
- ☐ **消費者契約法**
- ☐ **手付**
- ☐ **瑕疵担保責任**
- ☐ **善管注意義務**
- ☐ **原状回復義務**
- ☐ **雇用契約**
- ☐ **合理的配慮の提供義務**

◆1　債務不履行責任
契約により義務を負った者（債務者）がその義務（債務）を履行しなかった場合に，損害賠償等の法的責任を負うことをいう（民法第415条等）。

◆2　契約自由の原則
当事者が契約内容を自由に決めることができる（契約内容の自由）ほか，契約自体をするかどうか（締結の自由），誰と契約をするか（相手方選択の自由），どんな契約方式（書面や口頭等）によるか（契約方式の自由）も自由に決めることができることをいう。

◆3　消費者契約法
消費者と事業者との間の情報の質及び量並びに交渉の格差に鑑み，消費者の利益の擁護等を図るために定められた法律である。

第5章
民法における権利，義務，責任
第2節 契約法における権利と義務（売買，賃貸借，雇用）

には，契約を解除したり，損害賠償請求したりできる場合があるほか，行政責任（建設大臣や都道府県知事からの指導や助言等）や刑事責任（懲役や罰金）を問うことができる場合がある。

問題があれば法律の専門家へ

支援者としては，誰と誰との間でどのような契約が成立しているのか否か，契約の内容に高齢者にとって不利益な内容が含まれていないか，手続きにおかしいところはないかを確認する。

そして，確認した契約内容を高齢者が理解し，納得しているかを確認する。

少しでも気になることがあれば，高齢者に法律の専門家への相談をすすめることである。

売買において問題となる場面

軽度の精神障害のある人が家を購入することにして，手付を支払ったが，その家の引き渡しを受ける前に，その家を購入したくなくなった。

また，その家に住み始めてしばらくしてから，契約時には気付かなかった欠陥がみつかった。

このような場合に，契約を解除することができるか。

売買契約とは

売買契約とは，お金を支払って商品を購入する契約である。

民法第555条では，売買契約は，売主と買主の間の合意によって契約の効力が発生すると定めており，このように合意によって契約が成立するものを「諾成契約」という。

また，売買契約のように商品代金等対価を支払う契約を「有償契約」という。

さらに，売主が商品の引き渡し義務を負い，買主が代金を支払う義務を負うというような，契約の当事者の双方が義務を負担することになる契約を「双務契約」という。

売買契約は，最も基本的な有償契約であることから，民法の売買に関する規定は，売買以外の有償契約にも原則として適用される（第559条）。

手付とは

不動産の売買では，契約締結の際に，代金の1割くらいのお金を**手付**として支払う場合が多い。

民法は「買主が売主に手付を交付したときは，当事者の一方が契約の履行に着手するまでは，買主はその手付を放棄し，売主はその倍額を償還して，契約の解除をすることができる」と定めている（第557条第1項）。

すなわち，買主が手付を支払った場合には，契約により，当事者双方に解除権が認められるのである（「解約手付」）。

そして，当事者は，手付の放棄や倍返しだけで解除でき，相手が契約解除によりそれ以上の損害を被ったとしても，損害賠償をする義務はない（第557条第2項）。

もっとも，手付にはいろいろな種類のものがあり，契約を締結したことを証明するために支払う

「証約手付」や債務不履行の場合に損害賠償として没収するための「違約手付」がある。

契約の中で「手付が『証約手付』や『違約手付』であって，『解約手付』ではない」と明示されている場合には，手付の放棄等をして契約を解除することができないことになる。

なお，宅地建物取引業者が売主となる不動産の売買契約については，業者は，代金の2割を超える手付を受け取ることはできず，また，手付は全て解約手付とみなされている（宅地建物取引業法第39条）。

瑕疵担保責任から「契約内容不適合」へ

買主が不動産の引渡しを受けた後，契約時には外から見ただけでは分からなかった重大な欠陥が見つかった場合に，買主は，そのことがわかっていれば買わなかったという場合があるだろう。

この場合，売主も不動産に欠陥があることを知らなかったうえ，売主に責めに帰すべき事由がなくても，買主は，従来の民法では売主に**瑕疵担保責任**（第570条）を追及することができた。

瑕疵担保責任とは，買主が売買契約締結時に隠れた瑕疵があることを知らず，かつ，隠れた瑕疵があるために契約した目的を達することができないときは，買主は**契約の解除**をすることができること，契約の解除をすることができないときは損害賠償請求のみをすることができることをいう。

「隠れた」とは，取引上要求される一般的な注意では発見できないこと，「瑕疵」とは，通常備

◆4　契約の解除
契約の当事者の一方から行う契約を破棄する旨の意思表示をいう。契約を解除すると，契約は，原則，締結時に遡って，無かったことになる（遡及的消滅）。

◆5　借地借家法
借地人や借家人が賃貸人に比べて立場も弱く，経済的にも不利であるため，借地人や借家人を保護するために，民法の規定を修正・補充した賃貸借契約に関する法律である。

◆6　善管注意義務
善良な管理者の注意をもって処理する義務をいう。行為者の地位や職業に応じて，社会で一般に期待される水準の注意義務である。

第5章
民法における権利，義務，責任
第2節　契約法における権利と義務（売買，賃貸借，雇用）

えるべき品質・性能を備えていないことを意味する。

瑕疵担保責任は，売主に過失がなくても発生する無過失責任であるため，請求できる期間は，買主が「隠れた瑕疵があることを知ったときから1年間」と短くなっている。

なお，平成29年改正民法において，「瑕疵」概念を止めて，「契約内容不適合」という概念を採用することになった。そのことにより，「隠れた」という要件が削除される等多数の改正点があるため，注意を要する。

支援者が知っておきたい 売買の法的知識

売買契約時に手付を支払っている場合で，契約の中で「手付が『証約手付』や『違約手付』であって，『解約手付』ではない」と明示されている場合以外は，不動産の引き渡しを受ける前であれば，手付を放棄して，解除することができる。

また，引き渡し後に契約時に気づかなかった欠陥が「隠れた瑕疵」にあたり，契約の目的を達することができないときには，解除することができる。

賃貸借について問題となる場面

独り暮らしの高齢者が，認知症が進み，賃料を何か月も滞納している状態になり，家主から退去を求められている。

このような場合に，高齢者は，退去をしなければならないか。

また，高齢者が退去することになった場合に，家の中が汚れているため，修繕費用を支払うように求められた。

このような場合に，高齢者は，修繕費用を支払わなければならないか。

賃貸借契約とは

賃貸借契約とは，賃料を支払って，ある物を使用・収益する契約である（民法第601条）。

すなわち，賃借人は，契約で定めた賃料を支払う義務を負い，支払うことにより，賃借物を使用することができる。

他方，賃貸人は，賃料を支払ってもらう代わりに，賃借物を賃借人に貸して使用させる義務を負う。そのため，賃借物を使用するために必要な修繕義務を負う（民法第606条）。

賃貸借契約は，売買契約と同様，諾成・有償・双務契約である。

建物の賃貸借や建物を所有することを目的とする土地の賃貸借の場合には，民法の他に**借地借家法**[5]の適用がある。

賃料の滞納

民法では，①債務不履行があること，②不履行が債務者の責に帰すべき事由によること，③相当の期間を定めた催告があることの3要件があれば，解除が認められる（第541条）。

そうすると，賃料の滞納が1か月分でもあれば，債務不履行解除が認められるようにも思われる。

84 ｜ 第Ⅱ部　権利擁護と法

しかし，賃貸借契約は，継続的契約であり，当事者間の高度な信頼関係を基礎としている。

そのため，賃借人の債務不履行があっても，賃貸人は，信頼関係を破壊しない些細な不履行では解除できないとされている（信頼関係破壊理論，最判昭和39年7月28日）。

裁判では，3か月分程度の家賃の滞納があり，1週間程度の相当期間を定めて催告しても支払わない場合に初めて解除が認められる場合が多い。

賃貸借契約において，「賃料の支払いを2か月分怠ったときは，賃貸人は催告を要せず契約を解除できる」と定められていたとしても，通常，このような場合に無催告解除は認められていない。無催告解除が認められるためには，「催告をしなくても不合理とは認められない事情」が必要とされている（最判昭和43年11月21日）。

原状回復義務

賃貸借契約において，通常，賃借人は物件を「原状に回復して」明け渡さなければならないと定められている。

原状回復とは，借りた当時の状態に戻すことではなく，「賃借人の居住，使用により発生した建物価値の減少のうち，賃借人の故意・過失，**善管注意義務**◆6違反，その他通常の使用を超えるような使用による損耗・毀損を復旧すること」をいう（国土交通省「原状回復をめぐるトラブルとガイドライン」）。なお，この点，平成29年改正民法においては，明文化されている。

経年変化や通常の使用による損耗等の修繕費用については，賃料に含まれているものと考え，賃借人は**原状回復義務**を負わない。

支援者が知っておきたい 賃貸借の法的な知識

高齢者が賃料を3か月分以上滞納しており，賃貸人から1週間程度の相当期間を定めて催告があり，その期間内に支払っていない場合には，賃貸人の解除が認められ，高齢者は，退去しなければならない可能性が高い。

また，家の中の汚れが経年変化や通常の使用による損耗等である場合には，高齢者は，修繕費用を支払わなくてもよいが，高齢者の故意・過失等による損耗等である場合には，修繕費用を支払わなければならない。

雇用において問題となる場面

知的障害のある人が会社で働き始めたが，作業の指示が口頭ばかりで，理解できないことが多い。

このような場合に，会社に対して，知的障害のある人が理解できるように指示することを求めることができるか。

雇用契約とは

雇用契約とは，労働を提供して，それに対して報酬をもらう契約である（民法第623条）。

すなわち，労働者は，労働を提供する義務を負い，他方，使用者は，それに対して報酬を支払う

第5章　民法における権利，義務，責任 | 85

第 5 章

民法における権利, 義務, 責任

第 2 節　契約法における権利と義務（売買, 賃貸借, 雇用）

義務を負う。

　会社や事業主が雇用する場合には, 労働基準法, 労働契約法等の労働法が適用される。

雇用促進法

　障害者には, 上記労働法の他,「障害者の雇用の促進等に関する法律」（雇用促進法）の適用もある。

　雇用促進法は, 障害者の職業生活において自立することを促進するための措置を総合的に講じ, もって障害者の職業の安定を図ることを目的とする（雇用促進法第 1 条）。

　事業主（従業員50人以上）は, 一定割合以上の障害者を雇用しなければならないと定められている。この割合を法定雇用率と言う。

　民間企業の現在の法定雇用率は, 2.0％である。なお, 法定雇用率は, 原則 5 年ごとに見直される。

　また, 法定雇用率は, 労働者の総数に占める身体障害者・知的障害者である労働者の総数の割合を基準として設定されていたが, 平成30年 4 月 1 日からは, 算定基礎の対象に, 新たに精神障害者も追加されている。

　法定雇用率未達成の事業主（常用労働者101人以上）は, 不足する障害者数に応じて 1 人につき障害者雇用納付金を納付しなければならない。

差別禁止と合理的配慮

　2016（平成28）年 4 月 1 日から, 雇用の分野における障害を理由とする差別的取扱いを禁止する（雇用促進法第34条〜第36条）とともに, 事業主に障害者が職場で働くに当たっての支障を改善するための措置を講ずることが義務づけられた（合理的配慮の提供義務, 雇用促進法第36条の 2 〜第36条の 6 ）。

　同法に基づき, 厚生労働省が「障害者に対する差別の禁止に関する規定に定める事項に関し, 事業主が適切に対処するための指針」（障害者差別禁止指針）と「雇用の分野における障害者と障害者でない者との均等な機会もしくは待遇の確保又は障害者である労働者の有する能力の有効な発揮の支障となっている事情を改善するために事業主が講ずべき措置に関する指針」（合理的配慮指針）を策定している。

　禁止される差別の具体例としては, 身体障害, 知的障害, 精神障害を理由として採用を拒否すること, 障害者であることを理由として, 昇給をさせない, 研修や現場実習を受けさせないこと等がある。

　また, 合理的配慮の主な具体例としては, 採用試験の問題用紙を点訳・音訳すること, 試験の回答時間を延長すること, 車いすを利用する人に合わせて, 机や作業台の高さを調整すること, 知的障害のある人に合わせて, 口頭だけでなく, わかりやすい文書・絵図を用いて説明すること, 通勤時のラッシュを避けるため勤務時間を変更すること等がある。

　事業主には, 障害者からの相談に適切に対応するために, 相談窓口の設置などの相談体制の整備が義務付けられている。

また，事業主には，障害者に対する差別や合理的配慮の提供に係る事項について，障害者である労働者から苦情の申出を受けたときは，その自主的な解決を図るように努める義務がある。

　障害のある労働者と事業主の話合いによる自主的な解決が難しい場合には，紛争解決を援助するしくみとして，①都道府県労働局長による助言，指導または勧告，②障害者雇用調停会議による調停がある。都道府県労働局職業安定部に相談することである。

　事業主には，**合理的配慮の提供義務**があることから，知的障害のある人は，文書や絵図等を用いる等，理解できるように指示することを求めることができる。

第3節 不法行為責任

この節のテーマ
- 不法行為責任の要件を学ぶ。
- 責任能力の意味を理解する。
- 監督者責任について学ぶ。
- 使用者責任について学ぶ。

不法行為責任，監督者責任において問題となる場面

認知症のある高齢者が駅構内の線路に立ち入り，列車に遅れが生じる等して，鉄道会社に損害を与えた。認知症のある高齢者は，損害を賠償しなければならないか。

認知症のある高齢者に成年後見人が選任されていた場合，成年後見人は，損害を賠償しなければならないか。

不法行為責任とは

不法行為責任とは，故意又は過失によって他人の権利又は法律上保護される利益を侵害した者がこれによって生じた損害を賠償する責任をいう（民法第709条）。

不法行為責任が認められるためには，①故意・過失，②権利・利益侵害，③損害の発生，④因果関係（①により③がもたらされたこと）が必要である。

「①故意」とは，結果の発生を認識しながらそれを容認して行為するという心理状態，「過失」とは，損害発生の予見可能性があるのにこれを回避する行為義務（結果回避義務）を怠ったことを

いう。

「③損害」には，財産的損害と精神的損害がある。

「④因果関係」とは，どこまでの損害を賠償させるべきかという観点から，社会通念上因果関係があると認めることが相当であると考えられる場合にのみ，法的因果関係を認める相当因果関係をいう。

責任能力とは

民法は，未成年者が「**自己の行為の責任を弁識するに足りる知能**を備えていなかったときは」賠償する責任がないとしている（第712条）。

また，「精神上の障害により自己の行為の責任を弁識する能力を欠く状態」にあったときも賠償する責任がないが（第713条），「故意又は過失によって一時的にその状態を招いたときは」賠償する責任を負うとしている（第713条但書）。

このように，民法は，不法行為責任を負わせるためには一定の能力を必要としており，この能力を**責任能力**という。

監督者責任とは

　不法行為を行った本人に責任能力がない場合，民法第714条第1項では，**責任無能力者**[2]を「監督する法定の義務を負う者」(「**監督義務者**」)について，第2項では「監督義務者に代わって責任無能力者を監督する者」(「代理監督者」同条第2項)について，無能力者が第三者に加えた損害を賠償する責任を負うとしている (**図5-1**)。

　法定の監督義務者とは，親権者，未成年後見人などである。

　代理監督者とは，法律又は法定監督義務者との契約により，責任無能力者の監督を委託された者あるいは施設である。託児所，幼稚園や小学校等である。

　監督義務者・代理監督者が「その義務を怠らなかったとき，又はその義務を怠らなくても損害が生ずべきであったときは」免責される (第714条第1項但書，第2項)。

　重度の認知症に罹患した高齢者が起こした鉄道事故に関して，鉄道会社がその高齢者の妻と長男に対して，損害賠償請求した事案に関する最高裁平成28年3月1日付判決では，成年後見人や精神保健及び精神障害者福祉に関する法律の「保護者」は，2007 (平成19) 年当時において，直ちに法定の監督義務者に該当するということはできないと判示された。

　そのうえで，法定の監督義務者に該当しない者であっても，責任無能力者との身分関係や日常生活における接触状況に照らし，第三者に対する加

図5-1　監督者責任

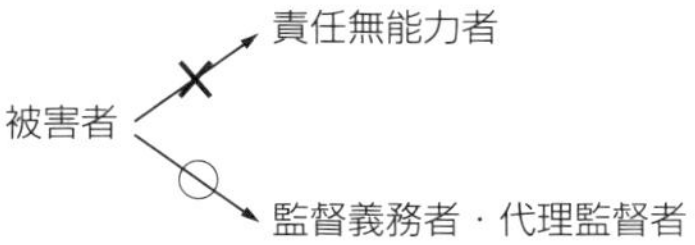

出所：筆者作成。

必ず覚える用語

☐ **不法行為責任**
☐ **責任能力**
☐ **責任無能力者**
☐ **監督義務者**
☐ **代理監督者**
☐ **使用者責任**

◆1　自己の行為の責任を弁識するに足りる知能
自らの行為が法的責任を負う行為であることを判断できる能力をいう。裁判例では，概ね12歳以上で責任能力があるとされている。

◆2　責任無能力者
責任能力が無いため，不法行為責任を負わない者のことをいう。民法上の責任無能力者は，未成年者のうち自己の行為の責任を弁識するに足りる知能を備えていない者 (民法第712条) と精神上の障害のある者 (知的障害，精神障害や認知症等) のうち自己の行為の責任を弁識する能力を欠く状態にある者 (民法第713条) である。

第5章
民法における権利，義務，責任
第3節　不法行為責任

害行為の防止に向けてその者が当該責任無能力者の監督を現に行い，その態様が単なる事実上の監督を超えているなど，その監督義務を引き受けたとみるべき特段の事情が認められる場合には，衡平の見地から法定の監督義務を負う者と同視してその者に対して民法第714条に基づく損害賠償責任を問うことができるとするのが相当であり，このような者については，法定の監督義務者に準ずべき者として，同条1項が類推適用されると解すべきであると判示した。

この判決においては，認知症のある高齢者の同居の妻は，当時85歳で要介護1の認定を受けており，当該高齢者の介護につき長男の嫁の補助を受けていたなどの事情があることから，法定の監督義務者に準ずべき者に当たらない，また，長男も，当該高齢者の介護に関する話合いに加わり，妻が近隣に住んで，当該高齢者の介護の補助をしていたものの，長男自身は，当時20年以上も同居しておらず，本件事故直前の時期においても，1か月に3回程度週末に当該高齢者宅を訪れていたにすぎないなどの事情があることから，法定の監督義務者に準ずべき者に当たらないとした。

認知症高齢者と不法行為責任

認知症の高齢者が不法行為責任の要件を満たし，責任能力がある場合には，高齢者は，損害を賠償しなければならない。

他方，認知症の高齢者が不法行為責任の要件を満たすが，責任能力がない場合で，成年後見人が法定の監督義務者に準ずべき者に当たる場合に

は，成年後見人は，損害を賠償しなければならない。

使用者責任において問題となる場面

ヘルパーが障害のある人の家で家事援助していたときに，高価な花瓶を割ってしまった。

このような場合に，ヘルパーは，損害を賠償しなければならないか。

またヘルパーを雇っている介護事業所は，損害を賠償しなければならないか。

使用者責任とは

ヘルパーに過失があれば，ヘルパー自身が不法行為責任を負うことになる。

しかし，ヘルパーに弁償する資力がない場合，障害のある人はヘルパーに損害を賠償してもらえない。

そこで，直接の加害者である被用者が使用者のために仕事をしていた場合に，使用者に責任を負わせることができるよう，民法第715条では，使用者は，被用者が「事業の執行について」第三者に加えた損害を賠償する責任を負うとしている。これを**使用者責任**という（**図5-2**）。

使用者責任が認められるためには，まず，当然に使用関係があることが必要になるが，雇用契約等の契約がなくても，使用者と被用者との間に実質的な指揮・監督関係が認められれば良いとされている。

また，被用者が使用者の「事業の執行につい

90 ｜ 第II部　権利擁護と法

て」第三者に加えた損害であることが必要になるが，被用者の職務執行行為そのものには属さなくても，その行為の外形から観察して，あたかも被用者の職務の範囲内の行為に属するものと認められる場合も含まれると解されている（最判昭和40年11月30日）。

さらに，使用者責任は，被用者の不法行為責任が前提になっているので，被用者の行為自体に不法行為責任が成立していることが必要である。

もっとも，使用者が被用者の選任及び監督について相当の注意をしたとき，または相当の注意をしても損害が発生したであろうときは，使用者の責任を免責するとしている（民法第715条第1項但書）。また，直接の加害者が被用者であるため，使用者は，第三者に損害を賠償したときは，被用者に対して，求償できるとされている（民法第715条第3項）。

もっとも，被用者は，使用者のために仕事をしていたのであるから，全責任を被用者に負わせるのは妥当ではなく，使用者の被用者に対する求償は，事業の性格その他諸般の事情に照らし，損害の公平な分担という見地から，信義則上相当と認められる限度に制限される（最判昭和51年7月8日）。

障害のある人の高価な花瓶を割ったことについて，ヘルパーに過失があれば，ヘルパーは，不法行為責任を負い，障害のある人に対して，損害を賠償しなければならない。

また，介護事業所は，ヘルパーの監督に相当の注意をしたこと等を立証できない限り，使用者責任を負い，損害を賠償しなければならない。

図5-2 使用者責任

出所：筆者作成。

第4節 親族・相続

この節のテーマ

- 民法上の親族について学ぶ。
- 扶養義務について学ぶ。
- 相続について学ぶ。

親族とは

民法上の「**親族**」とは，6親等内の血族，配偶者，3親等内の姻族をいう（民法第725条）。

血族とは血のつながりのある者であり，姻族とは配偶者の血族のことである。

親等の数え方としては，親や子，祖父母等の直系親族の場合は，親が1親等，祖父母2親等と単純に世代数を数えればよい。

他方，兄弟姉妹やその子孫である傍系親族の場合は，数えるときに「共通の祖先」まで遡って数える。例えば，いとこの親等を数える場合には，祖父母が「共通の祖先」であるため，親が1親等，祖父母が2親等，親の兄弟（おじ，おば）が3親等，その子であるいとこは4親等というように数えることになる。

扶養義務とは

民法第877条第1項では，直系血族及び兄弟姉妹は，互いに扶養する義務があるとされ，第2項では，家庭裁判所は，特別の事情があるときは，3親等内の親族間においても扶養の義務を負わせることができるとされている。

また，夫婦も互いに扶養する義務があるとされている（民法第752条同居協力扶助義務，第760条婚姻費用分担義務）。

さらに，親権を行う者は，子の監護及び教育をする権利を有し，義務を負うとされている。

扶養義務には，**生活保持義務**と**生活扶助義務**がある。生活保持義務とは，自分と同程度の生活を保障する義務で，夫婦間や未成年の子に対して負う義務である。

他方，生活扶助義務とは，自分の生活を犠牲にすることなく，余力がある限りで，援助すればよいという義務で，夫婦や未成年の子以外の親族に対する義務である。

生活保護との関係

生活保護法では，民法の扶養は生活保護に優先して行われるものとされている（生活保護法第4条第2項）。

これは，親族の扶養が受けられる場合には生活保護を受給できないということではなく，親族の扶養が受けられる場合には生活保護の必要性がなくなるという意味であると解されている。

親族の扶養を受けていない状態で，生活保護の申請をした際に，役所で「親族に扶養してもらいなさい」と言って，申請を受け付けてもらえないのは違法である。

一般的には，生活保護の申請をした後，役所から親族に対して扶養の可否の調査がなされる。

相続とは

相続とは，個人が死亡した場合に，その者（被相続人）の有していた財産上の権利義務を被相続人の配偶者や子など一定の身分関係のある者（相続人）に承継させる制度をいう。

相続は，死亡によって開始し（民法第882条），相続人は，相続開始の時から，被相続人の財産上の権利義務を承継する（民法第896条）。

相続人には，プラスの財産のみならず，マイナスの財産が承継される。

相続人の範囲と順位

被相続人の配偶者は，常に相続人となる（民法第890条）。

その他，相続人には，子，直系尊属，兄弟姉妹がなり得る。

子は，実子か養子か，**嫡出子**か非嫡出子かを問わない。

①子，②直系尊属，③兄弟姉妹の順に順位が決められており，先順位の相続人がいない場合に初めて後順位の者が相続人となる。

すなわち，第3順位の兄弟姉妹が相続人となるには，第1順位の子及び第2順位の直系尊属（父母や祖父母）がいない場合に限られる。

相続人となるべき者（被代襲者）が相続開始以前に死亡しているときや相続欠格や廃除により

必ず覚える用語
☐ 親族
☐ 扶養義務
☐ 生活保持義務
☐ 生活扶助義務
☐ 相続
☐ 法定相続分
☐ 単純承認
☐ 限定承認
☐ 相続放棄
☐ 遺留分

◆1 嫡出子
法律上の婚姻関係にある夫婦の間に生まれた子

第5章
民法における権利，義務，責任
第4節　親族・相続

相続権を失ったときは，その者の直系卑属（代襲者）が被代襲者に代わって，相続する（代襲相続，民法第887条第2項，第889条第2項）。

相続人がいない場合や明らかでない場合は，**相続財産管理人**[◆2]による相続財産の管理が予定されている（民法第952条）。

相続財産管理人は，利害関係人が家庭裁判所に請求することにより選任される。

相続人がいないとされた場合，被相続人と特別の縁故があった者がいた場合はその者の請求により相続財産が分与され（民法第958条の3），特別縁故者もいない場合は，相続財産は国庫に帰属する（民法第959条）。

法定相続分

各相続人の相続分は，民法で定められている（**法定相続分**，民法第900条）。

もっとも，遺言や遺産分割協議で，法定相続分と異なる相続分を決めることができる。

相続人が配偶者と子の場合の法定相続分は，2分の1ずつであり，子が複数いる場合は，子の2分の1の相続分を人数で等分することになる。

相続人が配偶者と直系尊属の場合は，配偶者が3分の2，直系尊属が3分の1であり，直系尊属が複数いる場合は，直系尊属の3分の1の相続分を人数で等分することになる。

相続人が配偶者と兄弟姉妹の場合は，配偶者が4分の3，兄弟姉妹が4分の1であり，兄弟姉妹が複数いる場合は，兄弟姉妹の4分の1の相続分を人数で等分することになる。

配偶者以外に相続人がいない場合は，配偶者が全部相続し，配偶者がいない場合には，子等の相続人が全部相続することになる。

代襲相続人の相続分は，被代襲者の相続分をそのまま受け継ぐことになる。代襲相続人が複数いる場合は，被代襲者の相続分を人数で等分することになる。

相続の承認と放棄

相続財産のうち，プラスの財産よりマイナス財産（債務）の方が多い場合，相続人にとって相続することが不利益となることもある。

そこで，民法は，相続人に対して，相続財産を承継するかどうかの選択権を与えている。

相続の承認には，単純承認と限定承認がある。

単純承認とは，相続財産の全てを受け入れることであり，無限に被相続人の権利義務を承継する（民法第920条）。

限定承認とは，相続財産の限度においてのみ，債務を清算し，なお相続財産が残れば，承継するという相続の承認である。

限定承認は，相続の開始を知ったときから3か月以内に家庭裁判所に相続財産の目録を作成して提出し，限定承認をする旨の申述をして行う。相続人が複数いる場合は，全員が共同して行う必要がある。

他方，相続の放棄とは，相続そのものを拒否することである。

相続放棄は，相続の開始を知ったときから3か月以内に家庭裁判所に相続放棄をする旨の申述

をして行う。相続人各人で行うことができる。

遺　言

遺言とは，被相続人の生前における最終的な意思を死後に実現するための制度である。

遺言は，民法に規定された方式に従って行う必要があり，その方式に反した遺言は無効となる。

遺言の方式には，**自筆証書遺言**[◆3]（民法第968条），**公正証書遺言**[◆4]（民法第969条），**秘密証書遺言**[◆5]（民法第970条）がある。

公正証書遺言以外の遺言は，家庭裁判所の検認手続きを受けなければならない（民法第1004条）。

遺言者は，遺言の方式に従って，その遺言の全部または一部を撤回することができる（民法第1022条）。

遺留分

被相続人には，死後においても自由に自分の財産を処分する権利があるが，相続制度が遺族の生活保障という機能も有していることから，民法では，相続財産の一定割合を一定の範囲の相続人に留保する制度が設けられている（**遺留分**制度）。

遺留分が認められる者（遺留分権利者）は，兄弟姉妹を除く法定相続人（配偶者・子・直系尊属）である（民法第1028条）。

遺留分の割合（遺留分率）は，相続人が直系尊属のみの場合は，被相続人の財産の3分の1，その他の場合は，被相続人の財産の2分の1とされている（民法第1028条）。

相続人が子2人で，相続財産が4000万円である場合，子1人の遺留分は，4000万円×2分の1×2分の1の1000万円となる。

相続人の遺留分を侵害して行われた遺贈や相続分の指定等は，当然に無効にならないため，遺留分減殺請求を行う必要がある（民法第1031条）。

この遺留分減殺請求権は，遺留分権利者が相続の開始及び減殺すべき遺贈等を知ったときから1年以内に行使しなければならない（民法第1042条）。

◆2　相続財産管理人
相続人がいない場合や明らかでない場合に，相続財産を調査，管理，換価，清算等を行う者である。家庭裁判所が債権者等の利害関係人や検察官の申立てにより，選任する。

◆3　自筆証書遺言
自筆証書遺言とは，自分で全文を書く遺言である（民法第968条）。

◆4　公正証書遺言
公正証書遺言とは，遺言者が公証人に遺言内容を伝えて，公証人に作成してもらう遺言である（民法第969条）。

◆5　秘密証書遺言
秘密証書遺言とは，遺言者が自分で作成した遺言書を公証役場に持参し，遺言内容を秘密にしたまま，公証人に遺言の存在を証明してもらう遺言である（民法第970条）。

第5章　民法における権利，義務，責任　｜　95

さらに学びたい人への基本図書

野村豊弘『民事法入門（第7版）』有斐閣アルマ，2017年
民法やその周辺の重要な法律を網羅的に分かりやすく簡潔にまとめた入門書である。初めて民法を学ぶ人にお勧めである。

山野目章夫『民法総則・物権（第6版）』有斐閣アルマ，2017年
民法総則・物権について，ポイントを押さえて，具体例を交えながら，分かりやすく簡潔にまとめた基本書である。より深く学びたい人にお勧めである。

山本豊・笠井修・北居功『民法5 契約』有斐閣アルマ，2018年
契約法について，具体例を交えながら，基礎から分かりやすく解説した基本書である。より深く学びたい人にお勧めである。

松川正毅『民法親族・相続（第5版）』有斐閣アルマ，2018年
親族・相続について，基礎的知識を分かりやすくまとめた基本書である。より深く学びたい人にお勧めである。

藤岡康宏・磯村保・浦川道太郎・松本恒雄『民法Ⅳ──債権各論（第3版補訂）』有斐閣Sシリーズ，2009年
契約法以外に不法行為等についても，分かりやすく解説した基本書である。より深く学びたい人にお勧めである。

第5章

問：自分が不動産取引業者やヘルパーになったと仮定して，障害のある人や認知症のある高齢者との間で起こり得るトラブルを想定して，民法上どのような問題があるのかを考えてみよう。

ヒント：本章の記載内容を参考に，契約関係にある場合に起こり得るトラブルと契約関係にない場合に起こり得るトラブルを具体的に考えてみよう。そして，その場合に，民法上どのような問題があるのかを考えてみよう。

第6章

権利擁護を目的とした
行政法規

本章で学ぶこと

● 憲法が社会福祉を実現するために用意した制度を学ぶ（第1節）。

● 障害のある人の位置づけが大きく転換したことを知る（第2節）。

● 虐待防止のための制度を知り，これを活用する（第3節）。

● 取引社会の中で消費者は守られるべき立場だということを知る（第4節）。

第1節 社会福祉制度と行政法

この節のテーマ

● 憲法第25条が日本の社会福祉を方向づけていることを知る。
● 社会福祉実現のために国会で法律が定められていることを学ぶ。
● 法律の読み解き方を知る。

行政法とは何か

近代国家が法治国家である以上，まず憲法の制定が必要である。憲法には基本的人権が列挙されており，全ての国民が人として尊重され，自己実現を目指せる社会を求め，さらに精神的自由権や経済的自由権そして生存権などの社会権も定められ，それらの基本的人権を享有できるようにすることが国の目的である。

しかし，それらの基本的人権を宣言するだけでは国は動かない。国を動かす基本的担当者（国会，内閣，裁判所）を定め，国の基本方針を国会が法律として定め，その方針を実現するために厚生労働省など中央官庁を設置して国を動かす。各都道府県や市町村には，個々の地域を自治的に動かす組織が必要で，個々に独自色を出して運営する。

これらの国の組織と地方の組織とは，憲法の目指す目的を実現するために多様な制度（たとえば，年金制度，医療保険制度，生活保護制度，雇用保険制度，障害者総合支援法等）を定め，これを動かす担当者（国家公務員，地方公務員）を育て研修し，運用を任せる。国民は用意された制度を利用するために，いろいろな手続きに従いながらアクセスすることになる。

このような，憲法の目的を実現するための組織，制度，手順などを法律で定めることになる。これらの法律すべてが行政に関する法律ということであり「**行政法**」と総称される。

行政法のなかには「行政組織，手続きを定める法律（国家行政組織法，原子力規制委員会設置法，行政手続法など）」と「行政施策を実施するための法律」とがある。後者は特に，個々の施策に国家予算が割り振られ，担当する省庁に配点される。

社会福祉分野の行政法

権利擁護にかかわるソーシャルワーカーが知っておくべき法の知識として，まず社会福祉分野の行政法を紹介する。

社会福祉の法体系は図6-1のようになる。

福祉関係施策の多くは厚生労働省が担当するが，他の省が担当しているものもある。たとえばバリアフリー新法（高齢者，障害者等の移動等の円滑化の促進に関する法律）やサービス付き高齢者住宅（高齢者の居住の安定確保に関する法律，略称「高齢者住まい法」）については国土交通省が担当している。

したがって個々の福祉行政について調べるときは，その施策の根拠となる法律は何かを調べ，その法律を所管する省庁はどこかを確認しておくとよい。また，実際にはさらに担当部局が分か

図6-1 社会福祉の法体系

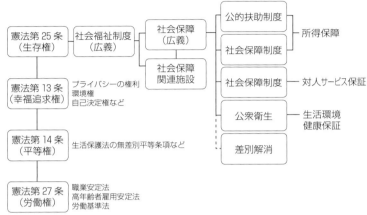

出所：金子和夫（2003）「社会福祉の法体系」『NHK社会福祉セミナー』NHK出版，6を一部筆者加筆。

必ず覚える用語

- [ ] 行政法
- [ ] 社会福祉の法体系
- [ ] 憲法
- [ ] 生存権
- [ ] 福祉国家
- [ ] 社会保障制度

れている。以下，社会福祉と関係の深い厚生労働省を例にする。

　厚生労働省には多くの部局があり，個々の施策は各部局が担当している。たとえば，介護保険法については老健局介護保険指導室，介護保険計画課，老人保健課が担当しており，高齢者虐待防止法は同じく老健局高齢者支援課が，また障害者虐待防止法は社会・援護局が，障害者総合支援法は同局障害保健福祉部が，生活保護法については同局保護課がそれぞれ担当している。厚生労働省のHPで組織図を参照しておくとよい。

法律を読み解く

　次に各法律の条文のスタイルについて説明していく。まずはじめに各法律の第1条に「目的」について定めた条文が置かれていることに気づくだろう。たとえば高齢者虐待の防止，高齢者の養護者に対する支援等に関する法律（高齢者虐待防止法）第1条は次のように定めている。

　第一条　この法律は，高齢者に対する虐待が深刻な状況にあり，高齢者の尊厳の保持にとって高

第6章
権利擁護を目的とした行政法規
第1節 社会福祉制度と行政法

齢者に対する虐待を防止することが極めて重要であること等にかんがみ，高齢者虐待の防止等に関する国等の責務，高齢者虐待を受けた高齢者に対する保護のための措置，養護者の負担の軽減を図ること等の養護者に対する養護者による高齢者虐待の防止に資する支援（以下「養護者に対する支援」という。）のための措置等を定めることにより，高齢者虐待の防止，養護者に対する支援等に関する施策を促進し，もって高齢者の権利利益の擁護に資することを目的とする。

このように，法律を作る際には，法律制定の「背景」となり「根拠」となる現状（「立法事実」という）を指摘し，制度化によって達成しようとする「目的」を明示する必要がある。その意味で各制度には「根拠法」があり，根拠法の第1条には「目的」が示されている。そのため「第1条」は，その制度を理解する上で常に頭に入れておかなければならない。

専門職は，当該課題に取り組む上で，その課題にかかわる法制度をピックアップし，それぞれの法律の第1条の「目的」を読み，各法律の守備範囲を把握しておく必要がある。

そして，次に，法律全体の「章」立てを押える必要がある。第1章，第2章そして各章のなかに第1款（かん），第2款，があり，各条文には第1項，第2項の規定が置かれている。たとえば，憲法第25条第2項は「国は，すべての生活部面について，社会福祉，社会保障及び公衆衛生の向上及び増進に努めなければならない。」と定めている。つまり，第25条第1項で国民の生存権保障を規定し，同第2項でこの生存権保障のために国が

具体的な施策を推進しなければならないことを定めている。

さらに，その法律のなかに別の法律の条文を引用している場合もある。たとえば高齢者虐待防止法の9～13条などが該当する。それぞれの該当か所を探して，合わせて理解しておく必要がある。

生存権と社会保障制度

資料6-1 憲法第25条

> 第25条 すべて国民は，健康で文化的な最低限度の生活を営む権利を有する。
> 2 国は，すべての生活部面について，社会福祉，社会保障及び公衆衛生の向上及び増進に努めなければならない。

さて，上で紹介した**憲法**[1]第25条第2項（**資料6-1**）には，国民には同第1項で「**生存権**」が保障されていることと一体的に，国家には国民に対して健康で文化的な最低限度の生活を保障する義務を負うと記してある。これは日本において，主権者が国民であることを意味している。また，旧憲法に比べて国家の国民に対する責任は著しく重くなり，いわゆる「福祉国家（国民の福祉の増進を目的とする国家）」の方向に国の基本姿勢が大きく舵を切られた。この「**福祉国家**」観は1941年に発表されたイギリスの「ベバリッジ報告書」が発端と言え，イギリスはこの報告書を契機として「ゆりかごから墓場まで」といわれる国民の全人生に対する保障を実現していき，第2次世界大戦後のイギリスにおける**社会保障制度**の基

100 | 第Ⅱ部 権利擁護と法

礎を築いた。この報告書では克服すべきものとして「窮乏 (want), 疾病 (disease), 無知 (ignorance), 不潔 (squalor), 怠惰 (idleness)」が指摘された。

いわゆる社会保障制度とは, 個々の国民が遭遇する疾病, 負傷, 分娩, 廃疾, 死亡, 老齢, 失業, その他困窮の原因に対し, 保険的方法又は直接公的給付制度により保障する方策を講じ, 生活困窮に陥った者に対しては, 国庫扶助によって, 最低限の生活を保障するとともに, 公衆衛生及び社会福祉の向上を図り, もってすべての国民が文化的社会の一員であることに値する生活を営むことができるようにすることをいう。

このような生活保障の責任は国家にあり (福祉国家理念), 国家はこれに対する総合的企画をたて, これを政府及び公共団体を通じて民主的効率的に実施しなければならない。

この制度は, すべての国民を対象とし, 公平と機会均等とを原則としなくてはならない。またこれは健康と文化的な生活水準を維持するに十分なレベルを提供しなければならない。

◆1 憲法

正式には「日本国憲法」という名称で, 日本の法体系の最高法規である (憲法第98条1項)。基本理念は基本的人権尊重, 国民主権, 平和主義, である。旧憲法 (明治憲法) は天皇主権とされていたが, 第2次大戦後, 国の基本的方向を変更させた。最高法規であることから, この憲法に反する法律等は無効とされ (憲法前文第1段, 同第98条), 裁判所で争うことが認められている。そして, 全ての法制度, 行政組織, 行政施策は上記憲法規範を実現するために制定され実施されなければならない (同第98条, 憲法尊重擁護義務)。また, 福祉国家理念を取り入れ (同第25条), 国は全ての生活部面について社会福祉, 社会保障及び公衆衛生の向上及び増進に努めなければならないとされた。

第2節 障害者総合支援法と権利擁護

この節のテーマ
- 障害者総合支援法について知る。
- 障害者の権利を守る法律について知る。

障害者総合支援法とは

　障害者自立支援法（2006年4月1日施行）に対して，多くの障害者から「障害の重い人ほど，社会参加が困難になる制度設計になっている」として批判があり，最終的には全国の14か所の裁判所で，この法律が憲法に違反した無効な法律で，この法律を適用した支給量決定が無効であるという訴訟が提起された。政府は，障害当事者が参加した障害者制度改革推進会議の議論を踏まえ，2012年，同法を改正した。こうして新たに成立したのが障害者総合支援法（障害者の日常生活及び社会生活を総合的に支援するための法律）である。
　同法の目的として障害者，障害児が「基本的人権を享有する個人としての尊厳にふさわしい日常生活または社会生活を営むことができるよう」に，という権利の主体にふさわしい地位を前提とした制度設計に改められた。特に障害がある人もない人もともに，同じ地域で生活するために必要なサービスを提供する方向に転換された。その後，二度の法改正がなされ，重度訪問介護の対象者の拡大，対象者に難病者が加えられるなど，さらに充実した内容に向かっている。
　今後は，障害者福祉を市場原理に委ねる「商品」と考えるのではなく，人権としての福祉はあくまで公的責任で実施されるという理念に立つべきである。そのために障害者福祉の社会資源を充実させ，事業所，有資格ヘルパーの養成などの基盤整備を前進させる必要がある。そしてすべてのライフステージのニーズに即した社会を実現していくべきである。

障害者総合支援法の成立過程と権利擁護

　障害者自立支援法については，多くの障害者から「応益負担制度」（利用するサービス量に応じて障害者が負担する利用料が加算されていく方式）であることに批判が集中した。この方式でいくと，重度になればなるほど，障害のために働く機会が得にくいのに，サービス利用が増加し，利用料負担が増えることになる。そして「利用料が払えないのならサービスを利用するな」と言われることになっていく。「一体，この法律は誰のための制度なのか」という怒りが全国の障害者から指摘され，2008年10月以降に「自立支援法は，憲法第25条に違反して，無効だ」との判決を求める訴訟が順次全国14の都道府県で，各裁判所に提起された（原告合計71名）。この一連の訴訟の進行に対して，被告とされた国はどのように対応するかが，問われた。
　そのようななかで2009年8月衆議院総選挙が

図6-2 障害者総合支援法による総合的なサービスの体系

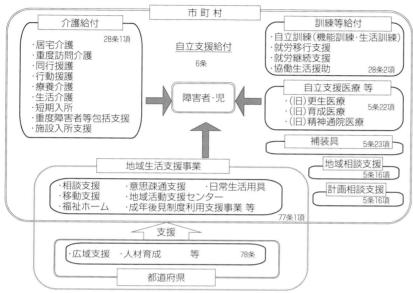

注：自立支援医療のうち旧精神通院医療の実施主体は都道府県等。
出所：厚生労働統計協会（2017）『国民の福祉と介護の動向』厚生労働統計協会，121。

行われ，民主党（当時）が政権を取り，同年9月19日長妻厚生労働大臣が「障害者自立支援法の廃止」を明言した。全国の訴訟で被告とされた国は従来の争う態度を変更し，同年9月29日には，厚生労働省から訴訟団に話し合いの申し入れがなされた。その後政府・与党と訴訟団との間で協議が進められ，2010年1月7日「**基本合意文書**◆1」が締結され，前記14の裁判所で進行していた訴訟はすべて各裁判所で「和解」で終結した。

この「基本合意」に沿って，内閣府に障害者制度改革推進会議が設置され，委員の半数は障害のある当事者から選任された（制度改革における当事者参加の基準としての委員構成）。ここでスローガンとされた「Nothing about us without us（我々抜きで我々のことを決めないで）」は世界的に提唱され，受け入れられていった。

この推進会議で議論され，提案され，「障害者の日常生活及び社会生活を総合的に支援するた

◆1 基本合意文書
2010年1月7日付で，障害者自立支援法違憲訴訟原告団・弁護団と国（厚生労働省）との間で交わされた合意文書。上記訴訟が全国14か所の裁判所で提起され，71名の障害当事者が原告となって闘い，国も当事者の声を正面から受け止め，障害者自立支援法の総括と反省を踏まえ，新法の制定を約束した。また障害者制度改革推進会議において，障害者の現在の生活実態やニーズなどに十分配慮した上で，権利条約の批准に向けた障害者の権利に関する議論を進め，「利用者負担のあり方」「制度の谷間のない「障害」の範囲」などを合意し，今後の適正な履行状況等の確認のため，原告団・弁護団と国（厚生労働省）との定期協議を実施することとした。

Close up

支給量の決定は，サービスを利用するもの自身が申請行為を行うことを前提として，担当行政庁による認定調査（勘案事項の調査）を経て，障害の重さの程度に沿って，利用できるサービスの量が決定される。そして，決定された支給量に不服があれば審査請求ができる。

第6章
権利擁護を目的とした行政法規
第2節　障害者総合支援法と権利擁護

めの法律」（略称：障害者総合支援法，2013年4月1日施行）（**図6-2**），「障害者虐待の防止，障害者の養護者に対する支援等に関する法律」（略称：障害者虐待防止法，2011年6月成立，2年間の周知期間を経て，2013年4月1日施行），「障害を理由とする差別の解消の推進に関する法律」（略称：差別解消推進法，2013年6月成立，2年間の周知期間を経て，2016年4月1日施行），障害者雇用促進法の改正（2016年4月施行，合理的配慮義務など新設），障害者権利条約（2013年12月国会で批准，2014年1月批准書寄託）など次々に成立していった。

この一連の制度改革により，日本の障害者施策および当事者参加は大幅に前進したと言える。福祉の専門職を目指す人々は，将来，障害のある当事者自身が立ち上がった場面に遭遇したときは，かつて，自分たちで政策決定に参加して，制度改革していった**当事者**[◆2]がいたことを知らせてほしい。次の改革が必要になった時に，その時代の当事者が先輩と同じように立ち上がることができるよう，声を掛けてほしい。

障害者権利条約

障害者権利条約は，外務省のホームページによれば，「障害者の人権及び基本的自由の享有を確保し，障害者の固有の尊厳の尊重を促進することを目的として，障害者の権利の実現のための措置等について定める条約」と説明されている。この条約は2006年12月13日第61回国連総会で採択された人権条約で，2008年5月3日，20か国が批准

して条約として発効した。日本は批准したのは2013年12月である。

この条約の主な内容としては，（1）一般原則（障害者の尊厳，自律及び自立の尊重，無差別，社会への完全かつ効果的な参加及び包容等），（2）一般的義務（「合理的配慮」の実施を怠ることを含め，障害に基づくいかなる差別もなしに，すべての障害者のあらゆる人権及び基本的自由を完全に実現することを確保し，及び促進すること等），（3）障害者の権利実現のための措置（身体の自由，拷問の禁止，表現の自由等の自由権的権利及び教育，労働等の社会権的権利について締約国がとるべき措置等を規定。社会権的権利の実現については漸進的に達成することを許容），（4）条約の実施のための仕組み（条約の実施及び監視のための国内の枠組みの設置。障害者の権利に関する委員会における各締約国からの報告の検討），とされている。

障害者差別解消法

障害者差別解消法は，正式名称は「障害を理由とする差別の解消の推進に関する法律」という。2013年6月に制定され3年間の周知期間を経て，2016年4月1日に施行された。その目的は「障害者基本法の基本的な理念にのっとり，全ての障害者が，障害者でない者と等しく，基本的人権を享有する個人としてその尊厳が重んぜられ，その尊厳にふさわしい生活を保障される権利を有することを踏まえ，障害を理由とする差別の解消の推進に関する基本的な事項，行政機関等及び事業者

104 ｜ 第Ⅱ部　権利擁護と法

における障害を理由とする差別を解消するための措置等を定めることにより，障害を理由とする差別の解消を推進し，もって全ての国民が，障害の有無によって分け隔てられることなく，相互に人格と個性を尊重し合いながら共生する社会の実現に資すること」とされている（同法第1条）。

　日本の法律は「推進法」という名称になっているように，この法律で差別の内容を明記して，差別に該当すれば違法になり，何らかの法的ペナルティが科せられるという規範として「差別禁止法」にはなっていない。つまり「差別のない社会になるよう努力（推進）する義務」が規定されたにとまる。3年間の周知期間を経たとしても，「何が差別か」について社会が混乱することなく，納得し受け入れるには，相当な期間が必要で，ある程度社会的に定着した時点で「法的義務」にバージョン・アップ（格上げ）した法律に改正されることになる。そこまで社会を変えていくには，行政に任せきりにするのではなく，障害当事者自身が，社会に対して発言し，発信していく必要がある。行政の後ろをついていくだけでは，社会は変わらない。ある程度，矢面に出て，差別が間違っていることを訴える。怒りや感情ではなく説得力をもって語りかける。それだけ，障害当事者自身が自らを高める努力が必要といえる。そして，そのように差別に立ち向かう当事者を支える支援者や専門職の役割は重大である。

必ず覚える用語

☐ 障害者総合支援法
☐ 基本合意文書
☐ 当事者
☐ 障害者権利条約
☐ 障害者差別解消法

◆2　当事者
「障害当事者」という表現が使われるようになった。今までは「困っている障害者のために何をしてあげればよいか」という施策の客体（対象）と位置づけられてきたが，「障害者自身が自分で決めること（自己決定権）」を受け入れ，その声（ニーズ）を前提に適切な支援の枠組みを社会と共に検討するという方法が採用されるようになり，各種委員会に障害者自身が委員として加わり，委員会で難しい専門用語が飛び交う時には「イエローカード」をあげて分かりやすく説明を求める場面もでてきた。

注　(1)　中西正司・上野千鶴子 (2003)『当事者主権』岩波書店。

第3節 虐待防止法と権利擁護

この節のテーマ
- 虐待防止法について知る。
- 虐待とは何かを知る。

4種類ある虐待防止法

　虐待防止法には，対象者別に次の4種類がある。児童虐待の防止等に関する法律（略称：**児童虐待防止法**，2000年5月24日施行），配偶者からの暴力の防止及び被害者の保護等に関する法律（略称：**DV防止法**，2001年4月13日施行），高齢者虐待の防止，高齢者の養護者に対する支援等に関する法律（略称：**高齢者虐待防止法**，2005年11月9日施行），障害者虐待の防止，障害者の養護者に対する支援等に関する法律（略称：**障害者虐待防止法**，2012年10月1日施行）。

虐待とは何か

　「**虐待行為**」は被害者を「人間として扱わない行為」であり，人としての尊厳を損なうものであり，あってはならない行為である。事後，民事的・刑事的に何らかの制裁があるとしても，今虐待の被害を受けている人を虐待環境から救出するための強制的な権限を行政に付与する必要があり，そのために法律が制定された。

　虐待行為は，ある「閉ざされた環境」の中で「強者」と「弱者」がいる場合に，不可避的に生じてしまう可能性がある。虐待は，「差別」と異なり，むしろ親密な関係のなかで発生することが多い。とくに，高齢者や障害のある人，子どもは，家族や施設など，何らかの支援を受けて生活をせざるを得ず，支援者とは密接な関係を有する。その支援は，本人との関係，支援のあり方など，さまざまなものがあるが，この支援の必要性の度合いが高ければ高いほど，自己以外の人に対する「依存性」が強まることになる。そして，支援を受けながら暮らしている場の閉鎖性，一般社会とのつながりの希薄性，本人の特性，本人の自己主張の困難性，支援する側の劣悪な支援環境，労働環境などが虐待を生む背景事情として存在する。

　たとえば，家庭では，主たる介助を担当する家族の側が，養育・日常生活支援・社会生活における介護や支援などに疲れていることが往々にしてある。そのように疲れきった場面でも，介助者はその場から逃げるわけにはいかず，手伝ってくれる者もいなければ相談に乗ってくれる者もいない。介助者はこのような孤立し閉ざされた環境に置かれ，そのことが原因となって虐待を生じさせていることが少なくない。このような場合，介護者は「強者」であり，「弱者」は強者に反発する力はなく，反発すれば「倍返し」を受けることになり，ただ耐えるしかない。そして強者の虐待はさらにエスカレートする。

　ただ，虐待者を「加害者」としてのみ位置づけ，

法施策の客体とすることは妥当ではなく，本来の「支援者」「介助者」としての立ち位置を回復し，スキルを獲得できるように，適切な介入・支援を行い，十分な環境調整を行い，支援環境を再構築することができれば，その後の虐待を防止することが十分期待できる。

分離措置制度の適用

　高齢者や障害者が虐待の被害に遭っていることが通知や通告を契機とした調査の結果認定された場合は，迅速に当事者を救出する必要がある。そして虐待環境から救出した後，一時的に保護収容する場所の確保が必要になる。高齢者虐待防止法や障害者虐待防止法では，それぞれ老人福祉法や身体障害者福祉法，知的障害者福祉法などの**措置分離処分**[◆1]を適用できるようリンクされている。

　まず，高齢者虐待防止法第9条第2項によれば，「2　市町村又は市町村長は，（中略）通報又は前項に規定する届出があった場合には，当該通報又は届出に係る高齢者に対する養護者による高齢者虐待の防止及び当該高齢者の保護が図られるよう，養護者による高齢者虐待により生命又は身体に重大な危険が生じているおそれがあると認められる高齢者を一時的に保護するため迅速に（中略）老人短期入所施設等に入所させる等，適切に，老人福祉法第10条の4第1項（中略）の規定による措置を講じ（中略）るものとする。」との規定を置いており，老人福祉法上の「措置分離処分」を行使することができることとされている。

　同様に，障害者虐待防止法第9条第2項におい

必ず覚える用語

- ☐ 児童虐待防止法
- ☐ DV防止法
- ☐ 高齢者虐待防止法
- ☐ 障害者虐待防止法
- ☐ 虐待行為
- ☐ 措置分離処分
- ☐ プライバシー権

◆1　措置分離処分
自宅などで生活する高齢者や障害者が家族などから虐待が受けた場合には，被害者が人としての扱いを受けていない，さらには生命の危機に晒されていることもあり，虐待環境から切り離し被害者を緊急に救出する必要がある。行政が強制的に介入するためには，その要件と手続きを定めた法律が必要になる。高齢者の場合は老人福祉法第11条第2項，身体障害者福祉法第18条第1項，第2項，知的障害者福祉法第15条の4などが定めている。
この処分はあくまで，緊急の介入で一時的な措置なので，生活の場をどのように回復確保するか，処分と並行して検討しておく必要がある。

第 6 章
権利擁護を目的とした行政法規
第 3 節　虐待防止法と権利擁護

ても，「身体障害者福祉法第18条第 1 項（中略）による措置を講じるものとする」との規定を置いている。

　このように「分離措置処分」制度は，家庭や入所施設，高齢者介護施設が虐待環境になってしまい，そのなかに閉じ込められて，心身の障害のためそのなかから自力で脱出できない被虐待者を救出する手段として，公権力の介入を認めた制度である。公権力が私人の領域に立ち入ることは，たとえ必要性があっても，みだりに認めてはならない。これは近代国家が民間社会に多大の干渉と圧力を及ぼした過去があり，その国家に対する反発の中で国民主権が確立し，近代憲法で「国家に干渉されない権利」が確立していったことを忘れてはならない。したがって，国家の介入が必要な場合は，国会で審議して，一定の要件のもとで認める，という手続きが必要となる。つまり，公権力の介入を内容とする制度は，行政内部で自由に決められるのではなく，国民の代表で構成する国会で法律として議決する必要がある。前記各虐待防止法で被虐待者の救出のためであっても，新しい法律を制定させ，新たに公権力に権限を与えて初めて介入できるのである。

　つまり，行政や警察のように公権力が高齢者や障害者を虐待環境から何とか救出したいと思っても，家庭や施設は，その構成員の管理権の範囲内であるから，許可なく無断で立ち入りすることはできない。もし無断で他人が侵入すれば住居侵入罪，建造物侵入罪などの疑いが生じてしまう。公権力は無断で家庭内に立ち入らないという原則（**プライバシー権**[◆2]，施設管理権）があるからで

ある。

　繰り返して説明すれば，建物の中で高齢者，障害者が虐待され逃げ出せないとしたら，そのような場合にまでプライバシーが優先するのでは，絶対的に優位であるべき「人としての尊厳」が軽んじられてしまうことになる。そこで，被虐待者の生命・身体が危機に瀕しているような場合には，公権力が立ち入ることが認められなければならない。虐待防止法は，そのことを制度化する必要があったことから誕生した。

虐待防止法の課題

　この一連の虐待防止法の大きな課題は「迅速な通報」がなされる体制になっているか，である。日本の習慣として「近隣のことを役所に告げ口すること」を忌み嫌うことが多い。「閉鎖的な村社会」での結束の必要性を考えれば，互いに疑心暗鬼になるとばらばらに孤立化してしまい，団結して大きな敵に立ち向かうことができなくなる。他方で，地域が虐待家族を隠蔽してしまうこともある。また，地域の結束が崩壊し，相互に無関心な関係に陥ってしまっている場合もある。しかし，家庭内での虐待があると被害者は外に SOS を出せない以上，近隣の者が気づいて通報するしかない。通報は誤っていてもよい。誤った通報の責任は問われない。ただ，施設内虐待の場合，その職員は軽率な通報について責任を問われることがある（高齢者虐待防止法第21条 6 項カッコ書き，障害者虐待防止法第16条 3 項カッコ書き）。虐待か否かは通報を受けた機関が迅速に調査して判

断することになる。したがって通報者は見聞きしたことが虐待か否か見極めようとして，通報が遅れることこそ避けなければならない。

　次に，虐待被害を受けた障害者や高齢者については，行政による権限に基づき「措置分離処分」を行い「シェルター（施設）」に保護される。高齢者であれば，老人福祉法第10条の４，第１項により，虐待者から切り離し，入所施設に強制保護することができる。そして最終的には，「家族の再統合」が目指されなくてはならない。そのためには虐待行為を行った家族との話し合い（第三者が介入した「家族会議」のようなもの）が必要であり，その家族社会での居場所を確保することの支援も必要である。

◆2　プライバシー権

英語で「１人でそっとしておいてもらう権利」と説明されることがあり，日本では，「私生活を覗き見されない権利」と説明されることもある。これが人権の一つだということは，国などの公権力がその権限で，国民個々人の生活の様子を調査の対象として干渉することを拒否できる権利，ということになる。本文との関係でいえば，虐待事例が進行しつつあるときに，緊急に措置分離処分を発動して，被害者を救出する必要がある場合が当たる。犯罪捜査の場合は憲法や刑事訴訟法によって裁判所のチェックを経て私人の自宅に立ち入ることが認められているが，虐待防止のための立ち入り権は認められていない。しかし，私人の生活領域に行政が介入することには変わりないので，虐待防止目的の立ち入りを認めることを法律を制定しておく必要があったのである。

Close up

認知症高齢者と刑事事件

　高齢者に対する福祉サービスに関する法制度が整備されつつある現在，対応が遅れている分野の一つとして，「認知症高齢者の犯罪対応」がある。認知症が原因となって万引きなどの犯罪が発覚することが目につくようになった。法務省の発表では60歳以上の受刑者の14％，全国で約1300人に認知症傾向があると推計されており，今後も増加が見込まれている。

　認知症というだけでは刑事責任能力がないとみなされず，有罪判決になり，同種犯罪を繰り返すと実刑判決となり刑務所に収監される。しかし，認知症高齢者を刑務所に収監して社会復帰のために教育を提供することに対し，「受刑能力に問題がある」として刑の執行停止にする国も見られる。障害のある受刑者の処遇の問題と同様，残された課題であり，社会復帰を前提に受け入れのための社会資源の確保により当事者に寄り添いながら再犯防止を考えることが急務である。

第6章　権利擁護を目的とした行政法規 | 109

第4節 消費者保護と法

この節のテーマ
- 消費者契約法について知る。
- 取消権について知る。

消費者保護とは何か

現代社会で生活していると，日用品を買ったり，高価な商品を買ったりさまざまな売買をする必要がでてくる。売買契約は売主と買主との合意で成立するもので，本来はその交渉に国などが介入し干渉する必要はない。しかし，買い手と売り手とが対等に契約をするというのはフィクションで，往々にして売り手（例：大手企業）が圧倒的に情報と戦略を持って買い手（消費者個人）に働きかけることがある。そのなかで買い主をその気にさせてしまう誘い言葉や話術に乗せられて，自分の収入の範囲を超える買い物をしてしまったり，「今必要でない」「高価なもの」を買ってしまったりすることで，代金を支払えなくなり，取り立てを受けて生活が破たんしてしまうことが見られる。特に，高齢者や障害のある人がその財産管理能力や判断能力の低下に付け込まれたり，交渉の場でうまく立ち回れず言いなりになるなどにより，被害を受けることが多い。

このような被害を防止するには，売り手側にある程度の枠をはめて重要な点に説明義務を課すことにより販売行為の適性を担保しつつ，買い手側にも特別な「取消権」を認めることで救済する制度が用意されている。このような救済制度を用

意しても，支援者がその制度に気付かなければ，期間制限によって救済できなくなるおそれがあり，支援者も消費者保護に関する救済制度を理解し，使いこなせるようにしておく必要がある。売買の契約については本書第5章第2節も参照してほしい。

消費者契約法

消費者庁によれば，消費者契約法の制定により，上記のような消費者と事業者の情報力・交渉力の格差を前提とし，消費者の利益擁護を図ることになった。同法は2000年4月制定，2001年4月に施行され，2006年の法改正により消費者団体訴訟制度が導入され，2007年6月より運用されている。2008年の法改正では，消費者団体訴訟制度の対象が景品表示法と特定商取引法に，2013年の法改正では，食品表示法に拡大された。

障害者や高齢者の場合に契約における判断能力が制限されている場合が多く，民法の一般的救済制度（詐欺を理由とする取り消し（民法第96条），や虚偽表示に対する取り消し（同第94条），錯誤を理由とする無効の主張（同第95条））では，簡易迅速に救済できないことが多い。さらに，通常の消費者でも同様の被害に遭うことが多いことから，取引法における弱者救済のためにこの法

110 | 第Ⅱ部 権利擁護と法

律に制定が待ち望まれていた。福祉専門職を目指す者として、消費者契約法の理解と活用、迅速な被害救済の初期対応を踏まえておく必要がある。

この法律において「消費者」とは、個人（事業として又は事業のために契約の当事者となる場合におけるものを除く）をいうとされ（第2条）、この法律において「事業者」とは、法人その他の団体及び事業として又は事業のために契約の当事者となる場合における個人をいう。そして、「消費者契約」とは、消費者と事業者との間で締結される契約をいうとされた（同条第3号）。

つまり、事業者間での取引では、転売目的や投資目的などがあるが、その場合は、契約当事者間で互いに自己責任で、売り物の品質は大丈夫か、買い主はちゃんと代金を支払ってくれるか、契約を締結するか否か、どのような内容の契約をするかを決めればよい。しかし、日用品を購入して消費する一般市民にとっては、調査能力も情報もなく、ただ売り主を信頼し、売り主（事業者）から勧められるがままに買って（契約して）しまう。後で、「買わなければよかった」と後悔する。しかし、場合によっては、売り主に乗せられて買ってしまった買主（消費者）の判断の甘さで済ませられないこともある。

取消権

たとえば、事業者が重要事項について事実と異なることを告げた場合に、「そのとき告げられた内容が事実であるとの誤認した場合」（消費者契約法第4条1号）、また、事業者が、物品、権利、役務その他、そのときの消費者契約の目的となるものに関し、将来におけるその価額、将来において、その消費者が受け取るべき金額その他の将来における変動が不確実な事項につき断定的判断を提供した場合に、「そのとき提供された断定的判断の内容が確実であるとの誤認した場合」（第4条第2号）には、消費者はその契約を取り消すことができる。

なお、この取消権は、追認をすることができる時から6か月間行わないときは、時効によって消滅する。さらに、消費者契約の締結の時から5年を経過したときも、取り消すことができなくなるとされている（除斥期間という、同法第7条第1項）。

必ず覚える用語

☐ 取消権
☐ 消費者保護
☐ 消費者契約法

山本克司『福祉に携わる人のための人権読本』法律文化社，2009年
基本的な人権に関わるテーマを平易に紹介している。また各章ごとに「知識のチェックポイント」を紹介し，自己検証できるように工夫されている。「ソーシャルワーカーの倫理綱領」も掲載されている。

DPI日本会議『合理的配慮，差別的取扱いとは何か──障害者差別解消法・雇用促進法の使い方』解放出版社，2016年
差別解消法で「合理的配慮をしないことは差別だ」という説明がなされ，差別は何か，という理解の整理が求められるようになった。本書は，その内容をわかりやすく説明している。

 第6章

問：ゴミ屋敷に住む高齢者に対し，社会はどのようなかかわりが求められているか。

ヒント：その高齢者がそのような状態になるまでにどのようなエピソードがあったかを考えてみよう。そのエピソードについてグループで検討し，どう関わっていけば問題が解決するか考えてみよう。

第7章

権利擁護にかかわる
機関と専門職

本章で学ぶこと

● 家庭裁判所の概要と役割について理解する（第1節）。

● 法務局の概要を理解する（第2節）。

● 権利擁護における市町村の役割と社会福祉協議会の活動について理
　解する（第3節）。

● 権利擁護にかかわる専門職の活動を知る（第4節）。

第1節 家庭裁判所

この節のテーマ
- 家庭裁判所の概要を知る。
- 家庭裁判所で取り扱う事件の内容や状況を学ぶ。
- 権利擁護にかかわる家庭裁判所の役割を理解する。

家庭裁判所とは

家庭裁判所は裁判所法に基づき1949（昭和24）年1月1日に設置された下級裁判所の一種である。各都道府県において「紛争や非行の背後にある原因を探り，どのようにすれば，家庭や親族の間で起きたいろいろな問題が円満に解決され，非行に及んだ少年が再び非行に及ぶことがないようにしていけるのかということを第一に考え，それぞれの事案に応じた適切妥当な措置を講じ，将来を展望した解決を図るという理念に基づいて創設された裁判所」とされている。創設当時の標語である「家庭に光を，少年に愛を」やその後の「家庭に平和を，少年に希望を」という標語は家庭裁判所の役割を象徴しているとされている。

その後，2004（平成16）年4月1日に人事訴訟法が施行され，家庭に関する紛争の訴訟も対応することになり，2014年4月1日には国際的な子の奪取の民事上の側面に関する条約（ハーグ条約）の実施に関する法律が施行され，16歳未満の子が国境を越えて不法に日本に連れ去られた場合等における当該子の返還に関する紛争について，東京家庭裁判所と大阪家庭裁判所で対応することになった。

機構と組織，権限

家庭裁判所は各都道府県庁所在地と函館市，旭川市，釧路市の50か所に置かれており，全国203か所に支部，77か所に出張所が設置されている。職員は他の裁判所と同様に，裁判官，裁判所書記官，裁判所事務官等がいるが，このほかに家庭裁判所調査官（補）と医師または看護師である裁判所技官がいる。また家事調停には調停委員制度があり，家事審判及び人事訴訟については**参与員**制度がある。

家庭裁判所の権限は，裁判所法第31条の3により，①家事事件手続法で定める家庭に関する事件の審判及び調停，②人事訴訟法で定める人事訴訟の第一審の裁判，③少年法で定める少年の保護事件の審判，④この法律に定めるものの外，他の法律において特に定める権限を有する，とされている。

家庭裁判所の取り扱う事件と手続

① 家事事件

家事事件は家事事件手続法に規定された家事審判事件と家事調停事件に分かれている。

家事審判事件は，紛争性のない家事手続法別表

第一に掲げる事項と，紛争性があって家事調整の対象にもなる同法別表第二に掲げる事項に関する事件に分かれている。

別表第一事件は，公益的性格が強く紛争性がないため審判のみによって取り扱われ，家庭裁判所が後見的な立場から関与する事件である。子の氏の変更の許可，相続放棄，名の変更の許可，後見開始，養子縁組の許可等がある。

別表第二事件は，紛争性があるため，まずは自主的な解決を目指すが，審判の他に調停によっても取り扱われる。親権者の指定・変更，遺産分割，養育費の請求等の子の監護に関する処分，婚姻費用の分担等がある。

家事調停事件は，家庭に関する紛争に関することであり別表第二事件のほか，夫婦間の離婚が代表的である。

② 家事手続

まずは原則として当事者または利害関係人が家庭裁判所に解決すべき内容や事情等を記載した申立書を提出することから始まる。家事審判事件は，担当裁判官が申立書，家庭裁判所長官による調査結果，自らの審問の結果等に基づき判断される。

家事調停事件は，裁判官，**家事調停官**，**家事調停委員**◆1によって構成された調停委員会で当事者・関係者からの意見を聞きながら話し合い，その上で，中立の立場から適切な解決につなげるためのあっせんを行う。

審判事件の場合，審判に不服があるときは一定期間内に不服申立てすることができ高等裁判所での審理を求めることができる。**調停事件**◆2の場合

必ず覚える用語

☐ 家庭裁判所
☐ 参与員
☐ 家事事件
☐ 家事調停官
☐ 家事調停委員
☐ 審判事件
☐ 強制執行
☐ 人事訴訟事件
☐ 少年保護事件
☐ 犯罪少年
☐ 触法少年
☐ 虞犯少年
☐ 送致

◆1　家事調停委員
家庭裁判所で裁判官と共に調停委員会を組織して家事調停を行うほか，調停事件に関して意見を述べたり関係人の意見の聴取を行ったりする非常勤の国家公務員。最高裁判所が弁護士資格者，専門的知識経験者，または社会生活上の知識経験の豊富な者で，しかも人格識見の高い者のなかから任命する。11,803人いる（2017.4.1現在）。家事調停では離婚や相続をめぐる争いのような夫婦・親子・親族など家庭に関する紛争を扱う。

◆2　調停事件
調停は，話し合いによりお互いが合意することで紛争の解決を図る手続である。調停には民事調停，特定調停（民事調停の特例），家事調停がある。民事調停には，土地・建物・部屋のもめごと，交通事故，近隣とのもめごと，建築紛争，パワハラ・セクハラ，給料・退職金，債務過払いなどがある。特定調停は，サラ金・クレジット等の借金（多重債務）の返済や，事業主等の特定債務者が負っている金銭債務に係る利害関係の調整を図るために，民事調停の特例として定められた制度である。家事調停では離婚や相続をめぐる争いのような夫婦・親子・親族など家庭に関する紛争を扱う。

第7章
権利擁護にかかわる機関と専門職
第1節　家庭裁判所

は，全員の合意で成立するので不服申立ては予定
されていない。審判や調停結果による金銭支払等
の義務が履行されない場合は，支払等を受ける権
利のある者の申出により，家庭裁判所が事情を調
べた上で義務の履行に関する勧告や命令，**強制執**
行の手続きも利用できる。

　家事事件は年々増加しており，2016年には総数
で100万件を超えた（**図7-1**）。とりわけ家事審判
事件が多く，中でも成年後見関係は35％以上に増
加している。

　現在，国は成年後見制度促進法に基づく成年後
見制度利用促進基本計画により地域連携ネット
ワークの構築や中核機関の整備を進めているが，
そこでは成年後見事件の増加に伴う体制整備も
合わせて検討されている。

人事訴訟事件

　人事訴訟事件とは，人事訴訟法で定められた事
件で，夫婦の離婚，子供の認知等の夫婦，親子等
の関係をめぐる訴訟である。

　家事調停は調停委員会のあっせんによる自主
的な合意で解決するが，人事訴訟は当事者双方が
言い分を述べ，証拠を出し合った上で裁判官の判
決等で解決を図る手続きである。

　訴訟は原告（訴えを起こす人）に始まり，それに
対して被告（訴えをおこされた人）は答弁書を提
出する。その後の審理では，口頭弁論，争点・証
拠の整理，証拠調べ等がある。人事訴訟の審理に
は，国民の良識を反映させる趣旨から，国民の中
から選ばれた参与員が立ち会い意見を述べるこ

とがある。また子供の親権者の指定・変更等では
家庭裁判所調査官に事実の調査が命じられる場
合もある。

　審理の結果，法律に基づいて判決が下される。
判決に不服のある場合は，2週間以内に不服申立
てを行えば高等裁判所での審理を求めることが
できる。

少年保護事件

　少年保護事件（以下，少年事件という）とは，
20歳未満の罪を犯した，または犯すおそれのある
少年（この場合は男子・女子両方を指す）等の事
件である。

　家庭裁判所が取り扱う少年事件は，①罪を犯し
た14歳以上20歳未満の少年（**犯罪少年**），②14歳
に満たないで刑罰法令に触れる行為をした少年
（**触法少年**），③保護者の正当な監督に服しない等
の不良行為があり，その性格または環境に照らし，
将来，罪を犯しまたは刑罰法令に触れる行為をす
るおそれのある少年（**虞犯少年**）などの事件であ
る。

　家庭裁判所が少年事件を受理すると，裁判官は
家庭裁判所調査官に調査を命じ，非行の原因や抱
えている問題等について調査を行う。調査方法は
事情聴取や心理テスト，家庭や学校等の訪問調査
等がある。

　家庭裁判所は，審判を行うため必要があるとき
は，観護措置の決定により，少年を少年鑑別所に
送致する。この場合，少年鑑別所は，送致された
少年を収容して，医学，心理学，教育学，社会学

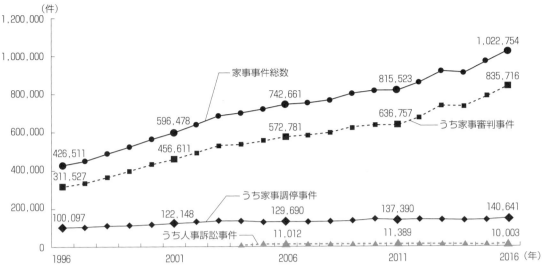

図7-1 家事事件の新受件数の推移（家庭裁判所）

注：(1) 数値は、『司法統計年報（家事編）』「家事事件の種類別新受、既済、未済件数―家庭裁判所別」によるもの。
(2) 家事事件の審判・調停手続については、2013年（平成25年）1月1日、「家事事件手続法（平成23年法律第52号）」が施行され、家事審判法（昭和22年法律第152号）は廃止された。従って、2012年までは家審法に基づく各事件につき計上しており、2013年以降は、家審法適用の各事件につき計上している。

出所：日本弁護士連合会（2017）『弁護士白書』日本弁護士連合会，109。

その他の専門的知識及び技術に基づいて，鑑別（審判鑑別）を行うとともに，必要な観護処遇を行う。少年鑑別所は，2017（平成29）年4月1日現在，全国に52庁（分所1庁を含む）が設置されている。(2)

裁判官は調査結果に基づき，審判の要否を決定する。少年が事実を認め，かつ，事案が軽微で再非行のおそれが低い等の場合は「審判不開始決定」を行う手続きを終了させる場合もある。審判は少年と保護者のほか，付添人（弁護士が多い），学校の先生，雇主，保護司等が出席する場合もある。審判は公開の手続きではないので一般の傍聴は認められていない。裁判官は，調査や審判の結果に基づいて少年の処分を決定する。処分には保護観察，少年院送致，児童自立支援施設送致などの保護処分がある。少年が非行を反省している場合は，裁判官が訓戒等の指導を行い不処分にすることもある。

また犯行時14歳以上の少年について，非行歴や事件の内容等から刑事裁判によって処罰するのが相当と判断される場合は，検察官に**送致**することもある。なお，少年が故意の犯罪行為により被害者を死亡させ，犯行時に16歳以上であった場合には，原則として検察官送致となる。事件を送致された検察官は，基本的には少年を地方裁判所または簡易裁判所に起訴しなければならない。

以上の最終的な処分のほかに，試験観察という中間的な措置がとられることもある。この場合は，試験観察の結果をみてから最終的な処分が行われる。

注 (1) 「家庭裁判所のあらまし」（平成28年10月最高裁判所）（http://www.courts.go.jp/vcms_lf/h29aramashi1.pdf）（2018年10月12日）。
(2) 法務省法務総合研究所（2017）『平成29年版犯罪白書』昭和情報プロセス。

第2節 法務局

この節のテーマ
- 法務局の概要を知る。
- 権利擁護にかかわる法務局の役割を学ぶ。

組織

　法務局は法務省の地方支分部局であり、全国を8ブロックの地域に分け、各ブロックを受けもつ機関として「**法務局**」（全国8か所）がある。この法務局の下に、都道府県を単位とする地域を受けもつ「**地方法務局**」（全国42か所）が置かれている。法務局、及び地方法務局には、その出先機関として支局と出張所がある。

役割

　法務局及び地方法務局は、法務省設置法第18条第1項により、法務省の所掌事務（同法第4条）のうち、次の事務と法律（法律に基づく命令を含む）に基づき法務省に属させられた事務を行うとされている。

- 国籍、戸籍、登記、供託及び公証に関すること。
- 司法書士及び土地家屋調査士に関すること。
- 第一号及び前二号に掲げるもののほか、民事に関すること。
- 人権侵犯事件に係る調査並びに被害の救済及び予防に関すること。
- 人権啓発及び民間における人権擁護運動の助長に関すること。
- 人権擁護委員に関すること。
- 人権相談に関すること。
- 総合法律支援に関すること。
- 国の利害に関係のある争訟に関すること。

主な業務[1]

① 戸籍事務への助言等

　戸籍制度は、国民の一人ひとりの出生から死亡に至るまでの親族関係を登録し、公証する制度で、法務局では、管轄区域内の市区町村に対し、助言、勧告、指示等を行っている。

② 国籍事務

　法務局では、外国人の帰化許可申請などの受付、審査など、国籍に関する業務も行っている。

③ 登記制度

　登記には、不動産登記、相続登記、商業・法人登記、成年後見登記がある。不動産登記は、土地や建物の所在・面積のほか、所有者の住所・氏名などについて、登記官（法務局職員）が登記簿に記録を行い、一般公開することである。相続登記は、不動産の所有者（登記名義人）が死亡した際に行う所有権の移転の登記である。商業・法人登記は、商号や代表者名など、会社・法人の重要な情報を登記簿に記録して公示することである。**成年後見登記**は、成年後見等が開始した場合に、東

京法務局において本人（成年被後見人等）と成年後見人等の本籍，住所，氏名等が登記され，この登記に基づいて，全国の法務局では成年後見登記に関する証明書を発行している。

④ 供託制度

供託とは，供託者が，ある目的（債務の弁済など）をもって，金銭などを供託所（法務局）に提出し，最終的に供託所がその財産をある人（被供託者）に取得させることによって，その目的を達成させるための制度である。

⑤ 人権擁護事務

法務局は，**人権擁護局**のもと，全国の約14,000人の**人権擁護委員**と連携して，人権侵犯事件にかかる調査・被害の救済・予防や人権尊重の理念を広めるための人権啓発活動などを行っている。

⑥ 訟務事務

訟務とは，国を当事者とする訴訟等について，国を代表し，国の立場から裁判所に対する申立てや主張・立証などの活動である。訟務事務を行う法務局の職員は，国の指定代理人として，法と証拠に基づいた適正な訴訟活動を行う。また，行政庁からの求めに応じて，政策実行前の段階から，提訴リスクや敗訴リスクに関する法的助言を行うことで，紛争を未然に防止するための活動（予防司法支援）も行っている。

必ず覚える用語

- [ ] 法務局
- [ ] 成年後見登記
- [ ] 人権擁護局
- [ ] 人権擁護委員

法務局の沿革

1947年5月3日：新憲法，裁判所法施行。裁判所から「司法事務局」として独立。「戸籍，登記，供託，公証，司法書士等に関する事務」を所掌する行政機関として発足。

1949年6月1日：「法務局及び地方法務局」と改称。「訟務及び人権擁護に関する事務」が所掌事務に加わる。

1950年7月1日：「国籍に関する事務」が所掌事務に加わる。

1950年7月31日：「土地台帳及び家屋台帳に関する事務」として税務署から移管されたが，台帳と登記簿が一元化され，表示登記制度が創設された。

1960年4月1日：「表示に関する登記の事務」が所掌事務に加わる。

1998年：債権譲渡登記。

2000年：成年後見登記及び商業登記に基礎を置く電子認証。

2005年：動産譲渡登記。

2006年：筆界特定の各事務を所掌事務に加える。

出所：法務省民事局（2017）「国民の権利と財産を守る法務局」（パンフレット）。

注

(1) 法務省民事局（2017）「国民の権利と財産を守る法務局」（パンフレット）。

第3節 市町村と社会福祉協議会

この節のテーマ
- 権利擁護における市町村の役割を理解する。
- 権利擁護にかかわる社会福祉協議会の事業や活動について学ぶ。
- 「権利擁護支援センターの機能と役割や活動状況について知る。

市町村と権利擁護

　まず最初に市町村の状況をみていく。地方自治法では，市町村は，基礎的な地方公共団体であること（第2条第3項），「地方公共団体は，住民の福祉の増進を図ることを基本として，地域における行政を自主的かつ総合的に実施する役割を広く担うものとする」（第1条の2第1項）と規定されている。2018年10月1日現在で，全国市区町村は1741（792市，23区，743町，183村）となっている。このうち，人口10万人以上は283か所，人口5万人以上は537か所，人口1万人以下は520か所となっている。

　権利擁護における市町村の役割としては，「高齢者虐待の防止，高齢者の養護者に対する支援等に関する法律」や「障害者虐待の防止，障害者の養護者に対する支援等に関する法律」において虐待対応の中心として位置付けられていることがあげられる。

　成年後見制度における市町村の役割としては，**市町村長申立て**があげられる。これは成年後見制度の利用を必要とする人に申立人がいない場合等に市町村長が申立てを行うしくみである。市町村長申立ては，2007（平成19）年から急激に増加しており，これは成年後見制度の周知が進んだこ

と，入所施設や金融機関等で成年後見人等を求められる機会が増えたことと共に，虐待防止法による市町村の対応のなかでニーズが顕在化したことも一因と考えられる。

　市町村長申立ては，その後も増加しており，2017年には7,000件を超え，総数に占める割合も19.8％になっている。（図7-2）

　しかし，手続きに時間を要することも多く，緊急対応等が難しい等の課題もある。親族照会や関係書類の確保等，行政職員による対応だけでは難しいこともあることから行政内に専門職を確保したり，専門職団体等への委託等を含めて体制整備をしている自治体もある。

　市町村長申立ての根拠は，老人福祉法第32条，知的障害者福祉法第28条，精神保健及び精神障害者福祉に関する法律第51条の11の2に規定されている。また合わせて老人福祉法第32条の2で「市町村は，前条の規定による審判の請求の円滑な実施に資するよう，民法に規定する後見，保佐及び補助（以下「後見等」という。）の業務を適正に行うことができる人材の育成及び活用を図るため，研修の実施，後見等の業務を適正に行うことができる者の家庭裁判所への推薦その他の必要な措置を講ずるよう努めなければならない」と規定され，市民の権利擁護支援の対応として成年後見制度の利用に関する体制整備等が位置づ

けられた。同様の規定は知的障害者福祉法第28条の2及び精神保健及び精神障害者福祉に関する法律第51条の11の3にも規定されている。これらは地域の後見人材の確保のための市民後見人の養成等の取り組みにつながっている。

成年後見制度利用支援事業

成年後見制度利用支援事業は、成年後見制度利用促進のための広報・普及活動の実施や成年後見制度の利用に係る経費に対する助成を内容としている。成年年後見制度の利用助成では、当初は「制度利用のニーズがない」等を理由にして取り組みが進まなかったがようやく実施率が向上してきた。

しかし、実施状況には地域間に大きな格差もあり、未だに市町村長申立てのみや生活保護受給者に限る等の制限を付けているところも多く実効性の向上が求められる。

権利擁護支援センター等の整備

国も成年後見制度利用促進基本計画では、中核機関設置を求めているが、すでに市町村では独自に**権利擁護支援センター**や成年後見センター等を設置しており年々増加している。

兵庫県芦屋市では2010（平成22）年5月から、西宮市では2011（平成23）年4月から実施している。またこれに先駆けて岐阜県では東濃後見センター、愛知県では知多地域成年後見センター、尾張東部成年後見センターが、いずれもいくつかの

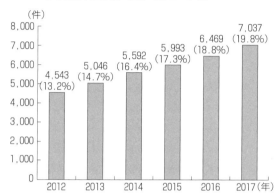

図7-2 市町村長申立件数の推移（2012～17年）

注：後見開始、保佐開始、補助開始及び任意後見監督人選任事件の終局事件を対象としている。カッコ内は総数に占める割合（％）。
出所：「成年後見制度の現状（平成30年5月）」（第1回成年後見制度利用促進専門家会議資料）より抜粋。

第7章
権利擁護にかかわる機関と専門職
第3節　市町村と社会福祉協議会

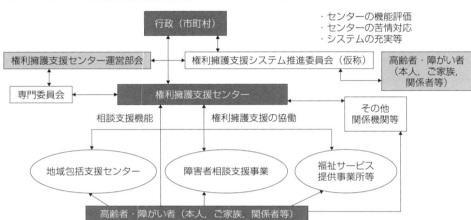

図7-3　地域における総合的な権利擁護支援システム（イメージ図）

出所：「成年後見制度の現状（平成30年5月）」（第1回成年後見制度利用促進専門家会議資料）より抜粋。

市町が共同で設置した広域型で運営されている。

地域の権利擁護支援の中核的な役割を担う機関は，市町村が地域の権利擁護支援ニーズを把握して，その地域に必要な機能と役割を担えるシステム作りが必要である（**図7-3**）。

地域の権利擁護支援の推進

市町村で取り組む成年後見に関する事業としては，このほかに権利擁護人材育成事業や成年後見制度法人後見支援事業がある。**権利擁護人材育成事業**は，「認知症高齢者等の状態の変化を見守りながら，介護保険サービスの利用援助や日常生活上の金銭管理など，成年後見制度の利用に至る前の支援から成年後見制度の利用に至るまでの支援が切れ目なく，一体的に確保されるよう，権利擁護人材の育成を総合的に推進する」ための事(1)業で，市民後見人の養成や専門職との連携を確保するための取り組み等を行っている。

成年後見制度法人後見支援事業は，障害分野で市町村地域生活支援事業の必須事業として位置付けられている。「成年後見制度における後見等の業務を適切に行うことができる法人を確保できる体制を整備するとともに，市民後見人の活用も含めた法人後見の活動を支援することで，障害者の権利擁護を図ることを目的とする」(2)事業であり，法人後見実施のための研修や地域の状況把握，法人後見推進のための検討会等の実施，法人後見の適正な活動のための支援等を行っている。

権利擁護支援の一つの方法としての成年後見制度の利用を保障していくことは，市民が安心して暮らせるための地域生活のセーフティネットの充実につながっている。

社会福祉協議会とは

社会福祉協議会（以下，社協という）は，行政関与によって戦前から戦中に設立した民間慈善団体の中央組織・連合会（「中央慈善協会」等）及びその都道府県組織を起源とする組織で，全国，都道府県，特別区，政令指定都市（区＝行政区），市町村単位で組織している。

市町村社会福祉協議会は，社会福祉法において「地域福祉の推進を図ることを目的とする団体」として位置付けられている。（第109条）また具体的な事業としては，①社会福祉を目的とする事業の企画及び実施，②社会福祉に関する活動への住民の参加のための援助，③社会福祉を目的とする事業に関する調査，普及，宣伝，連絡，調整及び助成，④前三号に掲げる事業のほか，社会福祉を目的とする事業の健全な発達を図るために必要な事業と規定されている。

現在，全国社会福祉協議会（全社協）1か所，都道府県社協・政令指定都市社協67か所，市町村社協1851か所がある（2015年4月現在）[3]。

日常生活自立支援事業の実践

社協の権利擁護活動として**日常生活自立支援事業**があげられる。これは地域福祉権利擁護事業（2007年度から日常生活自立支援事業の名称）として1999年10月より開始され，判断能力が不十分な状態にあるが，事業の契約内容について判断し得る能力を有していると認められる高齢者や障

必ず覚える用語

- ☐ 市町村長申立て
- ☐ 成年後見制度利用支援事業
- ☐ 権利擁護支援センター
- ☐ 権利擁護人材育成事業
- ☐ 成年後見制度法人後見支援事業
- ☐ 社会福祉協議会
- ☐ 日常生活自立支援事業

第 7 章
権利擁護にかかわる機関と専門職
第 3 節　市町村と社会福祉協議会

害者を対象として，日常的な金銭管理や福祉サービスの利用援助等を内容とした支援である。法的には社会福祉法の福祉サービス利用援助事業として位置付けられるが，厚生労働省の補助事業として都道府県社協または指定都市社協が実施主体となり市町村社協が委託を受けて実施している。

　地域における利用ニーズは増大しているが，補助金を基本とした支援体制が脆弱であることから利用希望に応えられない状況もある。また契約を基本とした事業であるため支援を必要としながらも利用に結び付かない場合やサービスを利用している高齢者の認知状態が悪化して契約を維持することができない状況が発生する等の課題がある。

　こうした日常生活自立支援事業の実践を通して成年後見制度の利用に対応していくことが社協の課題となった。

法人後見と権利擁護センター等の取り組み

　地域の成年後見制度の利用ニーズが高まるなかで，その担い手の確保が大きな課題となった。その役割を社協に求める行政や前に示した日常生活自立支援事業の実践を通した社協自体の課題意識から，社協による法人後見や成年後見制度の利用支援を含めた権利擁護センター等の取り組みが進んでいる。

　全国社会福祉協議会の2012年の調査では社協による**法人後見**[1]の受任体制があるのは181か所，うち「現在受任しているケースがある」のは131

か所である。また「権利擁護センター等」を設置している市町村社協は176か所，指定都市社協は12か所，合計188か所となっている。なお，この調査における「権利擁護センター等」は，「高齢者や障害者，日常生活上の判断に不安のある方が地域で安心して生活できるよう，日常生活全般，財産の管理，消費・契約上の問題に関する相談にのったり，成年後見制度や日常生活自立支援事業等の利用を支援したり，見守りネットワークを運営したりする専門機関」と定義づけられている。

　その後の経過の中で，社協の法人後見の受任件数は1,043件となっており，「権利擁護センター等」も成年後見制度利用促進基本計画が進行する中で増加していると考えられる。

　ますます高まる地域の権利擁護支援ニーズに対して，地域が社会福祉協議会に寄せる期待は大きい。現在の日本において権利擁護支援は地域福祉の一つの課題である。地域福祉の推進という目的のためにも取り組みを進めることが求められている。

◆1 法人後見

2000（平成12）年以降の新しい成年後見制度では，後見人等を個人ではなく法人が行えるようになった。法人による組織的な後見活動は，複雑で難しい状態の方や長期間にわたる若年の知的障害者等への対応に適していると考えられている。社会福祉法人，NPO法人，一般社団法人等が担っている。「成年後見事件の概況（平成29年1月〜12月）」では，社会福祉協議会（社会福祉法人）が1,043件，「その他の法人」が1447件受任している。

Close up

権利擁護支援センターの活動（芦屋市）

兵庫県芦屋市（人口94987人，2018年7月）は，2010（平成22）年7月に市の独自事業として「芦屋市権利擁護支援センター」を設置（特定非営利活動法人PASネットに委託，2013年度より芦屋市社会福祉協議会と共同で運営）した。これが「権利擁護支援」を冠した日本で初めてのセンターである。そこでは主に，①権利擁護に関する専門相談，②虐待等の権利侵害への対応及び権利擁護に関する専門的支援，③成年後見制度の利用に関する相談等の専門的支援等が行われている。

芦屋市の権利擁護支援にかかわる取り組みは2006年度から始まる。芦屋市では「高齢者虐待対応に関するアンケート調査」を実施した結果，潜在的なニーズを含めて虐待対応のしくみづくりの必要性を強く感じて「高齢者権利擁護委員会」を設置し，高齢者虐待対応フローや支援マニュアルの作成を行った。またそのなかで厚生労働省の助成事業として地域の権利擁護支援ニーズの調査や権利擁護専門相談等の取り組みも行い，地域における権利擁護支援システムの構築及び，権利擁護支援センター設置につなげた。

2017年度の新規相談件数は160件，継続相談件数は2536件である。虐待対応も権利擁護支援センターの役割に位置付け一定の実績を上げている。またマニュアル改訂の作業も継続的に取り組んでいる。成年後見制度の担い手養成や確保の点では，「権利擁護支援者養成研修」に取り組み，人材バンクに登録された市民は「後見活動支援員（法人後見）」や日常生活自立支援事業や福祉サービス利用援助事業の生活支援員，介護相談員派遣事業の相談員等の多様な活動に参加している。

注

(1) 「成年後見制度の現状（平成30年5月）」（第1回成年後見制度利用促進専門家会議資料）より抜粋。
(2) 同前資料。
(3) 厚生労働省（2015）『厚生労働白書平成27年版（資料編）』日経印刷，195。
(4) 2001（平成13）年から地域の権利擁護支援システムの構築を目指して法律職と福祉職を中心とする他職種連携による権利擁護支援の実践を行い，2004（平成16）年にNPO法人として認証。当初より筆者が代表を務めている。2011（平成23）年度より西宮市の権利擁護支援センターも社会福祉協議会と共に共同受託している。

第4節 権利擁護にかかわる専門職の役割

この節のテーマ
- 弁護士及び弁護士会の権利擁護に関する活動について理解する。
- 司法書士及びリーガルサポートの活動について知る。
- 権利擁護にかかわる社会福祉士の役割について学ぶ。

弁護士の役割

権利擁護という言葉は法律用語として確立しているわけではない。しかし，権利擁護の担い手としてはまず弁護士があげられる。それは弁護士が「基本的人権を擁護し，社会正義を実現することを使命とする」[1]ためではないだろうか。

弁護士は年々増加し，2017年3月31日現在で38,980人（内女性は7,179人）[2]である。弁護士は，法廷活動，紛争予防活動，人権擁護活動，立法や制度の運用改善に関与する活動，企業や地方公共団体などの組織内での活動など，社会生活のあらゆる分野で法律の専門家として活動している。[3]

日本弁護士連合会では，さまざまな人権擁護活動を行っているが，高齢者・障害者の権利擁護では，「高齢者・障害者の権利に関する委員会」を設置して，「①高齢者・障がい者の権利及び制度に関する総合的調査・研究・提言，②各弁護士会が行っている高齢者・障がい者問題に関する諸活動の連絡・調整及び支援，③その他，高齢者・障がい者の権利や制度を充実・発展させるための諸活動」[4]を行っている。また全国各地の単位弁護士会には高齢者・障害者支援センターが設置されている。

具体的な活動としては，高齢者・障害者の虐待防止に関する取り組みとして，社会福祉士会と行っている「高齢者虐待対応専門職チームの設置・派遣」がある。これは虐待対応における判断や具体的な対応方法に関して，法的枠組み及びソーシャルワークの観点からチームとして助言を行うものである。[5]また各地の権利擁護支援センター等で行っている「権利擁護専門相談」への協力もしている。たとえば，兵庫県芦屋市や西宮市の権利養護支援センター，兵庫県篠山市や大阪府堺市の権利擁護サポートセンターではいずれも「権利擁護専門相談」を法律職と社会福祉士（センター職員）が協働して対応している。

消費者被害への対応も各地域の弁護士会で行っている。兵庫県弁護士会では「消費者被害救済センター」を設置して先物被害，証券取引被害，インターネットトラブル，欠陥住宅など，さまざまな消費者被害に対応している。[6]他に，都道府県の精神医療審査会の委員として加わり，入院患者の退院請求の調査に加わっている。

また2002年度から年1回，「高齢者・障害者権利擁護の集い」を全国各地で開催しており，2017年度は「意思決定支援」をテーマに八王子市で開催された。2018年度は，「罪に問われた障がい者・高齢者に対する支援と虐待問題について」をテーマに函館市で開催された。

成年後見と弁護士

成年後見制度では，専門職後見人として弁護士は2016年7,967件受任している。[7] 各弁護士会では，2016年5月に施行された成年後見制度利用促進法に基づく基本計画等に，さまざまな形で対応している。

東北弁護士会連合会では，2018年7月に「成年後見制度利用促進のための多職種による広域的な連携協働体制の整備及び経済的支援の拡充を求める決議」[8] を発表して，広域的な地域連携ネットワーク構築と中核機関整備の必要性や市町村における首長申立てと後見人等の担い手の確保，成年後見制度利用支援事業の実施と助成対象拡大の必要性を訴えている。

大阪弁護士会では，大阪家庭裁判所，司法書士会，社会福祉士会と共に意思決定支援研究会を結成して「意思決定支援を踏まえた成年後見人等の事務に関するガイドライン」[9] を作成した。

日本司法支援センター
（愛称：法テラス）

弁護士に関係した取り組みとして**日本司法支援センター（法テラス）**がある。日本司法支援センターは，総合法律支援法（平成16年6月2日公布）に基づき，独立行政法人の枠組みに従って設立された法人で，総合法律支援に関する事業を迅速かつ適切に行うことを目的としている（総合法律支援法第14条）。愛称の法テラスは，「相談する方々のもやもやとした心に光を「照らす」場とい

必ず覚える用語

- ☐ 弁護士
- ☐ 日本司法支援センター（法テラス）
- ☐ 司法書士
- ☐ リーガルサポート
- ☐ 社会福祉士

第7章
権利擁護にかかわる機関と専門職
第4節　権利擁護にかかわる専門職の役割

う意味を込めて造語したもの」で，「悩みを抱えている方々にくつろいでいただける「テラス」（燦々と陽が差し，気持ちの良い場所というイメージを持つ。）のような場でありたいという意味」[10]も込められている。業務としては，①情報提供業務，②民事法律扶助業務，③司法過疎対策業務，④犯罪被害者支援業務，⑤国選弁護等関連業務，⑥受託業務がある。民事法律扶助業務は，経済的に余裕がない方が法的トラブルにあった時に，無料で法律相談を行い（「法律相談援助」），弁護士・司法書士の費用の立替えを行う（「代理援助」「書類作成援助」）業務である。生活保護受給者は，償還免除もある。

司法書士の役割

　司法書士とは司法書士法に基づく国家資格である。日本における司法書士の歴史は古く，その起源は1872（明治5）年の司法職務定制にさかのぼる。この第10章「証書人・代書人・代言人職制」の中に法制度を支える3つの基本的な職能が定められた。その中の「代書人」が現在の司法書士である。ちなみに「代言人」は現在の弁護士である。

　司法書士法では，「（目的）第1条　この法律は，司法書士の制度を定め，その業務の適正を図ることにより，登記，供託及び訴訟等に関する手続の適正かつ円滑な実施に資し，もつて国民の権利の保護に寄与することを目的とする。（職責）第2条　司法書士は，常に品位を保持し，業務に関する法令及び実務に精通して，公正かつ誠実にその

業務を行わなければならない。」と規定されており，これを受けて「司法書士倫理」では，「司法書士の使命は，国民の権利の擁護と公正な社会の実現にある」と明記されている。

　司法書士の業務は，司法書士法第3条や司法書士法施行規則第31条に規定され，その内容は概ね下記のようになる。[11]

　①登記又は供託手続の代理
　②（地方）法務局に提出する書類の作成
　③（地方）法務局長に対する登記，供託の審査請求手続の代理
　④裁判所または検察庁に提出する書類の作成，（地方）法務局に対する筆界特定手続書類の作成
　⑤上記①～④に関する相談
　⑥法務大臣の認定を受けた司法書士については，簡易裁判所における訴額140万円以下の訴訟，民事調停，仲裁事件，裁判外和解等の代理及びこれらに関する相談
　⑦対象土地の価格が5600万円以下の筆界特定手続の代理及びこれに関する相談
　⑧家庭裁判所から選任される成年後見人，不在者財産管理人，破産管財人などの業務

司法書士と成年後見

　成年後見制度とのかかわりでは，司法書士は二つの役割がある。一つは家庭裁判所に提出する書類の作成等の申立て支援である。今一つは成年後見人等の受任である。2017年に司法書士は9,982件受任しており，専門職後見人の中で一番受任件数が多い。[12]

また成年後見センター・**リーガルサポート**の活動もある。リーガルサポートは，1999（平成11）年12月に全国の司法書士によって設立された。リーガルサポートの事業は定款第4条に規定されており，①任意後見人，成年後見人，保佐人及び補助人の養成，推薦及び指導監督，②任意後見監督人，成年後見監督人，保佐監督人及び補助監督人の養成，推薦及び指導監督を基本に，財産管理及び身上監護の事務や遺言執行事務の指導監督等，多岐にわたっている。

社会福祉士の役割

社会福祉士は，「社会福祉士及び介護福祉士法」に位置付けられた名称独占資格の国家資格である。同法の第2条（定義）で，社会福祉士とは「専門的知識及び技術をもって，身体上若しくは精神上の障害があること又環境上の理由により日常生活を営むのに支障がある者の福祉に関する相談に応じ，助言，指導，福祉サービスを提供する者又は医師その他の保健医療サービスを提供する者その他の関係者との連携及び調整その他の援助を行うことを業とする者」とされている。2017年12月末現在，213,273人の資格者が登録している。

社会福祉士の多くは高齢者福祉関係（43.7％）に就労して，相談員・指導員（34.0％）を担っている。また主な勤務先は社会福祉施設等（40.8％）で，地域包括支援センター（8.3％）や社会福祉協議会（7.7％），行政（5.9％）にも勤務している。多様な福祉分野で専門性を発揮しているが，権利[13]擁護の関係では，相談支援を基本に虐待対応や成年後見を担っている。2017年の成年後見の受任件数は4,412件である。さまざまな分野で意思決定[14]支援の取り組みが求められる中で，社会福祉士への期待は大きい。

注
(1)　「弁護士法」第1条第1項（弁護士の使命）。
(2)　日本弁護士連合会（2017）『弁護士白書2017年版』日本弁護士連合会ホームページ30-31。
(3)　日本弁護士連合会ホームページ「弁護士の役割」（https://www.nichibenren.or.jp/jfba_info/lawyer/mission.html）（2018年10月14日）。
(4)　同前ホームページ，「高齢者・障害者の権利（高齢者・障害者の権利に関する委員会）」。
(5)　同前ホームページ，「弁護士会と社会福祉士会が行っている『虐待対応専門職チーム』をご紹介します」。
(6)　兵庫県弁護士会ホームページ（http://www.hyogoben.or.jp/konnatoki/index-11.html）。
(7)　裁判所ホームページ「成年後見事件の概況――平成29年1月～12月」（http://www.courts.go.jp/vcms_lf/20180622kkoukengaikyou_h29.pdf）。
(8)　東北弁護士会連合会ホームページ（https://www.t-benren.org/statement/211）。
(9)　大阪弁護士会ホームページ（http://www.osakaben.or.jp/info/2018/2018_0510.php）。
(10)　法テラスホームページ「法テラスの由来」（https://www.houterasu.or.jp/houterasu_gaiyou/corporate_identity.html）。
(11)　日本司法書士会連合会ホームページ「司法書士の業務」（http://www.shiho-shoshi.or.jp/consulting/business.html）。
(12)　前掲(7)。
(13)　厚生労働省「第13回社会保障審議会福祉部会福祉人材確保専門委員会」資料（平成30年2月15日）。
(14)　前掲(7)。

第7章　権利擁護にかかわる機関と専門職 | 129

永田祐・堀善昭・生田一朗・松宮良典『よくわかる権利擁護と成年後見制度（改訂版）』ミネルヴァ書房，2017年
権利擁護と成年後見制度について初心者にもわかりやすく事例をもとに簡潔にまとめられている。実践現場のリアリティが感じられるように工夫されている。

小賀野晶一・公益社団法人東京社会福祉士会編『社会福祉士がつくる身上監護ハンドブック（第2版）』民事法研究会，2016年
成年後見制度の身上監護について目的や理念の基本的な内容と具体的な実務についてまとめられている。現場で成年後見の実務を担っている社会福祉士の経験をもとに構成されている。

清永聡『家庭裁判所物語』日本評論社，2018年
2019年に70年を迎える家庭裁判所のルーツと歴史を物語風に綴っている。「家庭裁判所の父」とはなんであろうか。家庭裁判所の船出から東日本大震災にかかわるエピソードまで，ていねいに取材されたルポである。

 第7章

問：あなたが家族の誰かとトラブルになってしまった。誰に相談し，協力してもらい，どの機関に対応を希望すればいいか？「トラブル」の内容を課題として整理し，複数考えて課題ごとにシミュレーションしてみよう。

ヒント：各機関の機能と役割，各専門職の特性等を理解して，「課題」とマッチングしてみよう。具体的な内容をイメージして考えてみよう。

第 III 部

成年後見制度の実際

第 **8** 章

成年後見制度の理解と活用

本章で学ぶこと

●成年後見制度の理念を学ぶ（第1節）。

●法定後見制度と任意後見制度を理解する（第2・3節）。

●成年後見制度の動向を理解する（第4節）。

第1節 成年後見制度の理念

この節のテーマ
●行為能力について学ぶ。
●成年後見制度の制度理念を理解する。

成年後見制度の概観

① 契約行為

社会生活は**法律行為**[◆1], 契約の連続であるといっても過言ではない。

たとえば, マンションを借りるのは賃貸借契約を締結することであるし, 毎月家賃を支払うのは賃貸借契約に基づく賃料支払義務の履行である。店で商品を買うのは, 商品を買いたいという契約の申込みと売るという承諾の意思表示が合致することによって売買契約が成立する。客が商品の代金を支払ったり, 店が客に商品を渡すのは売買契約の履行である。預金の払い戻しも法律行為である。

しかし, 精神上の障害により判断能力が不十分な人(知的障害がある人, 精神障害がある人, 認知症の人等)が, 判断能力が不十分であるがゆえに自分の意思とは異なる契約を締結してしまったり, 必要な介護を受けることができなかったり, 財産を適切に管理できないことがある。また, 判断能力が不十分であるがゆえに詐欺等の被害にあうこともある。

② 意思能力・行為能力

民法上, 意思能力がない人の行為は, 当然に無効とされている。また, **意思能力**[◆2]があったとして

も行為能力がなければ取消すことができるとされている(民法20条)。

しかし, 行為後に契約の無効や取り消しを主張するには, 意思能力や**行為能力**[◆3]がないことについて能力がないと主張する者が主張立証しなければならない。そのため, 契約を無効にしたり, 取消すには時間も手間もかかり, 本人保護の観点からは, 不十分である。

一方, 取引の相手方からすると, 契約を締結しても後から契約の無効を主張されたり, 取り消されるリスクを負うことになってしまう。

そこで, 判断能力が不十分な本人を保護するとともに取引の安全を確保する必要がある。

③ 成年後見制度

本人保護と取引の安全を実現する制度として設けられたのが, **成年後見制度**である(**図8-1**)。

成年後見制度は, 精神上の障害により判断能力が不十分な人(本人)の行為能力を制限するとともに, 本人の判断能力を補い, 契約の締結や財産の管理等を行う支援者を, 裁判所が選任する制度である。

成年後見制度には, **法定後見**[◆4]と**任意後見**[◆5]がある。

法定後見には, 本人の判断能力に応じて, 後見, 保佐, 補助の3つの類型(次節参照)がある(**表8-1**)。

任意後見制度は, 本人の判断能力が低下する前

図8-1 成年後見制度の種類

に，本人が選んだ任意後見人と本人が委任する事項を公正証書による契約で決めておく制度である。

なお，「成年」後見制度と呼称されているが，未成年者も成年後見制度を利用することはできる。

成年後見制度の制定経過

① 禁治産・準禁治産制度

成年後見制制度の施行前は，**禁治産・準禁治産制度**であった。しかし，この制度は，手続が面倒であり，費用も高額であった。

その上，未成年者，禁治産者，準禁治産者は，民法上無能力者とされており，禁治産者や準禁治産者であることが戸籍に記載された。そのため，禁治産・準禁治産者制度は利用することに対する心理的葛藤も大きく，あまり利用されていなかった。

また，類型も2つしかなく，自分で重要な財産行為はできるものの支援が必要な人（現在の補助類型）に対する制度もなかった。

また，認知症がある高齢者の急増にともない，禁治産・準禁治産制度に替わるより利用しやすい制度を創設することが要請されるようになった。

必ず覚える用語

☐ 意思能力
☐ 行為能力
☐ 成年後見制度
☐ 法定後見
☐ 任意後見
☐ 禁治産・準禁治産制度
☐ 措置制度
☐ 自己決定権
☐ ノーマライゼーション

◆1 法律行為
行為者が一定の法律効果を生じさせようとして行為をし，その欲したとおりの効果を生じる行為。例えば，売買契約，賃貸借契約等。

◆2 意思能力
有効に意思表示をする能力，行為の結果を判断するに足る精神能力。

◆3 行為能力
単独で有効な意思表示（契約の申込みや承諾等，一定の法律効果を欲する意思を表示する行為）を行うことができる能力。単独で有効な意思表示をすることができない者を，制限行為能力者といい，未成年者，成年被後見人，被保佐人，被補助人がこれにあたる。

◆4 法定後見
成年後見制度のうち，家庭裁判所の審判によって，本人の支援者が選任される制度。本人の判断能力の程度に応じて，後見・保佐・補助のいずれかになる。

◆5 任意後見
成年後見制度のうち，将来判断能力が衰えたときに備えて，本人が選んだ任意後見人と本人が公正証書による委任契約を締結しておく制度。

第8章
成年後見制度の理解と活用
第1節　成年後見制度の理念

②　介護保険制度の導入

2000（平成12）年4月から，**介護保険制度**[◆6]が導入された。介護保険制度が導入されるまでは，措置制度であった。

措置制度は，行政庁がその職権で，本人にどのような福祉サービスが必要か判断し，サービスの種類や提供機関を決定する制度である。

措置制度では，行政が必要と認めなければ本人は福祉サービスを受けることができず，本人がサービスや事業所を選択することもできなかった。たとえば，施設入所をするにあたって本人が入所をする施設を選択することはできなかった。

このように措置制度では，本人が望むサービスを必ずしも受けることができるものではなく，本人の権利保障が十分になされているものではなかった。

そこで，介護保険制度では，本人が申請をして介護保険制度を利用し，本人が選んだ事業者と契約を締結して，福祉サービスを利用することとされた。

しかし，前述のとおり，契約を締結するには，その前提として行為能力が必要である。

そうすると，判断能力が不十分な人たちが契約をする能力がないために福祉サービスを利用することができないということになりかねない事態が生じた。

③　成年後見制度の施行

民法が改正され，2000年4月1日から成年後見制度が施行された。

成年後見制度では，禁治産・準禁治産制度に比べて選任の手続も簡易になったし，成年後見制度

を利用していることが戸籍に記載されることもない。さらに，新たに補助類型が設けられたことにより，判断能力が不十分な場合にも利用できるようになった。

また，同じく2000年4月1日から「任意後見契約に関する法律」が施行され，後で述べるようにより本人の意思を重視する任意後見制度が創設された。

成年後見制度の理念

①　自己決定権の尊重

成年後見制度は，判断能力が不十分な人に対し支援者を選任し，支援者が契約の締結等を本人に代わって行ったり，本人の真意に基づかない行為を取り消したりすることによって，本人を保護する制度である。

もっとも，「本人の保護」という名目の下に，本人の意思や**自己決定権**をないがしろにしてはならない。

本人が自分で決めることができることは自分で決め，本人にとって援助が必要なことだけ支援者が援助をすることで，より本人が本人らしく社会の中で生活していくことができるのである。

成年後見制度は，本人が本人らしく生きることを支援するための手段にしかすぎず，本人の自己決定権を尊重し，本人の自己決定に基づく生活を実現するためのものである。

後見等開始の審判手続きにおいてもできるだけ本人の意向を確認したり，保佐や補助の**代理権付与**[◆7]について本人の同意が必要とされるのも，本

---

136 ｜ 第Ⅲ部　成年後見制度の実際

表8-1 後見・保佐・補助

	後　見	保　佐	補　助
支援者	成年後見人	保佐人	補助人
本　人	成年被後見人	被保佐人	被補助人
本人の判断能力	常に欠いている	著しく不十分	不十分
開始決定についての本人の同意	不　要	不　要	必　要
代理権	包括的 ただし，居住用不動産の処分は家庭裁判所の許可が必要	原則なし。 ただし，特定の行為について，本人の同意がある場合，家庭裁判所に代理権付与の審判をしてもらうことは可能	
取消権	あ　り	民法第13条に規定する行為についてはあり それ以外は，家庭裁判所に付与の審判をしてもらう	なし ただし，民法第13条の行為について，本人の同意があれば，家庭裁判所に付与の審判をしてもらう
精神保健福祉法の同意	あ　り	あ　り	な　し

人の自己決定権を尊重するためである。

さらに，民法第858条において，成年後見人等は本人の意思を尊重し，かつ，その心身の状態及び生活に配慮しなければならないと規定されたのも，本人の自己決定権を尊重し，本人の意思にあった契約を締結することが，本人らしい生活の実現につながるからである。

② 　ノーマライゼーションの理念

成年後見制度の根底には，障害のある人やハンディを持っている人も家庭や地域で普通の生活をすることができる社会を作ろうという**ノーマライゼーション**の理念がある。

しかし，成年後見制度の利用をすると，本人について資格制限や欠格条項が適用されることがある。

ノーマライゼーションの理念からすると，資格制限や欠格条項が本人の社会参加を阻止すると考えることもでき，見直しが必要である。なお，2013（平成25）年には，成年被後見人の選挙権が回復した。

◆6　介護保険制度
市町村を保険者とし，40歳以上の居住者を被保険者として，被保険者が要介護状態又は要支援状態となった場合に，介護サービスの提供を主に行う社会保険。

◆7　代理権付与
保佐人や補助人が法律行為を本人に代わって行う必要がある場合に，特定の法律行為について，家庭裁判所の審判により代理権（本人に代わって特定の法律行為を行う権限）を付与されること。

第2節 法定後見制度の理解

この節のテーマ
- 法定後見制度を利用するための手続を学ぶ。
- 法定後見制度の3類型を学ぶ。
- 成年後見人等の職務を学ぶ。
- 成年後見等が開始された場合の本人に対する効果を学ぶ。

三類型

法定後見制度では，本人の判断能力に応じて，①後見，②保佐，③補助の3つの類型が定められている。

① 後見（民法第7条）

後見の対象となるのは，精神上の障害により，判断能力を欠く常況にある人である。財産の管理や支払を自分ではできない人，たとえば，重度の認知症の人，重度の知的障害の人，重度の精神障害の人，植物状態の人等である。

② 保佐（民法第11条）

保佐の対象となるのは，精神上の障害により，判断能力が著しく不十分な人である。

日常の買い物程度であれば一人でできるが，金銭の貸し借り，不動産に関する契約，自動車の購入等の重要な財産行為を一人ですることは困難な人，たとえば，中度の認知症の人，中度の知的障害の人，中度の精神障害の人等である。

③ 補助（民法第15条）

補助の対象となるのは，精神上の障害により本人の判断能力が不十分な人である。

日常の買い物だけでなく，重要な財産行為も一人できるが支援があった方がいい人，たとえば，軽度の認知症の人，軽度の知的障害の人，軽度の精神障害の人等である。

選任申立

① 申立権者

成年後見制度を利用するには，本人の居住する地域を管轄する家庭裁判所に対し，後見等の開始審判の申立て及び後見人等の選任の審判の申立をしなければならない。

この後見等の開始の審判の申立てをできるのは，本人，配偶者，4親等内の親族（図8-2，144頁）である（民法第7条・第11条・第15条）。

加えて，市町村長（老人福祉法第32条，知的障害者福祉法第28条，精神保健及び精神障害者福祉に関する法律第51条の11の2），ほとんど利用されていないが検察官にも申立権がある（民法第7条・第11条・第15条）。

② どの類型で申し立てるか

後見・保佐・補助の類型によって成年後見人等の権限が異なる。

そこで，申立をする際に，裁判所が指定する書式の診断書の作成を医師に依頼し，診断書を参考にどの類型で申立をするかを決める。

③　申立書の提出

申立は, 本人が居住している地域を管轄する家庭裁判所に, 申立書一式を提出して行う。

申立書には, 申立人の戸籍謄本, 本人の戸籍謄本, 本人の住民票, **登記事項証明書**◆1（本人について後見等が開始されていないことを証明するもの）, 診断書などを添付する。

また, 収入印紙, 登記印紙, 郵便切手を家庭裁判所に予納する必要がある。なお, 申立書は, **家庭裁判所**◆2でもらうことができる。

④　申立後

家庭裁判所は, **調査官**◆3が本人や関係者と面談したりして, 本人の現状の調査等を行う。

本人の判断能力について, 裁判所が鑑定を行うことを命じることある。鑑定費用は, 5万円から10万円程度であるが, 鑑定をする場合は裁判所から命じられた金額を, 申立人が予納しなければならない。

⑤　審　判

調査や鑑定の結果に基づいて, 家庭裁判所が, 成年後見等開始の**審判**◆4と共に, 成年後見人等の選任の審判を行う。

審判がなされると, 家庭裁判所から, 申立人や成年後見人等に選任された者, 本人に対し, 審判内容が告知される。

成年後見人等には, 本人の生活状況や財産状況, 今後解決すべき課題等を勘案して, 弁護士, 司法書士, 社会福祉士等の専門職が選任される場合もあるし, 親族が選任される場合もある。申立をする際に, 成年後見人等の候補者をあげておくこともできるが, 裁判所が職権で選任する（民法第

必ず覚える用語

- [ ] 後見
- [ ] 保佐
- [ ] 補助
- [ ] 家庭裁判所
- [ ] 調査官
- [ ] 審判
- [ ] 身上監護
- [ ] 法務局
- [ ] 善管注意義務
- [ ] 身上配慮義務
- [ ] 成年後見人
- [ ] 保佐人
- [ ] 補助人

◆1　登記事項証明書
本人について後見等が開始されていないことを証明するために, 東京法務局か地方法務局に請求する

◆2　家庭裁判所
家庭に関する事件の審判・調停, 人事訴訟の第1審の裁判, 少年保護事件の審判等を行う下級審裁判所。

◆3　調査官
裁判所の職員で, 家庭裁判所で取り扱っている家事事件, 少年事件などについて, 調査を行うのが主な仕事である。

◆4　審判
家庭に関する紛争のうち, 家庭裁判所の審判手続で取り扱う一定の事項について, 裁判官が, 当事者から提出された書類や家庭裁判所調査官の行った調査の結果等種々の資料に基づいて判断を決定する手続。

第8章
成年後見制度の理解と活用
第2節　法定後見制度の理解

834条1項）ため，候補者が選任されるとは限らない。

また，複数の成年後見人等を選任して**身上監護**[5]と財産管理を分担させることもあるし，法人を成年後見人等に選任することもある。

⑥　**審判に対する不服申し立て**

後見等開始の審判に対しては，審判書が本人，成年後見人等に選任された者に告知されてから2週間以内に不服を申し立てることができる。

⑦　**審判の確定**

審判が確定すると，成年後見人等の選任の審判があったことが**法務局**で登記される。この登記は，後見人等，本人，本人の配偶者及び4親等以内の親族のみ交付申請ができる（**図8-2**）。

⑧　**申立の費用の負担について**

申立にかかった費用や鑑定費用については，本人の資力の有無にかかわらず，申立人が負担するのが原則である。

成年後見人等の義務

①　**善管注意義務**（民法第869条，876条の5，876条の10）（83頁）

後見人等には，職務遂行に関し，善良な管理者としての注意義務（**善管注意義務**）が課されている。

②　**身上配慮義務**[6]（民法第858条，876条の5，876条の10）

後見人等には，被後見人に対する**身上配慮義務**が課されている。

後見人等が本人の介護をする義務を負うので

はないが，本人の意思・身上に配慮して，必要な手配をする義務を負っている。すなわち，成年後見人等は，サービス提供事業者と契約する等して，本人が必要な福祉サービスを受けることができるようにしなければならない。

なお，後見人等には，医療に関する行為について，同意をする権限はない。施設や病院から後見人等に対し，手術をするかしないか，延命措置をするかどうか等の判断や同意を求められることもあるが，権限外である。もっとも，本人の意思に沿った延命措置等を受けられるよう，日ごろから本人や支援者を含め，本人の医療や延命措置について話し合っておくべきである。

③　**報告義務**

後見人等は，家庭裁判所に職務について報告する義務を負っている。

家庭裁判所は，成年後見人等が適切に職務を行っているかを監督する。家庭裁判所は，いつでも成年後見人等に対し，事務の報告を求めることができる（民法第863条1項，876条の5，876条の10）。

④　**精神保健福祉法上の同意**（精神保健福祉法33条）

本人が精神障害者の場合，成年後見人及び保佐人は，医療保護入院の同意者とされている。

⑤　**成年後見人等の代理権の制限**

成年後見人等が，本人の居住用不動産の売却，賃貸，賃貸借の解除，抵当権の設定等処分をする場合は，家庭裁判所の許可が必要である（民法859条の3等）。

成年後見人等と本人の利益が相反する場合は，

たとえば本人所有の不動産を成年後見人が購入する，成年後見人が本人に金銭を貸し付ける等の場合は，家庭裁判所に対し，本人のための特別代理人の選任を申し立てなければならない（民法860条等）。

成年後見開始の審判の本人に対する効果

① 取消権の対象となる

本人がした法律行為は日常生活に関するものを除いて，取り消すことができる。

② 資格制限・欠格条項

本人は，医師・税理士・弁護士等の資格，会社役員，公務員の地位を失う。また，本人が印鑑登録をすることもできない。

成年後見人の職務

成年後見人は，本人（被後見人）が自分で財産管理を行うことができない場合に選任される。そのため，成年後見人には，財産管理権が付与され（民法第859条第1項），日常生活上の行為以外について，全ての法律上の行為について代理権があり，本人がした法律上の行為を取り消すことができる。

① 代理権

後見人は，被後見人の全ての法律行為について，代理権を有する。

ただし，婚姻，離婚，養子縁組，離縁，遺言等の身分行為は，本人の意思に基づき本人が行うべき行為であるので，後見人に代理権はない。

◆5 身上監護
本人の生活，治療，療養，監護に関する法律行為を行うこと。たとえば，家賃の支払い，老人ホームなどの介護施設の入所契約の締結や費用の支払い，障害福祉サービスの利用手続きの申請など。

◆6 身上配慮義務
成年被後見人の生活，療養看護および財産の管理を行う事務を行うに当たって，成年被後見人の意思を尊重し，かつ，その心身の状態及び生活の状況に配慮しなければならない義務（民法第858条）。

第8章
成年後見制度の理解と活用
第2節　法定後見制度の理解

また，後見人は，財産管理権に基づき，被後見人の預貯金や不動産などの財産の管理を行う権限がある。

②　同意権・取消権

成年後見人は，被後見人が後見人に無断で行った行為について，その行為を取り消す権限がある（民法第9条）。

ただし，本人の残存能力の活用という成年後見制度の趣旨から日用品や食料品の買い物等，被後見人が行った日常生活上の行為については取り消すことはできない（民法第9条但書）。

また，前述の身分行為については，特に本人の意思を尊重すべきものであることから，取消権の対象にならない。

③　郵便物の受領

2016（平成28）年4月，成年後見の事務の円滑化を図るための民法及び家事事件手続法の一部を改正する法律（円滑化法）が成立した。

これまでは，成年後見人が本人宛ての郵便物を受領することができず，財産の把握ができないことがあった。そこで，円滑化法では，成年後見人の家庭裁判所に対する申立により，家庭裁判所は成年後見人がその事務を行うにあたって必要があると認めるときは，信書の送達の事業を行う者に対し，期間を定めて（6か月を超えることはできない）郵便物等を成年後見人に配達すべき旨の審判をすることができるようになった。

なお，被保佐人，被補助人には相応の能力があるため，保佐人や補助人に配達すべき旨の審判を求めることはできない。

保佐開始の審判の本人に対する効果

①　保佐人に同意権が与えられた範囲で取消権の対象になる

本人がした法律行為のうち，日常家事に関する法律行為以外の行為で**保佐人**に代理権が与えられた行為については，取り消すことができる。

②　資格制限・欠格条項

本人は，医師・税理士・弁護士等の資格，法人役員・公務員の地位を失う。

保佐人の職務

保佐人は，本人（被保佐人）の判断能力が不十分な場合，本人が日常的に必要な買い物程度はできるが，不動産や自動車の売買，自宅の増改築，お金の貸し借り等重要な財産行為が自分ではできない程度の判断能力の場合に選任される。

①　代理権

本人にサポートが必要だと思われる行為について，本人の同意がある場合に，家庭裁判所の審判により，保佐人に代理権が付与される（民法第876条の4）。

②　同意権・取消権

被保佐人が行う次の行為については，当然に保佐人の同意が必要となる（民法第13条1項）。

- 元本を領収し，またはこれを利用すること
- 借財または保証
- 不動産その他重要な財産に関する権利の得喪を目的とする行為

- 訴訟行為
- 贈与，和解又は仲裁合意
- 相続の承認もしくは放棄または遺産分割
- 贈与もしくは遺贈を拒絶し，または負担付きの贈与もしくは遺贈を受諾すること
- 新築，改築，増築または大修繕
- 民法第602条に定める期間を超える賃貸借をすること
- 家庭裁判所の審判によって特に定められた行為

保佐人の同意が必要であるにもかかわらず被保佐人が保佐人の同意を得ないで行った行為については，保佐人は取り消すことができる（民法第13条4項）。

補助開始の審判の本人に対する効果

- 本人がした法律行為のうち，日常家事に関する法律行為以外の行為で補助人に代理権が与えられた行為に限り，取り消すことができる。
- 成年後見や保佐と異なり，本人に対する資格制限はない。

補助人の職務

補助人は，本人（被補助人）がさまざまな行為を概ね自分でできるが，判断能力が不十分な場合に選任される。

① 代理権

家庭裁判所の審判によって，本人にとって必要な行為のみ，本人の同意があれば，代理権が付与

される（民法第876条の9）。

② 同意権・取消権

保佐人に同意権が与えられている行為（民法第13条第1項に定められている行為）のうち，本人に必要なものについて，家庭裁判所の審判により，補助人に同意権が付与される。

補助人に同意権を付与された行為について，補助人の同意なしになされた行為は取り消すことができる（民法第17条第4項）。

成年後見等の終了事由

① 本人の死亡

本人が死亡すると，直ちに相続が開始し，成年後見等は終了する。成年後見人等は本人が死亡してから2か月以内に管理の計算を行い，家庭裁判所に報告し，相続人に引き継ぐ。

また，法務局にも成年後見等が終了した旨の登記申請を行う。

円滑化法により，本人が死亡した際，成年後見人等だった者に保存行為を行う権限が認められた。成年後見人等だった者は，保存行為のうち特定の財産の保存に必要な行為，期限の到来した債務の弁済（最後の医療費や介護サービス費の支払い）は，家庭裁判所の許可なく行うことができる。

また，遺体の火葬や埋葬に関する契約の締結や相続財産全体の保存に必要な行為は，家庭裁判所の許可を得れば行うことができる。

② 後見等開始審判の取消し

本人の判断能力が回復した場合であり，成年後見人等は管理財産の計算，終了の登記，終了の報

第 8 章
成年後見制度の理解と活用
第 2 節　法定後見制度の理解

図8-2　親族・親等図表

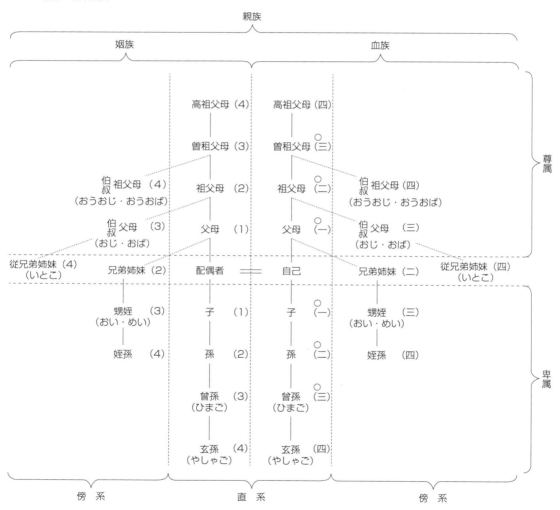

告を行う。

③　成年後見人等の死亡，選任審判の取り消し，
　　解任・辞任

　本人のために，新たな成年後見人等の選任が必
要である。

　成年後見人等の辞任は，正当な理由がある場合
に限り，家庭裁判所の許可を得てすることができ
る。

　成年後見人等の解任は，成年後見人等に不正な
行為，著しい不行跡その他任務に適しない事由が
あるときに，家庭裁判所が行う。

Close up

申立の手続き

　各地方の家庭裁判所で若干の差はあ
るが，申立の際に，まず参与員（家庭
裁判所で行われる家事審判事件の手続
の際に，審判に立ち会ったり，あらか
じめ提出された書類を閲読したりして，
裁判官が判断をするのに参考となる意
見を述べる人。参与員に選任されるた
めの特別な資格はなく，地域社会に密
着していろいろな活動をしてきた人な
ど，豊富な社会経験のある人たちが事
件の性質に応じて選任されている）が
申立人や関係者と面談し，その面談結
果を基に調査官調査をするかどうか，
鑑定をするかどうか判断する家庭裁判
所もある。

第8章　成年後見制度の理解と活用 | 145

第3節 任意後見制度の理解

この節のテーマ
- 任意後見制度の存在意義を理解する。
- 任意後見制度を利用するための手続を学ぶ。
- 任意後見制度と法定後見制度の違いを理解する。

任意後見制度の存在意義

2000（平成12）年4月1日に，任意後見契約に関する法律が施行された。

任意後見契約とは，本人の判断能力が低下する前に，本人が選んだ任意後見人候補者に，判断能力が低下したときの療養看護や財産の管理を委任する契約を公正証書を作成して締結し，家庭裁判所によって任意後見監督人が選任されることによって効力が生じる契約である。

法定後見制度では，裁判所が後見人等を選任することから，本人が信頼している人が選任されるとは限らない。また，後見人等の権限も民法で一律に定められていることから，本人のニーズとずれが生じる可能性があるし，後見事務の遂行にあたり本人の意思が十分に尊重されないおそれがある。

一方で，本人が，信頼できる人に判断能力が低下したときの財産管理等を委任していても，その時に受任者が本人の意思に沿って事務を行うかどうか確認する方法がなかった。

そこで，法定後見制度の課題を克服するとともに，より本人の意思を尊重することができるように設けられたのが，任意後見制度である。以下任意後見制度の流れを解説していく（**図8-3**）。

任意後見契約の締結

本人と任意後見人候補者との間で任意後見契約を締結する。

① 任意後見契約の締結能力

任意後見契約も**委任契約**であることから，本人に意思能力があることが必要である。[1]

ただし，本人の判断能力が衰え始めていても，本人に契約を締結する能力があり，かつ，契約内容を理解していれば，任意後見契約を締結することは可能である。

② 任意後見人候補者

任意後見人候補者は，複数でもいいし，親族や友人でもいいし，法人，弁護士，司法書士，社会福祉士等の専門職でもいい。

③ 任意後見契約の類型

任意後見契約は，本人の判断能力が十分ある状態で，将来判断能力が不十分になったときに備えて契約を締結するのが典型である（将来型）。

もっとも，任意後見契約の締結だけでは，判断能力が低下するまでの財産管理等を委任することができない。そこで，任意後見契約と同時に財産管理契約を締結し，本人の判断能力が低下するまでは財産管理契約に基づく財産管理，判断能力低下後は任意後見契約に基づく財産管理等を委

任すこともできる（移行型）。

また，本人の意思の尊重という観点から，本人の判断能力が低下し始めているときに任意後見契約を締結し，契約締結後すぐに任意後見監督人を選任して効力を生じさせることもできる（即効型）。なお，公正証書を作成する際に公証人が本人の判断能力を確認するが，本人に保佐開始程度の判断能力があれば契約を締結することができるといわれている。

④　委任の内容

任意後見人候補者にどのようなことを委任するのかは本人と任意後見人候補者との間で自由に決めることができる。

もっとも，任意後見契約はあくまでも，委任契約の一種であり，任意後見人候補者に代理権を付与するものであることから，法律行為に限られる。そのため，任意後見人候補者に身の回りの世話や介護を委任することはできない。

任意後見契約では，財産管理（預貯金の管理，不動産の賃貸契約の締結等），療養看護に関する契約（医療契約，施設の入所契約，介護契約等）を委任するのが典型的である。

⑤　公正証書の作成

任意後見契約を締結するには，必ず**公正証書**◆2によって任意後見契約書を作成しなければならない（任意後見契約法第3条）。

任意後見契約の公正証書が作成されると，**公証人**◆3を通じて，任意後見契約の登記がなされる。

必ず覚える用語

- ☐ **任意後見契約**
- ☐ **任意後見人候補者**
- ☐ **任意後見監督人**

◆1　委任契約
委任者が受任者に対し，事務の処理を委託する契約。

◆2　公正証書
公証人が，私人からの嘱託により，その権限に基づき，法令に従って，法律行為その他私権に関する事実について作成した証書。たとえば，契約に関する公正証書，任意後見契約書，死後事務委任契約書，公正証書遺言等。

◆3　公証人
法律の専門家であって，当事者その他の関係人の嘱託により「公証」をする国家機関である。公証人は，裁判官，検察官，弁護士あるいは法務局長や司法書士など長年法律関係の仕事をしていた人の中から法務大臣が任命する。公証人は，取り扱った事件について守秘義務をおっており，法務大臣の監督を受ける。全国に約500名おり，公証役場は約300か所ある。

第 8 章
成年後見制度の理解と活用
第 3 節　任意後見制度の理解

効力の発生

①　任意後見監督人の選任

本人の判断能力が不十分になったときに，本人，本人の配偶者，4 親等内の親族，任意後見人候補者が，家庭裁判所に**任意後見監督人**の選任申立をする。本人の判断能力が補助開始の程度かそれ以上低下していれば，申立をすることができる。

本人の意思の尊重の観点から，本人の判断能力が補助，保佐程度の場合は，任意後見監督人選任の申立について，本人の同意が必要である。

家庭裁判所は，申立に基づき，任意後見監督人を選任し，この選任をもって任意後見契約の効力が発生し，任意後見人候補者が任意後見人となる（同法第 4 条第 1 項）。

しかし，任意後見人候補者に任意後見人の選任に適しない事由がある場合は，家庭裁判所は任意後見監督人の選任をせず，申立を却下する。

②　法定後見の申立がされた場合

任意後見契約が締結されているときは，法定後見の申立てがなされたとしても，本人の意思の尊重の観点から，任意後見が優先されるのが原則である。

しかし，裁判所が本人の利益のために特に必要があると認めたときは，任意後見契約が締結されていても，法定後見人が選任される。

任意後見契約では，その効力が発動しても本人の法律行為能力は制限されない。そのため，本人がした法律行為について，任意後見人は取り消すことはできない。本人が消費者被害に遭う可能性が高い場合等は，本人がした契約について取り消す必要性がある。このような場合には，任意後見契約よりも法定後見人を選任すべきである。

③　登　記

任意後見監督人が選任されると，その旨が登記される。

任意後見人の行う事務

任意後見人は，任意後見契約で委任された事務を行う。任意後見人が，本人の意思を尊重し，身上に配慮して，事務を行うべきなのは当然のことである。

任意後見監督人

①　任意後見人の事務の監督

任意後見監督人は，任意後見人が任意後見契約に基づいて誠実に事務を処理しているかを監督する。

任意後見監督人は，任意後見人に対し，いつでも報告を求め，任意後見人の事務や本人の財産状況を調査することができる（同法第 7 条第 2 項）。

②　家庭裁判所に対する報告

任意後見監督人は，任意後見人の業務について家庭裁判所に報告する（同法第 7 条第 1 項）。

家庭裁判所は，任意後見人が不正行為をしていたときは，任意後見人を解任したり（同法第 8 条），本人の利益のために必要があるときは成年後見人等を選任して法定後見を開始させて任意後見契約を終了させることができる（同法第 10

条)。

任意後見契約の終了

① 任意後見契約の解除

任意後見契約は委任契約であるので，任意後見契約を解除すれば，契約は終了する。

ただし，任意後見監督人選任前は，本人又は任意後見人候補者は，いつでも任意後見契約を解除できるが，公証人の認証を受けた書面によらなければならない。

任意後見監督人選任後は，本人又は任意後見人は正当な理由がある場合に限り家庭裁判所の許可を得て契約を解除することができる。

任意後見監督人が選任された後に，法定後見開始の審判がなされた時は，任意後見契約は当然に終了する。

② 本人又は任意後見人の死亡，破産

任意後見契約は委任契約であることから，委任契約の終了事由と同様である。

任意後見契約の課題

最高裁判所事務総局家庭局によると，2017（平成29）年12月末時点で任意後見契約の効力が生じている人は全国で2,516人であった。一方法定後見は21万0,290人であった。

このことからすると，任意後見契約が積極的に利用されているとはいえない状況である。

その他の課題としては任意後見人候補者には任意後見監督人の選任の申立をする権限はあるが，申立義務はないことがある。

図8-3 任意後見契約の流れ

任意後見契約の締結（公正証書の作成）・登記
↓
本人の判断能力が低下する
↓
家庭裁判所に任意後見監督人の選任の申立をする
↓
任意後見監督人が選任される＝効力発生・登記
↓
任意後見人が契約に基づいて業務を行う
↓
任意後見人が監督人に報告し，監督人が家庭裁判所に報告する

そのため，本人の判断能力が低下したにもかかわらず，任意後見監督人の選任の申立がなされないことがある。

このような事態を生じさせないよう，任意後見人候補者は本人の判断能力が不十分になっていないか見守ることが必要である。

また，法人を任意後見人候補者にすると，法人の従業員である個人が実際の後見事務を行うことになる。そのため，本人が全く知らない人が後見事務を行うことになり，結局本人の意思が無視されてしまうことがある。

本人が任意後見人候補者となっている法人の施設や事業所を利用している場合，本人と法人の利益が相反することから，任意後見監督人選任の際に，選任申立が却下される可能性がある。

また，営利法人を任意後見人候補者とすると倒産のリスクがある。

第4節 制度動向と課題

● ● ● ●

◯ この節のテーマ

- ● 現行の成年後見制度の利用状況を知る。
- ● 意思決定支援の概念を学ぶ。

▌成年後見制度の利用状況

① 成年後見制度の利用は進んでいない

最高裁判所事務総局家庭局によると，2017（平成29）年1月から12月までの成年後見人等の選任申立事件は， 3万5,737件であった。

2017年12月末日時点における成年後見制度利用者数（成年後見，保佐，補助，任意後見）は，合計で21万0,290人であった。

一方，認知症高齢者は約462万人と推定されており，18歳以上の知的障害者は約57万8,000人（『平成29年版障害者白書』），20歳以上の精神障害者は約365万5,000人（『平成28年版障害者白書』）である。

これらのことからすると，成年後見制度を利用した方がよいと考えられる人の大部分が制度を利用していないと考えられる。

② 保佐・補助・任意後見の利用は特に進んでいない

また，成年後見制度の利用者のうち，成年後見の利用者数は16万5,211人であるが，保佐の利用者は3万2,970人，補助の利用者数は9,593人，任意後見の利用者数は2,516人にとどまっている。

▌成年後見制度の制度動向

2000（平成12）年4月に成年後見制度が創設されたのと同時に，老人福祉法，知的障害者福祉法，精神保健及び精神障害者福祉に関する法が改正され，市町村長に成年後見等の開始の審判の申立権が付与された。

2006（平成18）年4月には，**地域支援事業**◆1の創設にともない，市町村に対し高齢者に対する虐待防止等の**権利擁護事業**◆2が必須事業化され，成年後見制度に関する情報提供や申立に当たって関係機関の紹介等を行うこととなった（改正介護保険法）。

2012（平成24）年4月には，老人福祉法に市町村が後見等の業務を適正に行うことができる人材の育成や活用を図るための体制整備を図るように，努力義務規定が新設された。

また，同年障害者自立支援法が改正され，市町村に成年後見制度利用支援事業（知的・精神障害者が成年後見制度の利用に当たって必要となる費用について，助成を受けなければ利用が困難な者に対して助成する）が**市町村地域生活支援事業**として必須事業化された。

2013（平成25）年4月には，障害者総合支援法が施行され，事業者の努力義務として，障害者の

150 │ 第Ⅲ部 成年後見制度の実際

意思決定の支援に配慮するとともに、常に障害者の立場になって支援を行うことを明確化するとともに、後見等の業務を適正に行うことができる人材の育成・活用を図るための研修事業を市町村地域生活支援事業の必須事業として追加された。

2013年4月には、知的障害者福祉法が改正され、市町村が後見等の業務を適正に行うことができる人材の活用を図るための体制整備を図るよう、努力義務規定が新設された。

2014（平成26）年4月には、精神保健及び精神障害者福祉法が改正され、知的障害者福祉法における努力義務と同様の規定が新設された。

2016年4月には、補助類型と任意後見制度の利用を促進し、より本人の権利擁護やノーマライゼーションをすすめるために、**成年後見制度の利用の促進に関する法律**（以下「利用促進法」）と成年後見事務の円滑化を図るための民法及び家事事件手続法の一部を改正する法律（以下「円滑化法」）が成立した。

利用促進法では、国の責務として成年後見制度の総合的な利用促進施策の策定・実施、地方公共団体の責務として国と連携しつつ、地域特性に配慮した自主的・主体的な基本理念に基づく成年後見制度の利用促進施策の策定・実施を定めた。さらに、関係者は国または地方公共団体の成年後見制度の利用促進施策に協力するように努力し、国民は成年後見制度の重要性に関する理解を深めるとともに、成年後見制度の利用促進施策に協力するように努力するものとされた。

円滑化法では、成年後見人の郵便物等の管理及

必ず覚える用語

- [ ] **市町村地域生活支援事業**
- [ ] **成年後見制度の利用の促進に関する法律**
- [ ] **市民後見人**
- [ ] **障害者権利条約**
- [ ] **障害福祉サービス提供における意思決定支援ガイドライン**
- [ ] **ベストインタレスト（最善の利益）**

◆1　地域支援事業
介護保険の被保険者が要介護状態等となることを予防するとともに、要介護状態等となった場合においても、可能な限り、地域において自立した日常生活を営むことができるよう支援することを目的とする事業。

◆2　権利擁護事業
権利侵害を受けている、または受ける可能性が高いと考えられる高齢者が、地域で安心して尊厳のある生活を行うことができるよう、権利侵害の予防や対応を専門的に行う事業。

◆3　ベストインタレスト（最善の利益）
代行決定を行う場面において検討される概念である。客観的最善の利益とは、支援者の価値観に基づき、本人にとって客観的、合理的に良いと考えられるものをいう。主観的最善の利益は、本人の希望や価値観等を最大限に考慮し、本人の価値観において最善と考えられるものをいう。

第8章
成年後見制度の理解と活用
第4節 制度動向と課題

び本人の死亡後の成年後見人の権限について定められた。

市民後見人の育成

前述のように，成年後見制度を利用すべきと考えられる全ての人に対して，親族や弁護士，司法書士，社会福祉士等の専門職後見人だけで支援をすることは不可能である。

そこで，専門職の資格を有せず，本人と親族関係がない一般市民も成年後見人の担い手となることが要請されている（本書第10章第1節参照）。

市民後見人は，身上監護においてきめ細かい見守りが可能となるなど，事案によっては市民後見人の方が適任のケースもある。**市民後見人**も，専門職後見人と同様，家庭裁判所から成年後見人等として選任される。専門職による育成及び活動の支援を受けながら成年後見人の担い手となる。

老人福祉法等で，市町村に対し市民後見人の育成が努力義務とされているのも，成年後見制度の利用促進には市民後見人が不可欠であるからである。

後見制度支援信託

後見人等による本人の財産の横領や本人のためにならない本人財産の費消等の不祥事をふせぐために，2012年2月に導入された制度である。本人の財産のうち，日常的な支払をするのに必要充分な金銭を預貯金等として後見人等が管理し，通常使用しない金銭を信託銀行等に信託する仕組みである。信託財産を払戻したり，信託契約を解約するには，家庭裁判所が発行する指示書が必要である。

意思決定支援

2011（平成23）年7月に障害者基本法が改正され，障害者及びその家族等に対する相談業務，成年後見制度等のための施策の実施又は制度の利用の際には，障害者の意思決定の支援に配慮することが明記された。

2013年4月に「障害者の日常生活及び社会生活を総合的に支援するための法律」（障害者総合支援法）が施行された。そのなかで，障害者の意思決定支援等について検討し，その結果に基づいて所要の措置を講ずることとされた。

2014（平成26）年1月に，日本は，**障害者権利条約**に批准した。

同条約では，Nothing about us without us（「私たちのことを私たち抜きで決めないで」）という理念のもと，第12条第2項で「締結国は，障害者が生活のあらゆる側面において他の者との平等を基礎として法的能力を享有することを認める」，同条第5項で「締結国は，この条の規定に従うことを条件として，障害者が財産を所有し，又は相続し，自己の会計を管理し，および銀行貸付，抵当その他の形態の金融上の信用を利用する均等な機会を有することについての平等の権利を確保するための全ての適用かつ効果的な措置をとるものとし，障害者がその財産を恣意的に奪われないことを確保する」と規定された。

障害者権利条約からすると，現行の成年後見制度は，条約に違反するものである。というのも，現行の成年後見制度は，精神上の障害を理由に，本人の属性として３類型のいずれかに判定し，行為能力を制限している。言い換えると，精神上の障害の程度によりラベリングをしており，社会的な差別を広げているともいえる。

そのため，現行の成年後見制度を維持するとしても，より本人の意思決定を支援できる制度に移行させるべきである。

これらを受けて，2013年度から2015（平成27）年度にかけて意思決定支援に関する調査研究が実施され，「障害福祉サービス提供における意思決定支援ガイドライン」が示された。

同ガイドラインでは，意思決定支援とは，自ら意思を決定することに困難を抱える障害者が，日常生活や社会生活に関して自らの意思が反映された生活を送ることができるように，可能な限り本人が自ら意思決定できるよう支援し，本人の意思の確認や意思及び選好を推定し，支援を尽くしても本人の意思及び選好の推定が困難な賠位には，最後の手段として本人の最善の利益を検討するために事業者の職員が行う支援の行為及びしくみをいうと定義された。

そして，意思決定支援の基本的原則として，以下を示した。

• 本人への支援は，自己決定の尊重に基づき行うことが原則である。本人の自己決定にとって必要な情報の説明は，本人が理解できるように工夫して行うことが重要である。

• 職員等の価値観においては不合理と思われる

決定でも，他者への権利を侵害しないのであれば，その選択を尊重するよう努める姿勢が求められる。

• 本人の自己決定や意思確認がどうしても困難な場合は，本人をよく知る関係者が集まって，本人の日常生活の場面や事業者のサービス提供場面における表情や感情，行動に関する記録などの情報に加え，これまでの生活し，人間関係等様々な情報を把握し，根拠を明確にしながら障害者の意思及び選好を推定する。

もっとも，本人の意思を推定することがどうしても困難な場合は，関係者が協議し，本人のとってのベストインタレスト（最善の利益）を判断せ[3]ざるを得ない場合がある。最善の利益の判断は最後の手段である。

現在の成年後見制度では，民法第858条において，本人の意思を尊重すべきことが定められている。しかし，現在の家庭裁判所による監督は，本人が財産上の不利益を被っていないかが重視されており，本人の意思が尊重されているかどうかについてチェック機能はないし，言い換えると，本人の意思の確認すらせずに後見事務を行っても本人に財産上の不利益がなければ成年後見事務を適切に行っていると評価されているといっても過言ではない。

意思決定支援では現在の後見制度のような代理・代行をするという支援ではなく，本人の意思決定を支援することが求められている。後見人等は，意識的に本人に対する意思決定支援を行い，よりよい支援を行うべきである。

第 8 章　成年後見制度の理解と活用 ｜ 153

赤沼康弘・鬼丸かおる『成年後見の法律相談（第3次改訂版）』学陽書房，2014年
成年後見人制度や，成年後見人選任申立から選任後終了まで，業務を行うにあたり，疑問が生じる事柄について，わかりやすい解説がされている。

上山泰『専門職後見人と身上監護（第3版）』民事法研究会，2015年
専門職成年後見人が身上監護をどこまですべきか，どう対応すべきかは，非常に悩みが多く，また，人によって対応も大きく異なるところである。身上監護について，参考になる書籍である。

渡辺一史『こんな夜更けにバナナかよ』文藝春秋，2013年
筋ジストロフィーを抱えている本人とボランティアとの交流やかかわり，苦悩が描かれている。意思決定支援や本人とのかかわりについて，考えさせられる一冊である。

 第8章

問：あなたは，成年後見人に選任された。被後見人は，持病を抱えている。医師から，成年後見人の同意をもって，被後見人に対する処方や治療方針について決定したいと言われた。どうすべきだろうか。

ヒント：成年後見人の身上監護義務はどこまで及ぶのか。医療行為に関する成年後見人の同意権の有無，本人に対する意思決定支援について検討しよう。

第**9**章

成年後見制度の
権利侵害事例への活用

本章で学ぶこと

●消費者被害等における成年後見制度の活用について学ぶ（第1節）。

●虐待事例における成年後見制度の活用について学ぶ（第2節）。

●成年後見制度が利用されるまでの具体的な流れを学ぶ（第1節，第2節）。

第 1 節 消費者被害等における成年後見制度の活用

● この節のテーマ
- ● 支援対象者が成年後見制度につながるまでの実際を知る。
- ● 成年後見等開始申立手続の実際を知る。
- ● 成年後見制度を利用した消費者被害等への対応について知る。

事　例

[事例の概要]

　Aさんは60代男性で，公営住宅で独り暮らしをしている。子はおらず，10年以上前に妻と死別している。収入は年金が月約12万円。Aさんは糖尿病に罹患しており足がむくんだり目が見えにくいなどの症状もある。介護保険料を滞納しており介護サービスは利用していない。

　Aさんはお金がなくなると，行政機関や地域包括支援センターに相談していた。しかし，Aさんは場当たり的な対応で，支援機関が訪問や来所の約束をするものの，会えなかったり来所しなかったりが続いていた。ある日，Aさんが自宅で倒れているところを同じ階に住む住人に発見され，緊急入院することとなった。病院から地域包括支援センターに連絡が入り，地域包括支援センターの職員が入院中に訪問すると，Aさんは「なんとか助けてくれ」等発言したため，退院後の訪問を約束した。

　Aさんが退院した後，地域包括支援センターの職員はAさん宅を訪問した。

　Aさんによると，家賃，水道光熱費，新聞代，電話代などを滞納しており，新聞については各社から執拗な訪問販売による勧誘があり断りきれずに不必要ではあるが複数の契約をしているとのこと

であった。また，銀行等からの借金もあるが借入先や残額は把握できていないとのことであった。

　食生活は米やカップラーメンを買いだめしているが乱れているらしく，お金がなくなると病院に行かないためインシュリンが打てず体調が悪くなるとのことであった。

　Aさんは「体がもうしんどくなってきた。年金も自分で管理すると次の年金を受け取る前に無くなってしまい生活がしんどい。誰かに助けてほしい」と発言していた。

　地域包括支援センターの職員は，訪問を継続してAさんの生活状況の把握と支援関係を構築した。Aさんは次第に約束した日には在宅してくれるようになった。支援機関は何らかの精神上の障害によりAさんの判断能力が低下していると考え，消費者被害への対応，借金の整理，生活の安定を図るため，成年後見制度の利用に向けて支援することをAさんと支援者間で確認した。

成年後見制度につなげるまで

　現実の権利侵害事例において，支援対象者が自ら成年後見制度を利用しようと考えて積極的に行動を起こすということはほとんどなく，地域の支援者（親族，地域住民，民生委員，ケアマネージャー等）が**地域包括支援センター**等に対して，

権利侵害状態にあることについて相談すること
が成年後見制度利用の端緒となることが多いの
ではないだろうか。その場合，相談を受けた地域
包括支援センター等の職員が支援対象者と面談
して状況を整理したうえで，支援対象者や**成年後
見制度の申立権者**◆1（以下「申立権者」という。）
に対して成年後見制度の利用意思を確認するこ
とになる。

　支援対象者や申立権者に対して成年後見制度
の利用意思を確認することは，成年後見制度の利
用につなげるうえで最初の大きな課題といえる。
なぜなら，支援対象者の**事理弁識能力**◆2が不十分な
いし常に欠いている状況であったとしても，支援
対象者が保佐や補助に該当する場合に成年後見
制度の利用を拒否し，申立権者が協力を拒否すれ
ば，手続を進めることができなくなるからである。

　実際，支援対象者や申立権者からの協力を得ら
れない場合には，支援者から地域包括支援セン
ター等に相談をしてから家庭裁判所へ成年後見等
の申立手続を行うまでに1年以上の期間を要す
る場合もありうる。この間，地域包括支援セン
ター等の職員は，支援対象者等と何度も面談を重ね
て信頼関係を構築していき，成年後見制度の利用
意思が確認できるまで粘り強い対応が求められ
ることになる。

　支援対象者や申立権者から成年後見制度の利
用意思を確認することができれば，具体的に成年
後見，保佐，補助（以下「成年後見等」という）
の開始申立手続を進めることになる。

必ず覚える用語

- ☐ 地域包括支援センター
- ☐ 事理弁識能力
- ☐ 成年後見等開始申立手続
- ☐ 判断能力判定についての意見
- ☐ 家庭裁判所調査官
- ☐ 参与員
- ☐ 日本司法支援センター（法テラス）
- ☐ 民事法律扶助制度
- ☐ 司法ソーシャルワーク
- ☐ 個人信用情報開示請求
- ☐ 債務整理

◆1　成年後見制度の申立権者
家庭裁判所に対して，支援対象者について成
年後見制度の申立手続を行うことができる権
限を持つ者のこと。
「民法」では，本人，配偶者，4親等内の親族，
検察官，未成年後見人等が申立権者として規
定されている。
また，「任意後見契約に関する法律」では本人
の利益のため特に必要があると認めるときは
任意後見人等が，「老人福祉法」等において，
高齢者等について福祉を図るため特に必要が
あると認めるときは市町村長が，申立権者と
なることを規定している。

◆2　事理弁識能力
いわゆる判断能力のことである。「事理」とは，
「法律行為の利害得失（利益・不利益）」とい
う趣旨であり，「事理弁識能力」とは，知的能
力，日常的な事柄を理解する能力，社会適応
能力の3つの概念を全て統合した広義の判断
能力とされる。成年後見制度では，「精神上の
障害により事理を弁識する能力を欠く常況に
ある者」が後見，「精神上の障害により事理を
弁識する能力が著しく不十分である者」が保
佐，「精神上の障害により事理を弁識する能力
が不十分である者」が補助の対象者となる。

第9章　成年後見制度の権利侵害事例への活用 │ 157

第9章
成年後見制度の権利侵害事例への活用
第1節　消費者被害等における成年後見制度の活用

成年後見等開始申立手続の実際

成年後見等開始申立手続は，支援対象者が居住する地域を管轄する家庭裁判所に対して申立書及び添付資料を提出して行う。提出する申立書の様式や必要な添付資料の一覧は，家庭裁判所のWEBサイトで公表されている。

家庭裁判所に提出する書類は具体的には，本人の判断能力に関する診断書の他，本人の生活状況，財産状況，収入状況に関する資料，申立人と本人の関係がわかる戸籍謄本等，候補者に関する資料，支援対象者の親族の同意書等である。これらの資料のうち，最も重要な書類は診断書である。なぜなら診断書の「**判断能力判定についての意見**」に応じて申立てを行う後見類型（成年後見，保佐又は補助）を決定することになるからである。診断書を作成する医師は精神科医でなくとも本人が定期的に通院している主治医がいれば当該医師でもよい。

ただし，判断能力判定に関する根拠が必要であるため，可能な限りHDS-Rや画像検査等を実施してもらう必要がある。診断書の「判断能力判定についての意見」とその根拠について矛盾があると，家庭裁判所において支援対象者の判断能力に疑義が生じ，鑑定が実施される可能性がある。そのため医師に診断書の作成を依頼する際は成年後見制度の趣旨等を十分に理解してもらう必要がある。

家庭裁判所に申立書類等を提出すると，**家庭裁判所調査官**◆3や**参与員**◆4による面談が実施される。面談では，本人の状況等を質問されるが，申立人及び家庭裁判所が了承すれば支援者が面談の場に同席することも可能であり，支援者が必要に応じて家庭裁判所に事情を説明することで手続が円滑に進む場合もある。

提出した申立書類等に不備がなければ，成年後見等開始の審判がなされ，審判書が申立人等に送達される。送達後2週間の異議申立期間があり，異議なく経過すれば審判が確定する。

民事法律扶助・司法ソーシャルワーク

申立人となる者が自ら申立書類の作成や添付資料の収集ができる場合は特に問題ないが，時間の都合，事務能力等を理由に申立人がこれらの作業を自ら行うことができない場合は，弁護士や司法書士に依頼して手続を進める場合もある。申立人が経済的に困窮している場合でも，総合法律支援法に基づき**日本司法支援センター（法テラス）**が実施している**民事法律扶助制度**（法律専門職への報酬等立替制度）により，法的サービスを受けられるようにするための法的整備がなされている。

また，成年後見制度が必要な支援対象者は自ら法律専門職の事務所まで行って相談することは非常に難しいため，法律専門職のなかには，地域包括支援センター等の福祉専門職から支援対象者に関する情報提供を受けて，支援対象者がいる自宅や施設等へ福祉専門職と一緒に訪問して相談に乗る取り組みを行っている者もいる。このように，生活環境や精神的身体的な障害などが原因

158　第Ⅲ部　成年後見制度の理解と活用

で，司法にアクセスできない（しにくい）支援対象者のさまざまな問題を，法律専門職が福祉専門職等との関係機関と連携することで解決していく取組みを日本司法支援センターは「**司法ソーシャルワーク**」と呼んでいる。成年後見制度に限らず，権利擁護の現場では司法ソーシャルワークを実践する法律専門職との連携が大いに期待される。

[事例①]

　Aさんにはものわすれ外来に通院してもらい，成年後見等申立用の診断書の作成を依頼することになった。Aさんは通院を忘れたり，医師に内容が上手く伝えられないこともあり，地域包括支援センターの職員が受診に同行した。結果，Aさんは認知症により補助相当との意見が付された診断書を取得することができた。

　Aさんには，申立てに協力してくれる親族がいないため，Aさん自らが申立人となって補助開始申立手続を進めることになった。しかし，Aさんは自身で申立書類の作成や資料収集を行うことが困難であるため，地域包括支援センターを通じて補助申立書類の作成を支援してくれる法律専門職を紹介してもらうこととなった。

　紹介を受けた法律専門職は地域包括支援センターの職員と一緒にAさん宅に訪問し，経過等を再確認して成年後見制度の説明をすると，Aさんは「お願いします」とはっきり意思表明をして，法律専門職に対して補助開始申立書類の作成と補助人候補者になることを依頼した。補助開始申立書類の作成に関する法律専門職の報酬等については日本司法支援センター（法テラス）の民事法律扶助制度（弁護士・司法書士の報酬等の立替払制度）を利用して支払うことになった。

　Aさん，地域包括支援センターの職員及び法律専門職が一緒に家庭裁判所に行き申立書類等を提出して，調査官による面談を受け，補助開始の申立てに至る経緯等を説明した。

　後日，補助開始の審判書がAさん宅に届き，候補者となった法律専門職が補助人に就任した。

◆3　家庭裁判所調査官

家事事件において事実の調査を行う家庭裁判所の職員である。家庭裁判所調査官は，成年後見等申立手続において，支援対象者本人，申立人，関係者と面談し，申立に至った経緯，本人の財産，収入や支出，生活歴，親族関係等の聴き取り調査を行う。成年後見以外では，離婚事件や少年事件において，離婚当事者，少年や保護者を調査し，紛争の原因や少年が非行に至った動機，生育歴，生活環境等を調査する。

◆4　参与員

家庭裁判所により徳望良識のある者のなかから選ばれた民間有識者である。家事事件おいては，家庭裁判所は，原則として，参与員の意見を聴いて審判をする。参与員制度は，単に法律的な判断のみに基づき結論を出すのではなく，その解決に当たり，民間有識者の健全な社会良識に基づいた意見も参考にして，妥当な解決に図る制度である。成年後見等申立手続においては，参与員は，家庭裁判所に意見を述べるために，家庭裁判所の許可を得て，申立人が提出した資料の内容について申立人から説明を聴くことができる。

注　(1)　新井誠・赤沼康弘・大貫正男編（2014）『成年後見制度――法の理論と実務（第2版）』有斐閣。

第 9 章
成年後見制度の権利侵害事例への活用
第 1 節　消費者被害等における成年後見制度の活用

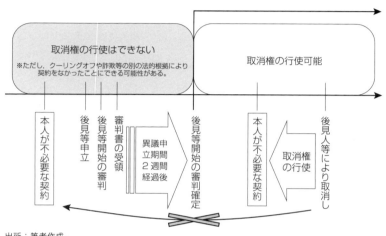

図9-1　成年後見制度の取消権

出所：筆者作成。

消費者被害等への対応

　消費者庁発行の『平成30年版消費者白書』によると2017年度の「認知症等の高齢者に関する相談件数」は8,975件,「障害者等に関する相談件数」は2万630件であった。また,「認知症等の高齢者に関する相談販売購入形態別割合」は,「訪問販売」が38.3％,「電話勧誘販売」が18.3％,「通信販売」(インターネット通販以外) が8.9％であり,「高齢者の商品・サービス別上位相談件数」の第5位は新聞（750件）である。認知症等の高齢者や障害者等は事業者からの勧誘や契約締結の場面で必要な判断能力が不十分な状態にあるためにトラブルに遭いやすい状況にある。トラブルの未然防止や被害の拡大防止には,家族,近隣住民,福祉関係者,行政機関等が連携して見守りを強化することが重要であり,さらに成年後見制度を活用することで上記のような消費者被害への対処や予防が可能となる。

　成年後見等が開始された後に支援対象者が自ら行った契約等の法律行為は,日用品の購入その他日常生活に関する行為を除き,後見人等が後から取り消すことができる（図9-1）。ただし,保佐,補助の場合は同意権の対象となる法律行為に限る。したがって,成年後見等開始後は,支援対象者の日常生活にかかわるヘルパー等の支援者に見守ってもらい,何か気づいたことがあればすぐに後見人等に連絡することで,消費者被害等の早期発見,早期対応,さらに未然防止,被害の拡大防止が可能となる。

　しかし,多くの権利侵害事例においては,支援対象者の成年後見等が開始する前にすでに消費者被害等が発生している場合が想定される。この場合,支援対象者が自らした契約の内容や事案等に応じて,民法（成年後見制度の取消しを除く）,消費者契約法,特定商取引法等の法律の適用を検討して対応することになる。

[事例②]

Aさんは，補助開始前に複数の新聞購読契約を行っていた。これらの契約は訪問販売により勧誘を受けて行われていたとのことであったため，補助人となった法律専門職は，Aさんから契約時の状況を詳しく確認し，消費者契約法や特定商取引法に基づく撤回等の可能性を検討した。すでにAさんの新聞購読契約の申込時から8日以上経過していたが，新聞販売業者が特定商取引法に定める事項を記載した書面をAさんに交付していない事実が確認できたため，クーリングオフ行使期間が未だ進行していないとして，補助人から新聞販売業者に対してクーリングオフを行使する書面を発送し，その後，各新聞販売業者と交渉して契約を解消することができた。

その後，Aさんは欲しい物や必要な物がある場合，勧誘等があった場合はすぐに補助人に連絡して，その判断を補助人と一緒に考えるようになり，不必要な契約をすることがほとんどなくなった。

債務整理について

成年後見制度が必要となる支援対象者は，判断能力の低下に伴い財産管理が困難になり，また，消費者被害等に遭い，やむを得ず借金をしてしまい，その支払いができずに滞納することもある。支援対象者に債務が有る場合，後見人等は支援対象者の借金等の債務を調査して整理していく必要がある。

債務を調査する方法としては，個人信用情報機関に対する**個人信用情報開示請求**や支援対象者宅に届く郵便物等により債権者を特定し，判明し

た各債権者に対して債務の内容や金額等を個別に確認すること等が考えられる。

債務整理の方法としては，継続的な収入があり債務額等から分割払いによる返済が可能であれば任意整理や民事再生，分割支払ができない場合は自己破産等が考えられる。また，長期間請求も支払いもなされていない債務については消滅時効を援用することで解決できる可能性もある。

成年後見等が開始すれば，後見人等が本人の財産管理を行うことになるため，収支が明確になり借金をしなければならない状況にはならず，また必要な支払いが滞ることも生じない。

[事例③]

補助人が，個人信用情報機関への個人信用情報の開示手続やAさん宅に届く郵便物により債権者を特定し，債務を調査したところ，消費者金融からの借金，滞納家賃，介護保険料を含め約15万円の債務が判明した。補助人はAさんに代わって各債権者と交渉した結果，Aさんの収支状況を考慮して無理のない範囲の分割支払の和解が成立し，補助人がその返済を管理していくことになった。

その後，補助人はAさんの債務の支払いを管理し，完済した。家賃滞納を解消したことで公営住宅の家賃の減額を受けることができ，さらに介護保険料の滞納を解消したことで給付制限もなくなり介護保険サービスを1割負担で利用することができるようになった。Aさんは，訪問介護，訪問看護等を利用して食事や服薬等の管理ができるようになり，収支の改善だけでなく，心身の状況も含め生活そのものが改善されるようになった。

第2節 虐待事例における成年後見制度の活用

この節のテーマ
- 虐待の通報があった場合の行政の対応の流れを知る。
- 市町村長申立による成年後見制度利用の実際を知る。
- 成年後見制度を活用した経済的虐待への対応について知る。

事例

[事例の概要]

Bさんは40代女性で、重度の知的障害者である。Bさんは、グループホームに入所しており、日中は作業所に通所している。Bさんの母親がBさんの障害年金等の収入が入金される通帳等を管理していたが、Bさんの母親が死亡したためBさんの兄がBさんの通帳等を管理することになった。その後、Bさんのグループホーム利用料が滞るようになったため、グループホームの職員がBさんの兄に連絡するものの、利用料が支払われることはなく、滞納額は増える一方であった。

グループホームの職員はBさんの兄による経済的虐待を疑い、行政の障害者虐待対応窓口に通報した。行政の担当者はBさんの兄から聴き取りを行ったところ、Bさんの兄は無職のために借金を重ねており、借金の返済も滞りこれ以上借金ができなくなったためBさんの預貯金を使うようになったとのことであった。また、Bさんの兄はBさんのグループホーム利用料等の支払いや通帳をグループホーム等に預けることを明確に拒否した。

その後、行政内部で対応方針を協議した結果、Bさんについて市長申立てによる成年後見制度の利用を進めることになった。

市町村長申立てについて

◆1
虐待事例において虐待を受けた(と思われる)高齢者や障害者に後見人等が就く意義は大きい。しかし、成年後見等の申立権限がある親族から手続の協力が見込めず、かつ、支援対象者自身も成年後見制度利用の意思表示ができない場合は、どうすればいいだろうか。老人福祉法、知的障害者福祉法、精神保健及び精神障害者福祉に関する法律には、65歳以上の者、知的障害者、精神障害者について、その福祉を図るため特に必要があると認めるときは、市町村長は成年後見等開始の審判を請求することができるとの規定があり、申立権限のある親族や本人からの申立てができないような場合には、これらの法律の規定に基づき市町村長から管轄の家庭裁判所に対して成年後見等の申立てを行うことで支援対象者について成年後見制度につなげることができるようなしくみになっている。なお、全国の家庭裁判所への市町村長による成年後見等申立件数は、2014(平成26)年は5,592件、2015(平成27)年は5,993件、2016(平成28)年は6,466件、2017(平成29)年は7,037件と年々増加している。

[事例①]

行政の担当者は，Bさんの入所先グループホームの職員等と連携してBさんの主治医に成年後見等申立用の診断書作成を依頼した。診断書には，Bさんの判断能力に関して成年後見相当との意見が付されていた。次に，行政の担当者は，Bさんの成年後見申立権限がある２親等内の親族を調査するためにBさんの戸籍謄本等を収集した。その結果，Bさんの２親等内の親族はBさんの兄のみであった。行政の担当者は，Bさんの兄からBさんの成年後見申立手続の協力には応じないとの回答を得たため，市長が申立人となり家庭裁判所に対して，Bさんについて成年後見開始の申立手続を行い，法律専門職が成年後見人に選任された。

後見人等による虐待への対応

本事例にあるように，すでに施設等に入所している支援対象者に対して親族による経済的虐待が行われている場合は，成年後見制度を活用することでさらなる虐待を防ぐことが可能となる。後見人等が虐待を受けた高齢者や障害者の法定代理人として，虐待を行っている者への対応を具体的に進めていくことが可能となるからである。

たとえば，虐待を受けた高齢者や障害者への支援や保護が必要な場合は後見人等が代理権を行使して施設への入所手続等の契約を行うことでその実現を図ることができるし，経済的虐待の場合は虐待を行っている者が通帳等の引継ぎを拒否したとしても，後見人等が通帳を再発行したり，年金等の受取口座を変更することで，虐待を受け

た高齢者や障害者の財産や生活資金を確保することができる。

必ず覚える用語

☐ 虐待
☐ 障害者虐待防止法

◆1　虐待

高齢者虐待については高齢者虐待防止法，障害者虐待については障害者虐待防止法において定義されており，養護者や養介護施設従事者等が高齢者，障害者に対して行う次の行為とされている。

①身体的虐待
高齢者・障害者の身体に外傷が生じ，若しくは生じるおそれのある暴行を加え，又は正当な理由なく障害者の身体を拘束すること。

②放棄・放置
高齢者・障害者等を衰弱させるような著しい減食又は長時間の放置その他の高齢者を養護すべき職務上の義務，養護者以外の同居人の虐待行為の放置等養護を著しく怠ること。

③心理的虐待
高齢者・障害者に対する著しい暴言又は著しく拒絶的な対応その他の高齢者・障害者に著しい心理的外傷を与える言動を行うこと。

④性的虐待
高齢者・障害者にわいせつな行為をすること又は高齢者・障害者をしてわいせつな行為をさせること。

⑤経済的虐待
高齢者・障害者の財産を不当に処分することその他当該高齢者から不当に財産上の利益を得ること。

第9章
成年後見制度の権利侵害事例への活用
第2節　虐待事例における成年後見制度の活用

[事例②]

　Bさんの成年後見人は，行政の障害者虐待対応担当者と対応方針を検討し，Bさんの兄との話し合いの場を設けることになった。しかし，Bさんの兄は約束の日時に現れず，再度話し合いの場を設けたがやはりBさんの兄は約束の日時には現れなかった。そこで，Bさんの成年後見人は，やむなくBさんの兄が所持しているBさんの通帳について使用停止及び再発行手続をとり，Bさんの生活資金の確保を優先した。すると，Bさんの兄から行政の障害者虐待対応担当者に，「次は必ず参加するので話し合いの場を再度設けてほしい。」旨の連絡が入った。ようやくBさんの兄が約束の日時に現れたので，Bさんの成年後見人，行政の障害者虐待対応担当者はBさんの兄と話し合うことができた。話し合いの結果，Bさんの兄は，法テラスの民事法律扶助を利用して別の法律専門職に相談して借金の整理を行うことになり，さらに就労を支援してもらい就職活動を始めることになった。

　その後，Bさんの兄は再就職したため，Bさんの成年後見人は，Bさんの兄が横領した金銭を給料から毎月少しずつ返還してもらう旨の和解合意をした。また，Bさんの成年後見人は，グループホーム利用料の滞納分を分割払いで返済していくことについても和解合意をした。Bさんの兄によるBさんへの経済的虐待はなくなり，Bさんは今までどおりグループホームでの生活を安定して続けることができるようになった。

■ 養護者による障害者虐待への対応の流れ

　本事例は，親族による経済的虐待が疑われるケースである。

　障害者虐待防止法では，障害者福祉施設従事者等は障害者虐待を発見しやすい立場にあることを自覚し，障害者虐待の早期発見に努めなければならないとされている。実際，障害者の金銭の管理等を行っている障害者の親族等の養護者により，本人の年金や賃金を渡さない，本人の同意なしに財産や預貯金を処分・運用する等の経済的虐待が行われている場合，本来支払われるべき家賃や光熱費，施設利用料等が支払われず，滞納状態が継続することがきっかけで，これらの費用の支払を受ける障害者福祉施設等が養護者による虐待行為を発見することがある。

　では，養護者による障害者虐待を発見した場合，どのような対応がなされるのだろうか。障害者虐待防止法では，養護者による虐待を受けたと思われる障害者を発見した者は，速やかにこれを市町村に通報しなければならないとされており，発見者による通報は義務である。そして，発見者からの通報を受けた市町村は，速やかに，障害者の安全の確認その他当該通報に係る事実の確認のための措置を講ずるとともに，市町村と連携協力する者とその対応について協議を行うものとされている。市町村は，通報等の内容を詳細に検討して対応方針を協議したうえで，訪問調査等により障害者の状況や事実関係の確認をした結果，養護者による障害者虐待が疑われる場合は，ケース会議を開催し，障害者の保護，障害者への支援，養護者への支援，成年後見制度利用開始の審判請求等の実施を検討することになる（**図9-2**）。

図9-2 養護者による障害者虐待への対応（市町村）

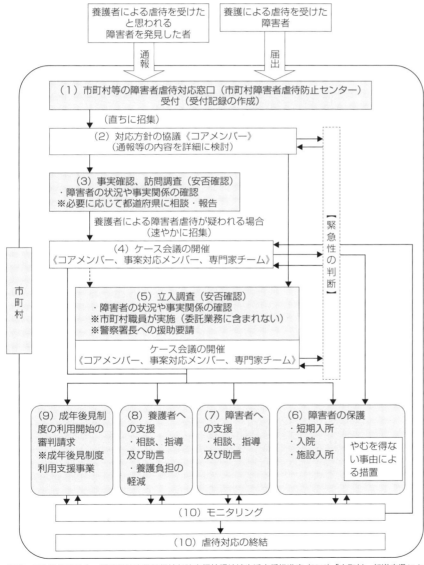

出所：厚生労働省社会・援護局障害保健福祉部障害福祉課地域生活支援推進室（2013）「市町村・都道府県における障害者虐待の防止と対応」。

さらに学びたい人への基本図書

公益社団法人 成年後見センター・リーガルサポート編著『成年後見教室 実務実践編 3訂版』日本加除出版，2013年
初めて成年後見人に選任された方のための道しるべとしての一冊。成年後見人，保佐人，補助人の各職務や権限，後見人等に就任後に行うべきことだけでなく，成年後見等開始申立手続の相談を受ける方への内容も網羅されている。

公益社団法人 成年後見センター・リーガルサポート編著『成年後見教室 課題検討編 2訂版』日本加除出版，2010年
前記の関連図書で，成年後見制度をより幅広い視野から，高齢者虐待や消費者被害等さまざまな課題を検討して学ぶことができる一冊。

小賀野晶一・公益社団法人東京社会福祉士会編著『社会福祉士がつくる身上監護ハンドブック』民事法研究会，2016年
成年後見制度の中でも特に身上監護について焦点を当てた一冊。成年後見制度における身上監護の主な業務について，本人の状態や場所，支援の段階ごとの業務等について説明がなされている。また，実践事例も示されていて非常にわかりやすい。

Try! 第9章

問：権利侵害事例について成年後見制度を活用することでどのような対応が可能となるか述べなさい。

ヒント：後見人等の権限から行うことができる支援を考えてみよう。

第10章

成年後見制度と
ソーシャルワーク

本章で学ぶこと

● 成年後見制度の多様な担い手の特徴を理解する（第1節）。

● 後見人等とソーシャルワーカーとの連携のあり方を
　理解する（第2節）。

● ソーシャルワーク実践における成年後見制度の活用のあり方を
　理解する（第3節）。

第1節 成年後見制度の多様な担い手——専門職後見人・法人後見・市民後見人

◯ この節のテーマ
- 成年後見制度の多様な担い手の現状を知る。
- 主な第三者後見人の特徴を知る。
- 多様な担い手が活動することの意味を考える

成年後見制度の多様な担い手の現状

後見人等は家庭裁判所により選任されるが，2017（平成29）年1月から12月までの1年間に選任された後見人等の内訳は，**表10-1**に示したとおりになる。

成年後見制度の担い手は，本人の配偶者や親，子などの親族が選任される**親族後見人**と，親族以外の第三者が選任される**第三者後見人**に大別できる。また，第三者後見人には，表10-1にあるように，弁護士や司法書士，社会福祉士などの専門職が成年後見人等として選任される**専門職後見人**，**社会福祉協議会**やその他の法人が後見人等として選任される**法人後見**，市民が後見人等として選任される**市民後見人**がある。

2017（平成29）年の1年間に選任された親族後見人の割合は約26.2%，第三者後見人の割合は73.8%であった。成年後見制度は，2000（平成12）年に新たな枠組みで再出発したが，2000年当時の選任状況は，親族後見人が約9割，第三者後見人が約1割であった。現在，親族後見人等よりも第三者後見人等が多く選任される傾向にある。17年もの間に，第三者後見人の選任が増加し，多様な担い手が後見人等として活動している。

専門職後見人

専門職後見人として代表的な専門職は，弁護士や司法書士，社会福祉士であるが，表10-1でも示したように，その他，行政書士や税理士，精神保健福祉士などの専門職も選任されている。

弁護士や司法書士などの法律専門職が後見人等として選任される事案には，保険金の受け取りなど多額の財産を取り扱う予定があったり，被後見人等の親族間に紛争がある場合など，後見事務において法律的な知識や対応が求められる場合に選任される傾向にある。

社会福祉士などの福祉専門職は，被後見人等の介護や生活の維持，福祉サービスの利用などいわゆる身上監護と呼ばれる後見活動が求められる場合に選任される傾向にある。

専門職後見人の特徴は，各専門職がもつ専門性を生かした後見活動にある。また，弁護士や司法書士，社会福祉士などの専門職には専門職団体があり，各団体は各会員に対して後見活動の支援や監督などを行っており，後見活動の信頼性が確保できると期待されている。

表10-1 後見人等と本人との関係（2017年1月～12月）

親族後見人（約26.2%）					第三者後見人（約73.8%）									
配偶者	親	子	兄弟姉妹	その他親族	弁護士	司法書士	社会福祉士	社会福祉協議会	税理士	行政書士	精神保健福祉士	市民後見人	その他法人	その他個人
2.2%	2.0%	14.2%	3.6%	4.3%	22.3%	28.0%	12.4%	2.9%	0.2%	2.5%	0.1%	0.8%	4.1%	0.5%

注：弁護士／司法書士／行政書士／税理士の統計には，弁護士法人265件，司法書士法人329件，税理士法人0件，行政書士法人11件が含まれている。

出所：最高裁判所事務総局家庭局「成年後見関係事件の概況——平成29年1月～12月」をもとに筆者作成。

法人後見

　法人後見は，2000年から民法に後見人等として選任できると明文化されたものである。現在，社会福祉協議会や特定非営利活動法人，その他法人が選任されている。社会福祉協議会に関しては，2015（平成27）年9月末現在，359の団体が法人後見の受任体制が整っているとされている。[2]

　法人後見が明文化された背景には，①成年被後見人等のニーズの多様化により法人などの組織対応による後見活動が求められたり，②身寄りのない人の場合など後見人等の候補者を見つけるのが難しい場合など，その受け皿として期待できることなどがあるとされている。[3]

　法人後見のメリットとしては，①組織で後見活動を行うため，被後見人等の年齢が若い場合などの長期による支援が必要な事案に対応しやすいこと，②後見事務の担当者の交代が組織内で可能なこと，③組織内で相談しながら後見活動ができるため個人への負担が軽減されること，④個人による後見活動では対応が難しい困難事例にも対応可能であることなどがあげられている。また，地域によっては成年後見制度の担い手が不足し

必ず覚える用語

- □ 後見人
- □ 親族後見人
- □ 第三者後見人
- □ 専門職後見人
- □ 法人後見
- □ 市民後見人

◆1 社会福祉協議会
都道府県，市区町村において，地域住民の方々，社会福祉を目的とした事業者・施設，その他関係機関とともに，福祉のまちづくりに向けた活動を推進する民間の組織。社会福祉法第109条（市区町村社会福祉協議会），第110条（都道府県社会福祉協議会）に規定され，地域福祉の推進主体として位置づけられている。市民活動・ボランティア活動の支援，福祉活動団体へのサポート，各種福祉サービスや相談活動等を行う。

◆2 社会福祉士
日常生活を送るうえで様々な支援を必要とする人たちに対して，保健医療などの関係機関と連携及び調整を図りながら，相談，助言を行う社会福祉の専門職。社会福祉士及び介護福祉士法に規定された国家資格である。社会福祉士の活動の場は，高齢者の地域生活の相談にあたる地域包括支援センターや，子ども家庭に関する相談にあたる児童相談所等である。独立型社会福祉士として自身で事務所を立ち上げ，活動している社会福祉士もいる。

第10章　成年後見制度とソーシャルワーク　169

第10章
成年後見制度とソーシャルワーク
第1節　成年後見制度の多様な担い手──専門職後見人・法人後見・市民後見人

ている場合もあり，法人後見はその受け皿として期待されている側面もある。

一方，法人後見には課題もあるといわれている。法人という組織が後見人等となるため，個人の後見人等とは異なり，顔が見えにくいとされる。そのため，責任の所在の明確化が必要となる。また，組織としての判断が求められるため，判断に時間がかかることも指摘されている。そして，組織維持のための財源確保も課題といわれている。

市民後見人

市民後見人は，親族でもなく，弁護士や司法書士などの専門職後見人でもない，自治体が実施する後見人養成講座を受講し，家庭裁判所から成年後見人等として選任された人たちである（本書第8章第4節参照）。現在，老人福祉法や成年後見制度利用促進法において，市民後見人の養成・活用の推進に努めることが定められ，全国各地で**市民後見人の育成**が広まっている。

市民後見人の特徴は，市民感覚を生かした後見活動にあるとされている。大阪市成年後見支援センターが2017年に実施した市民後見人63名を対象としたアンケート調査では，市民後見人は平均して週1回，被後見人に面会を行っている。そこでは，家族のように接したり，根気強く本人と向きあうなど，時間をかけて被後見人等と信頼関係を築こうとしていた。また，財産の管理にあたっても財産の保全だけでなく，本人の意思やより良い生活の実現に向けて適切に活用していく姿勢などが明らかとなっている。また，市民後見人と

して活動することで，「経験や知識が増えた」「後見活動が日常の一部となっている」「自らの老後を深く考えるきっかけとなった」「市民後見人の活動を通じて社会とつながりがもてた」といった市民後見人の変化も生まれている。

市民後見人の活動は，弁護士や司法書士，社会福祉士などの専門職後見人とは違う，市民の立場から同じ市民である被後見人等の代弁者として活動できると期待されるとともに，市民後見人のやりがいにもつながっている。そして，自分自身も判断能力が不十分になったときでも，市民後見人のような人たちが支えてくれるのだという気持ちになり，地域で暮らし続けることができるという安心感をもたらしている。市民後見人の活動は，地域のなかでの市民同士の支え合いの循環につながる取り組みになる可能性を含んでいる。

成年後見制度の多様な担い手がいることの意味

現在，第三者後見人の割合が約7割を占め，その第三者後見人は，弁護士や司法書士，社会福祉士だけでなく，市民後見人，法人後見人など多様な担い手が選任されている。こうした多様な後見人等の担い手が活動しているという状況は，被後見人等の多様なニーズに応えることにもつながる。

たとえば，財産に課題の多い被後見人等，身上監護に課題の多い被後見人等，身寄りのない被後見人等，さまざまな被後見人等がいる。財産に課題の多い被後見人等には，法律の知識を生かした後見活動を行う弁護士や司法書士が選任される。

170 ｜ 第Ⅲ部　成年後見制度の理解と活用

身上監護に課題の多い被後見人等であれば，福祉の知識のある社会福祉士が選任される。あるいは複合的な課題を持つ被後見人等であれば，弁護士と社会福祉士，司法書士と社会福祉士といった複数の後見人等が選任され，二つの専門性を活かして被後見人等のニーズに対応していくことができる。

また，近年では，専門職後見人から市民後見人へ後見人を途中で交代する例も見られるようになっている。これは，被後見人等が抱える課題の解決には，専門的な知識等が必要として弁護士や司法書士などの専門職後見人が選任され，課題解決に取り組むが，ある一定，時間が経過し，その課題が解決され，後見活動の中心が見守り等に移行する場合などにこうした交代がなされることもある。

成年後見制度を必要とする人たちのニーズは多様であるが，そのニーズの充足においては，短期間で対応できるものもあれば，長期間のかかわりが求められるものもある。そして，法律的な対応が求められるものもあれば，友人や知人のようなかかわりが求められるものもある。

多様な担い手がそれぞれの専門性や特徴を生かした後見活動をどのように地域において展開していくことができるのかということが今後の成年後見制度のあり方として一つの課題であるといえる。そして，この課題に取り組むことが，地域全体の権利擁護の推進につながる。

◆3　市民後見人の育成

市民後見人の育成に関しては，その他，認知症施策推進5か年計画（新オレンジプラン）や，平成28年度から実施されている市民後見人育成・活用推進事業などで推進されている。

注

(1) 最高裁判所事務総局家庭局「成年後見関係事件の概況―平成29年1月～12月」（http://www.courts.go.jp/vcms_lf/20180312koukengaikyou-h29.pdf）。

(2) 全国社会福祉協議会地域福祉部「資料5 社会福祉協議会における法定後見・任意後見に係る取組状況および利用促進・不正防止に向けた課題・具体的方策等について」（http://www.cao.go.jp/seinenkouken/iinkai/wg/riyousokusin/2_20161024/pdf/siryo_5.pdf）（2017年2月20日）。

(3) 小林昭彦・大門匡（2000）『新成年後見制度の解説』金融財政事情研究会，224。

(4) 社会福祉法人大阪市社会福祉協議会大阪市成年後見支援センター（2018）『大阪市成年後見支援センター開設10周年記念誌市民後見人は未来をつくる支え合い――わたしが変わる，地域が変わる』18-26。

第2節 ソーシャルワークにおける後見人等との連携・協働の視点

この節のテーマ
- ソーシャルワーカーと後見人等との連携・協働の必要性を学ぶ。
- ソーシャルワーカーと後見人等との連携・協働の形を学ぶ。
- 後見人等と連携・協働するための視点を学ぶ。

後見人等との連携・協働の必要性

成年後見制度は，判断能力が不十分な本人の財産管理や，生活，療養看護に関する契約などの法律行為を支援するものである。この支援は，原則，本人が亡くなるときまで継続される。そして，後見人等には代理権や同意権，取消権が与えられ，判断能力が不十分な本人に代わってさまざまな判断や法律行為を行っていく。これらの後見人等の有する権限は，判断能力が不十分な本人の生活や人生のあり方に大きな影響を与える。

したがって，後見人等による支援においては，本人の意思を尊重したり，心身の状況に配慮する**身上配慮義務**が求められている。なぜなら，本人の思いではなく，後見人等の思いだけでも支援を進めていくことが可能であるからである。ソーシャルワーク実践における成年後見制度の活用においてもこのことを強く意識しておかなければならない。すなわち，後見人等が選任されれば，どのように後見人等と**連携・協働**しながら，本人のための財産管理や，今後の生活のあり方などを考え，支援していくのかということが求められるということである。

とくに，2016（平成28）年に制定された成年後見制度利用促進法とそれに基づく基本計画において，権利擁護支援の地域連携ネットワークが掲げられた。そのなかで，後見人等を含めた「チーム」による本人の見守りが項目として挙げられており，本人の意思を尊重した，本人を中心に据えた地域生活の実現が目指されている。まさに，後見人等との連携・協働による支援が求められていることを意味しており，後見人等と共にどのように本人と関わっていくのか，本人の意思を実現するためにどのように協力をしていくのかを考えていくことが重要であることを示している。

ソーシャルワーカーと後見人等との連携・協働の形

ソーシャルワーカーと後見人等との連携・協働のあり方について，図10-1で図示した。ソーシャルワーカーは矢印（A）で示したように，後見人等は矢印（B）で示したように，それぞれ自身の役割や機能に基づいて，本人（被後見人等）を支援している。そのなかで，矢印（C）で示した働きかけが展開される。これは，ソーシャルワーカーと後見人等が連携・協働することによって本人へ働きかける支援である。この矢印（C）で展開可能な支援としては，次の3つの形がある。

① ソーシャルワークではできない支援を補う連携・協働

ソーシャルワーカーは，本人の生活の状況に合

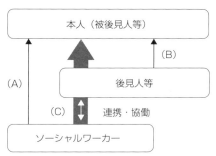

図10-1 成年後見制度を活用したソーシャルワーク実践

出所：鵜浦直子（2009）「ソーシャルワーク実践における成年後見制度の活用の可能性」『ソーシャルワーク研究』35(2), 58を一部改変。

わせて，福祉サービスなどの社会資源の活用を考え，それらを本人とつないでいく支援を行う。しかし，その際に，契約という法律行為が必要となると，本人に代わって契約を結ぶ代理権などの権限を有していないため，ソーシャルワークの支援としては未完成となってしまうことがある。

その時に，権限を有する後見人等がその法律行為を補うことによって，ソーシャルワーカーは，本人と本人のニーズを充たすための社会資源とを結ぶことが可能となる。この連携・協働の例としては，医療・福祉サービスの利用や消費者被害の回復などの支援において契約などの法律行為が必要となる場面があげられる。

② ソーシャルワークに集中できる連携・協働

ソーシャルワークにおいて，本人や家族との援助関係の形成は不可欠であり，ソーシャルワーカーは，本人たちから自らの問題を解決していくためのパートナーとして認識される必要がある。し

必ず覚える用語

☐ 成年後見制度
☐ 身上配慮義務
☐ ソーシャルワーカー
☐ チームアプローチ

◆1 連携・協働
ここでいう連携・協働とは，ソーシャルワーカーと後見人等が共通の支援目標を持って，協力し合いながら一つの成果を生むことを指している。

◆2 ソーシャルワーカー
社会正義や人権などの価値に基づき，人々の生活の質の向上に向けて取り組む専門職である。人と環境の相互作用に焦点を当てて，双方へ働きかけることで問題の解決に取り組む。具体的には，経済的課題，就労，子育て，介護など生活を営むうえで生じる様々な課題を抱えた人々が適切な社会サービスの利用等をとおして解決できるよう支援し，新たな生活を構築できるように取り組む。また，当事者や住民の組織化・活動の支援や，新たな社会サービスの創造などを社会に求めていくなど，人々が暮らす地域や社会の改善にも取り組む。

第10章
成年後見制度とソーシャルワーク
第2節　ソーシャルワークにおける後見人等との連携・協働の視点

かしながら，本人たちからソーシャルワーカーは敵対関係にあるものとして見られることがある。

たとえば，経済的搾取などの虐待の加害者となっている家族と援助関係を形成する必要がある場合などである。これは，家族に虐待などの行為をやめさせることと，家族へのソーシャルワークによる援助を展開させることを同時に同一のソーシャルワーカーが担うことに要因があると思われる。しかし，後見人等が選任されると，経済的搾取などの金銭的な課題を後見人等へゆだねることができ，ソーシャルワーカーは，ソーシャルワーカーとしての立場を確保でき，援助関係の構築に集中できる。

③　ソーシャルワークの支援が活発になる連携・協働

後見人等とはソーシャルワークにおける具体的な支援場面で連携・協働するだけでなく，後見人等の存在自体がソーシャルワークの支援を活発にさせる連携・協働の形もある。たとえば，**ケース会議**[◆3]の場面において，本人の代弁者として後見人等が参加することによって，支援者の意向や考えが優先されることへの歯止めとなったり，検討した内容を本人の代理人として確認するプロセスを確保することができる。

このことは，本人主体のソーシャルワークをより活発化させることにもつながる。また，法的権限を有する後見人等がいることで，実行可能かどうかを確認しながら話し合うこともできる。このことが，ソーシャルワーカーを含む支援者全員に安心感をもたらし，自分たちの支援をさらに積極的に展開していく意欲を引き出すこともできる。

その他，後見人等の存在が本人の周りにいる地域住民に安心感を与え，地域住民の見守る意識をさらに引きだすことにつながる場合もある。

後見人等との連携・協働に求められる視点

後見人等との効果的な連携・協働により，ソーシャルワーカーだけでは実現できなかった支援も可能となり，本人への働きかけの幅も広がっていく。このような効果を生み出すためには，後見人等との連携・協働において，ソーシャルワーカーには次のような視点が求められる。

1つめは，お互いの役割や機能について理解することである。後見人等はあくまでも法律行為について支援するのが主な役割である。そして，現在では多様な担い手が後見人等として活動し，それぞれ経験や専門性が異なる。後見人等の活動の内容やスタイルを理解することが求められる。

そして，ソーシャルワーカーとしてもどのような支援を行うのか，所属する機関の役割，他の支援者の役割などを共有することが大切となる。そうすることで，連携・協働において，お互いにどのようにサポートしあえばいいのか，役割分担をどのように検討すればいいのかについて判断しやすくなる。

2つめは，後見人等との**チームアプローチ**を図ることである。後見人等にケース会議への参画を促したり，多くの支援メンバーと意見交換する場をつくることが大切である。

チームアプローチするうえでは，後見人等含めて関係者がチームアプローチを担う一端である

意識をもつことが求められる。そのため，後見人等に対してそのことへの理解を求めることとが大事である。その理解を求める場としてケース会議は重要であり，参画を求めるとともに，チームとして同じ歩調で取り組めるよう共通認識を持てるようにすることが重要である。

　3つめは，後見人等とともに本人の情報を共有することである。本人のこれまでの生活や思いなどを根拠にしながら，後見人等とともに支援の方向性や決断，判断ができるように，本人の生活歴などを共有する場を設けることが必要である。

　第三者後見人が増える中で，本人と後見人等との出会いの多くは選任後のことであり，本人のことを理解するための情報は後見人等には十分にはない。そこで，ここに至るまでの経過等を知っているソーシャルワーカーをはじめとする関係者と後見人等が本人の情報を共有し，そこから本人主体の地域生活の実現に向けて連携・協働に基づく支援を展開していくことが大切となる。

◆3　ケース会議
本人の抱える生活問題を解決するために，今の状況の分析や問題解決に向けて取り組んべき課題や支援のあり方等を検討する会議。会議の目的に応じて，本人や家族，支援者等の関係者が集まって検討を行う。

注

(1)　鵜浦直子（2011）「ソーシャルワークの機能強化に向けた後見人等との連携・協働に関する研究——成年後見制度を活用したソーシャルワーク実践の分析から」『社会福祉学』Vol. 51, No. 4，日本社会福祉学会，31-42。

第3節 ソーシャルワーク実践における成年後見制度の活用の視点

この節のテーマ
- 福祉サービスの利用を目的とした成年後見制度の活用状況を学ぶ。
- 権利擁護を目的とした成年後見制度の活用状況を学ぶ。
- ソーシャルワーク実践における成年後見制度の活用の視点を考える。

福祉サービスの利用を目的とした成年後見制度の活用状況

　介護保険サービスの利用には契約が必要である。しかし，判断能力がない場合には，契約が結べない。そのときは，成年後見制度を利用し後見人等がその契約を行う。このことから，介護保険制度と成年後見制度は高齢者を支える車の両輪といわれ，このように，ソーシャルワーク実践において成年後見制度は重要な社会資源となる。介護保険制度などの**福祉サービス**[1]との接点で成年後見制度がどのように活用されているのかについて，成年後見制度の申立て動機からみていく。

　2017（平成29）年の成年後見制度の申立ての動機のうち[1]，**表10-2**で示したように，介護保険契約を動機とした申立ての割合は約20.8％であった。また，本人の身上に関する契約行為を支援する身上監護を動機とした申立ての割合は，約39.4％であった。

　成年後見制度の申立ての動機で最も多いのは，預貯金の管理と解約である。成年後見制度は財産管理が中心となる支援ではあるが，介護保険契約や身上監護を動機とする申立ても増加してきている。ソーシャルワーカーなどの支援者が福祉サービスの利用を進めていくために成年後見制度を活用するという支援が一定程度広まってきて

いるといえる。

　こうした本人の生活全体を支えることを目的とした成年後見制度の利用が意識されるようになった背景には，高齢化の進展と世帯構造の変化，認知症高齢者の増加などがあるといえる。2016（平成28）年度の国民生活基礎調査によると，高齢者世帯は全世帯の26.6％を占めており，増加傾向である。そして，高齢者世帯の構造として，単独世帯が49.4％，夫婦のみの世帯が46.7％，その他の世帯が3.9％となっており，単独世帯と夫婦のみの世帯を合わせると，高齢者世帯の96.1％を占めている。

　また，認知症高齢者に関しては，65歳以上の高齢者の認知症患者数と有病率の将来推計が平成24（2012）年では認知症患者数462万人で，65歳以上の高齢者の7人に1人（有病率15.0％），そして平成37（2025）年には約700万人，5人に1人になるとの推計も出ている[2]。

　親族等からの支援が日常的に期待できない人たちが今後，社会の中で増えてくることが予想されるなか，どのように対応していくのかが大きな課題である。成年後見制度は，その一つの解決策として，ソーシャルワーカーが一層，活用を意識していく社会資源になるといえる。

表10-2　主な申立ての動機（平成29年1月〜12月）

預貯金等の管理・解約	保険金受取	不動産の処分	相続手続	訴訟手続等	介護保険契約	身上監護	その他
87.3%	8.5%	19.4%	18.2%	5.8%	20.8%	39.4%	6.6%

注：1件あたり申立て動機は複数あるため，割合の合計は100%にはならない。
出所：最高裁判所事務総局家庭局「成年後見関係事件の概況―平成28年1月〜12月―」をもとに筆者作成。

表10-3　虐待事例として判断された事案における対応としての成年後見制度の利用状況

	養護者による高齢者虐待対応における活用状況（16,770人）	養護者による障害者虐待対応における活用状況（1,554人）
成年後見制度利用開始済み	799（4.8%）	89（5.7%）
成年後見制度利用手続き中	499（3.0%）	71（4.6%）

出所：「平成28年度 高齢者虐待の防止，高齢者の養護者に対する支援等に関する法律に基づく対応状況等に関する調査」及び「平成28年度 障害者虐待の防止，障害者の養護者に対する支援等に関する法律に基づく対応状況等に関する調査結果報告書」をもとに筆者作成。

虐待等の対応における成年後見制度の活用状況

　次に「平成28年度　高齢者虐待の防止，高齢者の養護者に対する支援等に関する法律に基づく対応状況等に関する調査[(3)]」によると，**表10-3**に示すように，養護者による高齢者虐待への対応として虐待判断事例における被虐待者1万6,770人のうち，成年後見制度および日常生活自立支援事業の利用状況は，成年後見制度の「利用開始済み」が799人で約4.8%，「利用手続き中」が499人で約3.0%であった。虐待事例として判断された人のうちの約7.8%が成年後見制度を虐待対応の一つとして活用していることがわかる。なお，日常生活自立支援事業については396人で約2.4%が利用し，そのうち成年後見制度の申立て手続き中は22人で約0.1%であった。

　また「平成28年度　障害者虐待の防止，障害者の養護者に対する支援等に関する法律に基づく

必ず覚える用語

☐ 高齢者虐待
☐ 障害者虐待
☐ 経済的虐待

◆1　福祉サービス
介護保険制度に基づく介護保険サービス，障害者総合支援法に基づく障害福祉サービスなどの総称。社会福祉法第3条に福祉サービスの基本理念が掲げられ，そこでは「福祉サービスは，個人の尊厳の保持を旨とし，その内容は，福祉サービスの利用者が心身ともに健やかに育成され，又はその有する能力に応じ自立した日常生活を営むことができるように支援するものとして，良質かつ適切なものでなければならない」とされている。

第10章
成年後見制度とソーシャルワーク
第3節　ソーシャルワーク実践における成年後見制度の活用の視点

対応状況等に関する調査結果報告書[4]」によると，**表10-3**に示すように，**養護者**[◆2]による障害者虐待への対応として虐待判断事例における被虐待者1,554人のうち，成年後見制度および日常生活自立支援事業の利用状況は，成年後見制度の「利用開始済み」が89人で約5.7％，「利用手続き中」が71人で約4.6％であった。虐待事例として判断された人のうちの約10.3％が成年後見制度を虐待対応の一つとして活用していることがわかる。なお，日常生活自立支援事業については42人で約2.7％が利用していた。

　高齢者虐待や**障害者虐待**に対して成年後見制度が活用される場合の多くは，経済的虐待がその理由としてある。2016年度の養護者による高齢者虐待における**経済的虐待**の割合は18.1％，障害者虐待における経済的虐待の占める割合は24.1％であった。

　また養護者による高齢者虐待において，被虐待者で要介護認定を受けている者で，認知症日常生活自立度Ⅱ以上の人は70.2％，被虐待高齢者全体では46.8％となっていた。養護者による障害者虐待における被虐待者の障害種別は，知的障害が最も多く54.2％，精神障害者が32.6％となっていた。

　判断能力が不十分な人たちは，経済的虐待など，権利侵害に遭うことが多い。権利侵害への回復，そして予防に向けた策として成年後見制度の活用がなされている。

■ソーシャルワーク実践における成年後見制度の活用の視点

　ソーシャルワーク実践における成年後見制度の活用状況として，成年後見制度の申立ての動機や虐待対応における活用をその例としてあげたが，選任された後見人等は原則，被後見人等本人が亡くなるまで権限を有する。そのため，長期にわたってソーシャルワーク実践にもさまざまな影響をもたらすことになる。したがって，ソーシャルワーク実践において成年後見制度を活用していくうえでは，次の視点から検討していくことが大切である。

　一つめは，後見人等選任後の本人の生活のあり方を意識して成年後見制度の活用を考えることである。いま，目の前で生じている契約や金銭管理などの法律上の問題に対応するために成年後見制度を活用することは多々あるといえる。遺産相続手続きなどはその例であると思われる。しかし，後見人等はこれらの法律上の問題を解決した後も，本人に対する支援は継続されることになる。すなわち長期にわたって本人の生活や生き方に影響を与えることにもなる。そのため，成年後見制度を活用する際には，目の前の課題だけでなく，選任後の本人の生活のあり方も意識して検討していかなければならない。

　二つめは，後見人等が選任されたとしても，支援の中心には本人がいなければならないということである。後見人等には強い権限が与えられ，本人の代弁者としてさまざまな判断をすることもできる。このことは，ソーシャルワーク実践において強みになる反面，弱点になる面もある。なぜなら，本人の意向ではなく，後見人等の意向によって下された判断であっても，それが正当化され，場合によっては権利侵害へとつながる可能性

があるからである。したがって，後見人等が選任された後も，支援の中心には本人を位置づけると意識することが大切である。

　三つめは，ソーシャルワークができることと後見人等ができることをきちんと整理して成年後見制度を活用することである。後見人等は何もかもできるわけではない。また後見人等が選任されたからといって，ソーシャルワーカーによる支援を後見人等が引き継ぐわけでもない。

　後見人等の役割は，家庭裁判所から付与された代理権や同意権・取消権に基づいてなされる。この権限をもとに後見人等は支援する。ソーシャルワーカーはソーシャルワーク実践を根拠に本人を支援することになる。同じ本人を支援するとしても，そのアプローチの方法は異なる。この点を混合してしまうと，後見人等に過度な負担を負わせたり，本人に対して適切な支援が提供できない状況が生まれることがある。したがって，成年後見制度を活用する際には，ソーシャルワーカーと後見人等の役割をきちんと理解しておく必要がある。

　四つ目は，ストレングスや意思決定支援の視点を意識して成年後見制度を活用することである。成年後見制度は，本人を保護するための制度であると認識される傾向は強いといえる。確かに，本人の保護が必要となる場面もあるが，本人は守られるだけの存在ではなく，能動的に生きる存在でもある。こうした本人の主体的な側面を支援する成年後見制度の活用のあり方という視点も求められる。後見人等に付与される代理権については，権利侵害に遭わないように行使するだけでなく，

本人のために積極的に財産を活用したり，生活の質の向上に向けて様々な社会サービスを利用するために行使することもできる。また，後見人等がいることで，本人が示した意思を実際に実現するために，その代理権を行使することもできる。成年後見制度を活用するにあたっては，本人のストレングスや意思決定支援の視点を意識し，生活の主体者である本人を支援していくことが大切である。

◆2　養護者

ここでいう養護者とは，高齢者虐待防止法や障害者虐待防止法において，高齢者や障害者を現に養護する者であって，高齢者施設や障害者施設等の従事者等以外の者と定められている人を指す。

注

(1)　最高裁判所「成年後見関係事件の概況
　　──平成29年1月～12月」(http://www.
　　courts.go.jp/vcms_lf/20180312koukengai
　　kyou-h29.pdf)（2018年3月）。

(2)　日本における認知症の高齢者人口の将来
　　推計に関する研究（平成26年度厚生労働科
　　学研究費補助金特別研究事業　九州大学二
　　宮教授）。

(3)　厚生労働省老健局高齢者支援課「平成28
　　年度 高齢者虐待の防止，高齢者の養護者に
　　対する支援等に関する法律に基づく対応状
　　況等に関する調査結果」（2018年3月）。

(4)　厚生労働省社会・援護局障害保健福祉部
　　障害福祉課地域生活支援推進室「平成28年
　　度『障害者虐待の防止，障害者の養護者に
　　対する支援等に関する法律』に基づく対応
　　状況等に関する調査結果報告書」（2017年
　　12月）。

第10章　成年後見制度とソーシャルワーク　179

さらに学びたい人への基本図書

大阪市成年後見支援センター監修／岩間伸之・井上計雄・梶田美穂・田村満子編『市民後見人の理念と実際──市民と専門職と行政のコラボレーション』中央法規出版，2012年
市民後見人の養成に先駆的に取り組んできた大阪市成年後見支援センターの実践を紹介した著書である。権利擁護と地域福祉の視点から取り組む市民後見人のしくみを学ぶことができる。

池田惠利子・いけだ後見支援ネット編『エピソードで学ぶ　成年後見人──身上監護の実際と後見活動の視点』民事法研究会，2010年
後見活動の実際をエピソードをとおして学ぶことができる。エピソードの多くは，後見人等と施設や事業所などとの接点を交えながら紹介されているため，ソーシャルワーカーと後見人等との連携・協働のあり方を考えることができる。

第10章

問：ソーシャルワーカーと後見人等の役割の相違点についてまとめよう。

ヒント：後見人等の有する権限とそれに基づく財産管理と身上監護の中身について整理しよう。その整理を踏まえ，ソーシャルワークとの相違点について考えよう。

第 IV 部

さまざまな権利擁護支援の
方法と実践

第11章

福祉サービスと権利擁護

本章で学ぶこと

●福祉サービスの利用援助を目的とする日常生活自立支援事業を理解
する（第1節）。

●福祉サービスの利用に関する苦情解決のしくみを理解する（第2節）。

●福祉サービスの質の確保及び向上のための第三者評価について理解
する（第3節）。

第1節 日常生活自立支援事業（福祉サービス利用援助事業）の概要と活用

この節のテーマ
● 日常生活自立支援事業（福祉サービス利用援助事業）の目的を学ぶ。
● 日常生活自立支援事業の実施体制を学ぶ。
● 日常生活自立支援事業と成年後見制度の違いを学ぶ。

判断能力が不十分な人の福祉サービスの利用援助

　現在，介護保険サービスをはじめとした福祉サービスの利用方式は，利用する本人自らが福祉サービスを選択し，提供事業者と契約を結ぶことが基本となっている。これは，社会福祉基礎構造改革によって打ち出された利用者本人の自己決定の尊重の理念を形にしたものとされているが，この利用方式においては，利用者本人が，自分の生活課題とは何か，生活課題を充たすために必要な福祉サービスとは何か，福祉サービスを利用するために必要となる契約とは何かなどを理解しておくことが求められる。

　しかしながら，認知症や知的障害，精神障害などによって判断能力が不十分である人たちにとっては，こうした判断を一人で行うことは容易ではない。そこで，判断能力が不十分な人たちの福祉サービスの利用を支援するために，福祉サービス利用援助事業がある。

　判断能力が不十分な人の契約などを支援する制度として，民法に規定された成年後見制度があるが，福祉サービス利用援助事業は，社会福祉法第2条第3項の12に規定された第2種社会福祉事業である。判断能力が不十分な人に対して，無料又は低額な料金で，福祉サービスの利用に関する相談・助言，福祉サービスの利用に必要な手続きや費用の支払いなどの援助を行う。

日常生活自立支援事業と福祉サービス利用援助事業との関係

　福祉サービス利用援助事業は，**社会福祉法人**や[1]NPO法人などの多岐にわたる主体が実施できるが，都道府県社会福祉協議会や指定都市社会福祉協議会がこの事業を実施する場合には，日常生活自立支援事業として取り組むことが求められている。**日常生活自立支援事業**とは国庫補助事業名である。これは，福祉サービス利用援助事業が全国で広く利用できるよう，全国的なネットワークを持っている社会福祉協議会を中心に体制整備を図って実施していくため，国庫補助することとなったためである。

　日常生活自立支援事業に関しては，社会福祉法第81条にその内容が触れられている。そこでは，「福祉サービス利用援助事業を行う市町村社会福祉協議会その他の者と協力して都道府県の区域内においてあまねく福祉サービス利用援助事業が実施されるために必要な事業を行うとともに，これと併せて，当該事業に従事する者の資質の向上のための事業並びに福祉サービス利用援助事業に関する普及及び啓発を行うものとする」と定められている。

図11-1 日常生活自立支援事業実施状況（2017年4月時点）

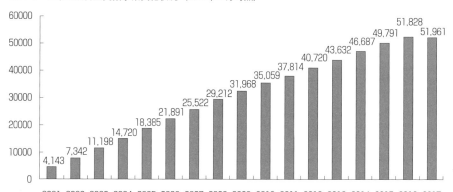

注：平成29年度は当月末の実利用者数。
出所：全国社会福祉協議会（2017）「日常生活自立支援事業実施状況」（2017年4月時点）。

日常生活自立支援事業の利用対象者

　日常生活自立支援事業を利用するためには，都道府県社会福祉協議会や指定都市社会福祉協議会，事業の一部を委託された市町村社会福祉協議会等と契約を結ぶ必要がある。したがって，この事業を利用できる対象者は，認知症や知的障害，精神障害などによって，福祉サービスを利用するために必要となる情報の入手や理解，判断，意志表示が本人だけでは難しい状況にある人であり，かつ，本事業の利用において必要となる契約に関する判断力がある人が対象となる。

　この事業の利用希望者が契約を結ぶことができる能力があるかどうかについては，「**契約締結ガイドライン**」に基づき判定される。利用希望を受けつけた後の面接において，このガイドラインに基づき，利用希望者は，自分のことなどの一般的で基礎的なことが理解でき，伝えることができるかどうかや，自分の現状について理解できているかどうかなどを確認されることになる。このガイドラインだけでは能力を判断できない場合には，**契約締結審査会**で判断されることになる。

　なお，日常生活自立支援事業の利用状況の推移について，**図11-1**で示した。2017（平成29）年度

必ず覚える用語
- □ 日常生活自立支援事業（福祉サービス利用援助事業）
- □ 契約締結ガイドライン
- □ 専門員
- □ 福祉サービスの利用援助
- □ 日常的金銭管理サービス
- □ 生活変化の察知（見守り）

◆1　社会福祉法人
社会福祉事業を行うことを目的として，社会福祉法の定めるところにより設立された法人。社会福祉法人は，特別養護老人ホームや児童養護施設，障害者支援施設，救護施設等を経営する事業（第一種社会福祉事業）と，保育所や訪問介護，デイサービス，ショートステイ等を行う事業（第二種社会福祉事業）の主たる担い手である。その他，必要に応じて，公益事業や収益事業を行うこともできる。

◆2　契約締結審査会
医療・法律・福祉の各分野の契約締結能力にかかる専門的知見を有する委員から構成される。日常生活自立支援事業の対象者の要件に該当するか否かの疑義が生じた場合に審査等を行う。

第11章
福祉サービスと権利擁護
第1節　日常生活自立支援事業（福祉サービス利用援助事業）の概要と活用

4月時点で，実利用者数は5万1,961人となっている。利用者数が4,143人であった2001（平成13）年度からすると，17年間で利用者数は約12倍にのぼっている。また，2017（平成29）年度の実利用者数5万1,961人の内訳については，認知症高齢者の利用が45.1％で最も多く，次いで精神障害者で26.6％，知的障害者で23.1％となっている。

日常生活自立支援事業の実施体制

都道府県社会福祉協議会と指定都市社会福祉協議会が実施主体であるが，事業の一部を市町村社会福祉協議会やNPO法人，社会福祉法人などに委託することができる。事業委託を受けた市町村社会福祉協議会等は，**基幹型社会福祉協議会**◆3として位置づけられている。

また，**専門員**と**生活支援員**◆4が配置される。専門員は，相談，利用申請の受付と判断能力の確認，支援計画の策定，契約の締結を担う。専門員は，原則として，高齢者や障害者等への援助経験のある社会福祉士や精神保健福祉士等であって，一定の研修を受けている者とされている。生活支援員は，専門員が策定した支援計画に基づき，具体的な支援を行う。

日常生活自立支援事業の援助内容

日常生活自立支援事業の援助内容は，福祉サービスの利用援助と日常的金銭管理サービス，書類等の預かりサービスがある。

福祉サービスの利用援助は，福祉サービスの利用開始や利用中止に必要な手続きや苦情解決制度の利用手続き，住宅改造，居住家屋の賃借，日常生活上の消費契約および住民票の届出等の行政手続きに関する援助，そのほかの福祉サービスの適切な利用のために必要な一連の援助が含まれる。

日常的金銭管理サービスでは，年金および福祉手当の受領に必要な手続き，医療費を支払う手続き，税金や社会保険料，公共料金を支払う手続き，日用品等の代金を支払う手続き，これらの支払いにともなう預金の払い戻し，預金の解約，預金の預け入れの手続きが含まれる。

そして，福祉サービスの利用援助と日常的金銭管理サービスに関しては，定期的な訪問による**生活変化の察知（見守り）**が加えられる。

書類等の預かりサービスについては，年金証書，預貯金の通帳，権利証，契約書類，保険証書，実印・銀行印，その他，実施主体が適当と認めた書類が対象となっている。

これらの援助は，原則，相談，助言，情報提供を基本とするが，必要に応じて，契約手続き等の同行又は代行を行う。具体的には，利用者本人から預かった利用料をサービス提供事業者へ支払うなどの代行を行う。また，限定的な対応として，代理権を設定し，在宅での福祉サービスの利用手続きや本人が指定した金融機関口座の払い戻しによる支援も行うことがある。しかし，この代理に関しては，契約締結審査会にはかり，その意見を踏まえて慎重に対応することが求められる。

日常生活自立支援事業と成年後見制度の違い

日常生活自立支援事業と成年後見制度は，ともに判断能力が不十分な人の権利擁護を目的としている。しかしながら，援助方法は大きく異なる。日常生活自立支援事業は，判断能力が不十分な本人が自分で福祉サービスを適切に利用することができるようにサポートすることが主となる。また日常的金銭管理サービスにおいても，あくまでも本人の意向に沿って援助を行うことになる。日常生活自立支援事業が本人に代わって，何かを判断したり，決定したりすることはない。また契約に基づくため，本人が契約終了の意向を示すと，支援を終了することもある。

一方，成年後見制度は，代理権や同意権・取消権という権限に基づいて，判断能力が不十分な人を援助し，代わりに判断したり，決定したりする。そして，原則，本人が亡くなるまで後見人等から支援を受けることとなる。

どちらを利用することが，利用者本人の権利擁護にとって最善の選択になるのかどうかを，本人の判断能力の状況，本人の生活ニーズの状況，本人のできる力を適切に評価し，検討していくことが求められる。

◆3　基幹型社会福祉協議会
都道府県社会福祉協議会と指定都市社会福祉協議会が，日常生活自立支援事業の一部を委託することができ，協力して日常生活自立支援事業を進める団体のことを指す。市区町村社会福祉協議会，社会福祉法人，NPO法人，その他福祉サービス利用援助事業の対象者の当事者団体や家族会等で法人格を有するもの等がそれにあたる。

◆4　生活支援員
日常生活自立支援事業において，専門員が作成した支援計画に基づき，利用者宅等を訪問し，福祉サービスの利用にかかる情報提供等の援助や預貯金等の払い戻し等の日常的な金銭管理等を行う。また本人の日常生活の状況を把握し，専門員に情報等を報告することも行う。

〈参考文献〉
社会福祉法人全国社会福祉協議会（2008）『2008年　日常生活自立支援事業推進マニュアル』全国社会福祉協議会。

第2節 福祉サービスと苦情解決のしくみ

この節のテーマ
- 福祉サービスにおける苦情解決のしくみについて学ぶ。
- 苦情の背景を知るとともに、苦情解決に向けた対応のあり方を考える。
- 苦情解決への取り組みを権利擁護の視点から考える。

福祉サービスにおける苦情

苦情の意味を辞書で引くと、「被害を受けたり、不公平な扱いをされたり、迷惑を受けたりしたことに対する、不満・不快な気持ち。また、それを述べた言葉」(広辞苑)とある。この辞書の意味を踏まえ、福祉サービスにおける苦情をとらえると、福祉サービスを利用しているなかで、利用者が被害を受けたり、不公平な扱いをされたり、迷惑を受けたと感じ、そのことに対して、不満や不快な気持ちを抱いているということがいえる。

社会福祉法第82条では「社会福祉事業者の経営者は、常に、その提供する福祉サービスについて、利用者等からの苦情の適切な解決に努めなければならない」と規定されている。福祉サービスを利用するなかで、利用者が感じた不満や不快な気持ちに適切に対応していくことが求められている。

苦情解決体制

福祉サービスにおける苦情解決においては、厚生労働省から「社会福祉事業の経営者による福祉サービスに関する苦情解決の仕組みの指針について」の指針が出ている。

その指針では、社会福祉事業者を経営する者は、苦情解決の体制として、苦情解決責任者と苦情受付担当者、第三者委員を設置し、福祉サービス利用者からの苦情に対応し、適切な福祉サービスを提供することに資するように求めている。

苦情解決責任者は、責任主体を明確にするために、施設長、理事等をあてるとする。

苦情受付担当者は、利用者が苦情の申出をしやすい環境を整えるため、職員のなかから任命する。苦情受付担当者の職務は、①利用者からの苦情の受付、②苦情内容、利用者の意向等の確認と記録、③受け付けた苦情及びその改善状況等の苦情解決責任者及び第三者委員への報告である。

第三者委員は、第三者の立場から、苦情解決の社会性や客観性を確保し、利用者の立場や特性に配慮した適切な対応を推進することを目的とする委員である。職務としては、苦情受付担当者からの受け付けた苦情内容の報告を受けたり、利用者からの苦情を直接受け付けることもある。また、苦情を申し立てた利用者へ助言したり、事業者にも対応を助言することもある。また苦情を申し立てた利用者と事業者との話し合いに立ち会うことなどもある。

苦情解決と運営適正化委員会

福祉サービスの苦情に関しては，まず利用者と事業者との間で解決するように取り組むことが求められている。しかし，それでも解決が難しい場合には，**運営適正化委員会**[1]において解決を図ることもできる。

福祉サービスに対して寄せられる苦情

社会福祉法人全国社会福祉協議会「苦情受付・解決の状況　平成28年度都道府県運営適正化委員会事業　実績報告[3]」によると，運営適正化委員会で苦情として受け付けた件数のうち，**図11-2**で示したように，サービス分野別でみると，「障害者分野」の割合が増加を続けており，2016（平成28）年度は前年度に引き続き運営適正化委員会で受け付けた苦情全体の半数以上（54.5%）を占める結果であった。

さらにどのような福祉サービスに関して苦情が寄せられているのかをみると，「障害者分野」では「居宅介護」がもっとも多く20.8%，次いで「就労継続支援A型」の13.5%，「就労継続支援B型」の13.5%であった。なお，「就労移行支援事業」に関する苦情も含めると，就労支援事業に対する苦情は，「障害者分野」における苦情全体の35.3%を占めている。

「高齢者分野」では，「特別養護老人ホーム」の22.7%，「訪問介護」の10.7%，「通所介護」の9.9%であった。

必ず覚える用語

- [ ] 苦情解決責任者
- [ ] 苦情受付担当者
- [ ] 第三者委員
- [ ] 傾聴

◆1　運営適正化委員会
都道府県社会福祉協議会や指定都市社会福祉協議会に設置されている。運営適正化委員会は，①福祉サービスの利用援助事業の適正な運営を確保すること，②福祉サービスに関する利用者などからの苦情を適切に解決することを目的としている。

第11章
福祉サービスと権利擁護
第2節 福祉サービスと苦情解決のしくみ

「児童分野」では,「保育所」の34.6%,「放課後等デイサービス」の24.6%となっている。

苦情の種類としては,**図11-3**で示したように,「職員の接遇」の37.7%が最も多く,次いで「サービスの質や量」の20.5%であった。「職員の接遇」は2000年度から一貫して最も多く,「サービスの質や量」とを合わせると,寄せられる苦情のうちの半数以上を占めている。その他,「説明・情報提供」の10.6%,「権利侵害」の7.3%,「被害・損失」の5.4%,「利用料」の3.2%であった。

苦情への対応のあり方

苦情に適切に対応していくためには,苦情が生まれてくる背景や原因をきちんと見極めることが大切である。大曽根は,利用者やその家族が寄せる苦情の背景には,「苦情」という言葉だけではくくることができない「思い」もあると述べている。たとえば,話を聞いてほしい,友達がいない,家族関係がうまくいかない,問題を整理したいなどの思いが含まれていることもあるといい,苦情という形で表面化はしているが,その背後には精神的なニーズや本来取り組むべき課題も含んでいる場合があることにも留意する必要がある。

そのほか,社会福祉制度に関する情報が不足しているなどの制度を利用するうえでの情報不足が背景にあったり,事業者が誠意をもって利用者に対応していないなどの不信感などもある。苦情の背景には何があるのかを適切に把握したうえで,利用者からの話を**傾聴**する,ていねいに情報を伝える,利用者に誠意をもって接していくことが求められる。

苦情解決と権利擁護

契約で利用する福祉サービスは,他の商品と同様に,商品としての取引対象としてもとらえられることになる。しかし,福祉サービスは,他の商品と違って,利用する人の人生や生活の質,生活全体に関係する問題と深く関わる。したがって,福祉サービスにおける苦情解決は,他の商品と同様に,別の商品に交換すれば問題は解決するといったようなものではない。そのため,大曽根は,利用者の人生や生活の質,生活全体をどう支えていくかという視点を常にもって,苦情解決にあたることが求められるとした。

この視点はまさに権利擁護の視点でもある。権利擁護は,利用者本人の生命や尊厳が守られること,本人の望む暮らしや生活,生き方が実現できることを目指す。より良い生活の質を保障することが権利擁護である。利用者の生活の質の向上を目指して苦情解決に取り組むことは,まさに権利擁護に通じるとともに,苦情解決を権利擁護の視点から取り組むことが大切であるということである。この視点を踏まえると,苦情が生じることを予防することも可能となる。利用者が提供される福祉サービスに対して不安や不満を感じていないか,事故が起きないようにどうすればいいのかということを日常的に考えることが大切である。

図11-2 サービス分野別受付件数の割合

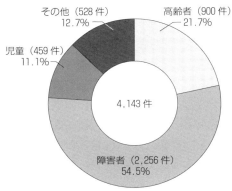

出所：社会福祉法人全国社会福祉協議会（2016）「苦情受付・解決の状況　平成28年度都道府県運営適正化委員会事業実績報告」5。

図11-3 苦情の種類（全体）

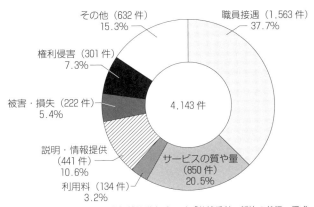

出所：社会福祉法人全国社会福祉協議会（2016）「苦情受付・解決の状況　平成28年度都道府県運営適正化委員会事業実績報告」13。

注
(1) 新村出編（1998）『広辞苑（第五版）』岩波書店。
(2) 厚生労働省「社会福祉事業の経営者による福祉サービスに関する苦情解決の仕組みの指針について」（平成12年6月7日）。
(3) 社会福祉法人全国社会福祉協議会「苦情受付・解決の状況　平成28年度都道府県運営適正化委員会事業　実績報告」（https://www.shakyo.or.jp/tsuite/jigyo/research/20180115_kujyo.pdf）。
(4) 大曽根寛（2002）「社会福祉における苦情解決のあり方と今後の課題——あいち福祉オンブズマンの活動経験を通して」『放送大学研究年報』10。
(5) 同前書．6。

第11章　福祉サービスと権利擁護 | 191

第3節 福祉サービスと第三者評価

この節のテーマ
- 第三者評価導入の背景を知る。
- 第三者評価のしくみを学ぶ。
- 第三者評価が果たす権利擁護について考える。

第三者評価導入の背景

　第三者評価は，事業者自身や利用者ではなく，第三者の視点から社会福祉施設や事業等に関する評価を行い，その結果を広く公表し，サービス利用の選択や事業の透明性の確保，サービスの質の向上に資することを目的とするものである。

　社会福祉法第78条第1項では，「社会福祉事業の経営者に対して，自らの提供する福祉サービスの質の評価等を行い，利用者の立場に立った福祉サービスの提供に努めなければならない」と規定されている。これは，福祉サービスの適切な利用の実現に向けて，福祉サービスの質の向上を目的としたものである。この規定に基づき，厚生労働省は2004（平成16）年5月に都道府県に対して「福祉サービス第三者評価事業に関する指針について」の通知を出した。この指針に基づき，社会福祉事業者による自らの福祉サービスの質の評価を行う取り組みとして，第三者評価事業が実施されている。

　第三者評価を受けるか否かは，各福祉サービス事業者の努力義務となっているが，2011（平成23）年7月からは児童養護施設，乳児院，情緒障害児短期治療施設，児童自立支援施設，母子生活支援施設の社会的養護関係施設は，3年に1回以上，第三者評価を受審し，評価結果を公表しなければならないとされた。

第三者評価のしくみ

　第三者評価事業には，全国推進組織と都道府県推進組織がある。**全国推進組織**は全国社会福祉協議会が担い，都道府県推進組織は，都道府県，都道府県社会福祉協議会，公益法人又は都道府県が適当と認める団体が担う。

　全国推進組織では，福祉サービス第三者評価事業の推進と都道府県における福祉サービス第三者評価事業の推進組織を支援する。**都道府県推進組織**は，各都道府県に一つ設置され，**第三者評価機関**の認証をはじめ，第三者評価基準や第三者評価の手法に関すること，結果の取り扱いに関することを行う。

　社会福祉施設や事業所が第三者評価の受審の主な流れは，社会福祉施設や事業所が自分たちの提供する福祉サービスを**自己評価**すること，それを踏まえたうえで，第三者評価調査機関が訪問調査を実施し，社会福祉施設や事業所へのインタビュー，利用者インタビュー，書類確認を行う。

第三者評価の評価項目

多岐にわたる社会福祉施設や事業所に対して共通した第三者評価の項目が作成されている。**表11-1**は，それを一覧にして示したものである。大別すると，①福祉サービスの基本方針と組織，②組織の運営管理，③適切な福祉サービスの実施，の3つの柱がある。

① 福祉サービスの基本方針と組織では，各事業所において福祉サービスの提供を行ううえでの基本理念がきちんと明確にされているのか，経営状態の変化等へ適切に対応できるか，その理念に基づいた福祉サービスを計画的に提供する体制が整っているのかなどが評価される。

② 組織の運営管理では，管理者の責任とリーダーシップ，質の高い福祉サービスを提供するための人材配置や人材確保・育成の体制が整っているのか，地域に貢献するための体制が整っているのかが評価項目となっている。

③ 適切な福祉サービスの実施においては，利用者への直接的な福祉サービスへの提供の場面において利用者本位が守られているのか，また利用者に提供される福祉サービスの質を確保するための取り組みが整っているのかなどが評価される。

第三者評価が果たす 利用者に対する権利擁護

ソーシャルワークにおける権利擁護では，本人の生命や財産など生きていく上での基盤を守る

必ず覚える用語

- ☐ 第三者評価
- ☐ 全国推進組織
- ☐ 都道府県推進組織
- ☐ 自己評価

◆1 第三者評価機関
福祉施設に対して第三者評価を行う機関のこと。都道府県推進組織が福祉サービス第三者評価機関認証ガイドライン」に基づき，認証される。

◆2 全国社会福祉協議会
市区町村社会福祉協議会，都道府県社会福祉協議会，指定都市社会福祉協議会の全国組織。全国各地の社会福祉協議会とのネットワークを形成し，各地の社会福祉協議会の活動を支援する。また「第三者評価事業」の普及等を通じてのサービスの質の向上に向けた取り組み，福祉サービスを利用する方々の権利擁護の推進，民生委員・児童委員活動への協力，ボランティア活動の振興，国に対する新たな福祉課題に関する提言，調査研究，広報，人材養成などの各種事業にも取り組む。

注
(1) 厚生労働省「福祉サービス第三者評価事業に関する指針について」。
(2) 厚生労働省雇用機会均等・児童家庭局長／社会・援護局長／老健局長「『「福祉サービス第三者評価事業に関する指針について」の全部改正について』の改正について」「別添3 福祉サービス第三者評価基準ガイドライン」(2018年3月26日)。
(3) 社会福祉法人全国社会福祉協議会 福祉サービスの質の向上推進委員会評価調査者部会 (2014)『福祉サービス第三者評価実践マニュアル［Version2]』5-8。

第11章
福祉サービスと権利擁護
第3節　福祉サービスと第三者評価

だけでなく，本人の尊厳や自由が保障され，本人の望む暮らしや社会への参画が実現されるように取り組んでいくことが求められる。

　これらの権利擁護に取り組んでいく一つとして，ソーシャルワーカーは利用者とともに地域の中に存在する多様な社会資源を活用していく。その活用においては，たとえば，利用者に入浴介助のニーズがあった場合，入浴介助を提供してくれる福祉サービスの利用を考えるが，そこには単に入浴介助が可能かどうかという点だけに焦点をあてるのでなく，その利用をとおして利用者本人の生活全体の質の向上にどのようにつなげていくのかという視点が大切となる。その積み重ねが利用者本人の権利擁護へと結びついていくことになる。

　第三者評価には，こうした本人の権利擁護の視点に基づいた福祉サービスの選択・利用の実現に大きな役割を果たすことが期待されている。**全国社会福祉協議会**◆2に設置されている福祉サービスの質の向上推進委員会は第三者評価の意義と効果について述べている。(3)これらを踏まえ，利用者の権利擁護において果たす第三者評価の役割として，次の3点をあげる。

　1点目は，利用者にとっての最善の選択を可能にする機会を提供することである。第三者評価の評価結果は公表されるが，その公表により，利用者は福祉サービスの中身を客観的に理解することが可能となる。そのことにより，自分にとって一番いいサービスの選択を考えることができる機会へとつながる。

　2点目は，評価を受けた施設や事業所が質の高

い援助をさらに提供するように促すことができることである。第三者から何が課題であるのかを指摘されることで，事業所は自分たちの提供サービスの現状を把握することができる。そして，改善や向上に向けた課題や取り組みが評価を通じて明確化できる。またこのプロセスを事業所全体で共有することで，福祉サービスの質の向上に向けた意識や意欲，責任感の共有化を図ることができる。このことが施設や事業所による質の高いサービス提供の実現を後押しすることになる。

　3点目は，利用者と事業所との対等性を確保する役割を果たすということである。措置から契約へと利用方式が転換され，それとともに，利用者と事業所との対等な関係の構築が掲げられた。しかし，利用者と事業所との間には，情報や知識，経験などにおいて大きな違いがあり，その違いによって，対等な関係が構築できない場合もある。そのなかにあって，第三者が事業所のサービスを評価するというしくみは，利用者に代わって，適正なサービスを提供できているのかを判断し，その結果を利用者に届けるとともに，利用者に代わって，事業者に対して，サービスの改善やさらなる質の向上を促す代弁し，利用者と事業者との対等性を確保することができる。

表11-1　福祉サービス第三者評価基準ガイドラインの概要

Ⅰ　福祉サービスの基本方針と組織		
1　理念・基本方針	(1)理念，基本方針の確立・周知	①理念，基本方針の明文化と周知
2　経営状況の把握	(1)経営環境の変化等への適切な対応	①事業経営をとりまく環境と経営状況の的確な把握・分析 ②経営課題の明確化と具体的な取組の推進
3　事業計画の策定	(1)中・長期的なビジョンと計画の明確化	①中・長期的なビジョンを明確にした計画の策定 ②中・長期計画を踏まえた単年度の計画の策定
	(2)事業計画の適切な策定	①事業計画の策定と実施状況の把握や評価・見直しに関する組織的な取組と職員の理解 ②事業計画に関する利用者等への周知と理解の促進
4　福祉サービスの質の向上への組織的・計画的な取組	(1)質の向上に向けた組織的・計画的な取り組み	①福祉サービスの質の向上に向けた組織的な取り組み ②評価結果にもとづく組織としての取り組むべき課題の明確化と計画的な改善策の実施
Ⅱ　組織の運営管理		
1　管理者の責任とリーダーシップ	(1)管理者の責任の明確化	①管理者自らの役割と責任に関する職員への表明・理解 ②遵守すべき法令等の正しい理解のための取組
	(2)管理者のリーダーシップの発揮	①福祉サービスの質の向上に対する意欲とその取組に対する指導力の発揮 ②経営の改善や業務の実行性を高める取組における指導力の発揮
2　福祉人材の確保・育成	(1)福祉人材の確保・育成計画，人事管理の体制の整備	①必要な福祉人材の確保・定着等の具体的な計画の確立・取組の実施 ②総合的な人事管理
	(2)職員の就業状況への配慮	①職員の就業状況や意向把握，働きやすい職場づくりの取組
	(3)職員の質の向上に向けた体制の確立	①職員一人ひとりの育成に向けた取組 ②職員の教育・研修に関する基本方針や計画の策定，教育・研修の実施 ③職員一人ひとりの教育・研修の機会の確保
3　運営の透明性の確保	(1)運営の透明性の確保のための取組	①運営の透明性確保の情報公開 ②公正かつ透明性の高い適正な経営・運営のための取組
4　地域との交流，地域貢献	(1)地域との関係の適切な確保	①利用者と地域の交流を広げるための取組 ②ボランティア等の受入れに対する基本姿勢の明確化と体制の確立
	(2)関係機関との連携の確保	①福祉施設・事業所として必要な社会資源の明確化と関係機関等との連携
	(3)地域の福祉向上のための取組	①地域の福祉ニーズ等を把握するための取組 ②地域の福祉ニーズ等にもとづく公益的な事業・活動の実施
Ⅲ　適切な福祉サービスの実施		
1　利用者本位の福祉サービス	(1)利用者を尊重する姿勢の明示	①利用者を尊重した福祉サービス提供に関する共通理解をもつための取組 ②利用者のプライバシー保護等に配慮した福祉サービス提供の実施
	(2)福祉サービスの提供に関する説明と同意（自己決定）の実施	①利用希望者への福祉サービス選択に必要な情報の積極的な提供 ②福祉施設・事業所の変更や家庭への移行等にあたり福祉サービスの継続性に配慮した対応
	(3)利用者満足の向上	①利用者満足の向上を目的とする仕組みの整備，取組の実施
	(4)利用者が意見等を述べやすい体制の確保	①苦情解決の仕組みの確立，周知・機能 ②利用者が相談や意見を述べやすい環境の整備・周知 ③利用者からの相談や意見に対する組織的かつ迅速な対応
	(5)安心・安全な福祉サービスの提供のための組織的な取組	①安心・安全な福祉サービスの提供のためのリスクマネジメント体制の構築 ②感染症予防や発生時における利用者の安全確保のための体制整備，取組 ③災害時における利用者の安全確保のための組織的な取組
2　福祉サービスの質の確保	(1)提供する福祉サービスの標準的な実施方法の確立	①提供する福祉サービスについての標準的な実施方法の文書化と福祉サービスの提供 ②標準的な実施方法について見直しをする仕組みの確立
	(2)適切なアセスメントによる福祉サービス実施計画の策定	①アセスメントにもとづく個別的な福祉サービス実施計画の適切な策定 ②定期的な福祉サービス実施計画の評価・見直し
	(3)福祉サービス実施の適切な記録	①利用者に関する福祉サービス実施状況の適切な記録と職員間の共有化 ②利用者に関する記録の管理体制の確立

出所：厚生労働省雇用機会均等・児童家庭局長／社会・援護局長／老健局長「『「福祉サービス第三者評価事業に関する指針について」の全部改正について』の改正について」「別添 3　福祉サービス第三者評価基準ガイドライン」（2018年 3 月26日）をもとに筆者作成。

権利擁護研究会『ソーシャルワークと権利擁護——契約時代の利用者支援を考える』中央法規出版，2001年
措置から契約へと福祉サービスの利用方式が転換され，利用者の権利擁護が謳われているが，その流れのなかで，改めてソーシャルワークにおける権利擁護とは何かという考えのもとにまとめられた著書である。権利擁護のための制度や事業，それにかかわるソーシャルワークのあり方について学ぶことができる。

「特集　第三者評価と福祉サービスの質の向上」『月刊福祉』2017年3月号
2016年の社会福祉法の改正にともない，社会福祉法人に対してガバナンスの強化が求められているとともに，質の高いサービス提供も求められている。福祉サービスの質の向上に向けての福祉サービス第三者評価の意義やあり方について学ぶことができる。

問：福祉サービスを提供するうえで，なぜ権利擁護の視点が大切であるのかについてまとめよう。

ヒント：本章で示した福祉サービス利用者の権利擁護を推進するために創設された事業や仕組みの背景を参考に，福祉サービスの提供において，なぜ権利擁護の視点が不可欠であるのかについて考えよう。

第12章

さまざまな
権利擁護支援の実際

本章で学ぶこと

● セルフケアが困難で支援も拒否する人への理解を深める（第1節）。

● 依存症の状況や権利擁護支援としてのアプローチを考える（第2節）。

● 生活困窮の要因とその支援の内容を知る（第3節）。

● 罪を犯した障害者・高齢者の状況を知り，権利擁護支援としてのアプローチを考える。

第1節 セルフネグレクトの人への支援

この節のテーマ
- セルフネグレクトを理解する。
- セルフネグレクトの構造を知る。
- セルフネグレクトの人への権利擁護支援のアプローチを理解する。

事 例

[本人の状態像]

　本人（80代女性）は知的障害（療育手帳A）の息子と市営住宅で二人暮らし。息子は作業所に通所。本人の夫は数年前に病死している。自宅内はほこりが数センチたまり、掃除は全くしていない。冷暖房器具は全くなし。布団は薄く、汚れている。本人曰く、暑さは気にならない、寒さは使い捨てカイロでしのぐ、とのこと。洗濯はしているらしいが、衣類はいつも同じもので擦り切れ、破れ、穴があき、ファスナーも壊れたままの状態。

　数年前から地域包括支援センターが把握しているが、本人となかなか話もできず、自宅内にも入れなかった。介護認定の話もするが利用にはつながらなかった。腰がまがり、歩行も小刻みで膝や腰の痛みやふらつきを訴えるが、医者にはかかっていない。病気は市販薬を買って自力で治すとのこと。本人は、午前中ショッピングセンターに出かけてカフェ併設のパン屋で2食分のモーニングを食べたのち買い物をするのが日課。スーパーでは惣菜、レトルトカレーなど、ほぼ同じものを毎日購入。お金は自身で銀行にて出金。自身と息子の年金を管理している。

[支援の経過]

　息子が作業所にお金を貸してほしいと助けを求めたことから作業所が連絡。地域包括支援センターが障害者相談支援事業所と協働して支援を開始。作業所の話では、夫が生きていたときは夫が連絡窓口となっており、本人とはかかわりはなかった。夫の死後は本人とのかかわりは最低限のみ。自宅での生活状況に課題があることは認識しているものの、積極的なかかわりはできなかったとのこと。

　本人の不適切な金銭管理により、ライフラインや医療保険、家賃等が滞納していた。まずは日常的な金銭管理に関する支援を提案した。本人はすぐに契約はしたものの、通帳や現金の預かりは拒否。どうやら契約したのは、こちらとの話を早く終わらせたかったからだと思われる。結果、定期的にライフラインの振込票や家賃の支払い状況を一緒に確認して、支払いを支援。介護保険サービスも認定調査につなげた。息子が毎月精神科医院にてんかん薬の処方を受けるのに乗じて、本人も一緒に診察できるように同行支援し、介護保険の意見書を確保。「要介護1」の認定が出た。

　本人は約束をすっぽかしたり、ウソをついたりはするものの、各窓口にこちらが同行することにより家賃減免の手続きができたり、話がスムーズに進むためメリットを感じているのか、こちらのかかわりを認識しつつある様子。

　次の段階として、息子と本人の成年後見制度の

利用を進めていく予定である。

セルフネグレクトは生活困窮や虐待事案の中の困難ケースとしてしばしば登場する。本事例は地域包括支援センターがかかわっていたが生活状況を改善できずにいたなかで、同居する障害のある息子の訴えから権利擁護支援ケースとして浮上してきた。セルフネグレクトの場合、本人から支援を求めてくることはほとんどないため、親族や地域からの相談が重要である。

夫の死後、本人は何とか息子と生活してきたが、もともと軽度の知的障害があるのか、あるいは認知症のためか、生活水準の低下が進行してライフラインにも影響する状況になってきた。どうすればよいかわからない息子が SOS を発信したことで、切迫した事態であることを支援機関が知ることができた。拒否的だった本人も息子の対応や具体的な状況の切迫感をようやく感じたのか支援を受け入れ始めたと思われる。

しかし、必要な手続きを本人に任せたままでは改善は進まない。「**同行**」という寄り添い型の支援によって、書類の確認や手続きがスムーズに進行し、その中で本人は支援者との安心と信頼の関係性を形成していくのである。支援は本人と共に行い（協働性）、そこでの改善の実感（成果の共有）によりさらに支援が展開されていくのである。

セルフネグレクトの理解

セルフネグレクトは日本の虐待防止法では虐待として位置付けられていない。そのため定義も定まったものはなく状況把握もできていない。しかし、**ゴミ屋敷**や「支援拒否」等の形で支援困難事例として取り上げられることが多い。

現状ではセルフネグレクトを「高齢者が通常一人の人として、生活において当然行うべき行為を行わない、あるいは行う能力がないことから、自己の心身の安全や健康が脅かされる状態に陥ること」と考えられることが多いようである[1]。このことからセルフネグレクトと評価される生活状態は、本人が一定の考えを基に意図的に行う場合と本人が何らかの障害や疾病のために対応する能力が不十分な状態にあるか、または能力が低下して起こる状態としていることである。またこれは高齢者だけではなく障害者にも当然該当する。

図12-1 セルフネグレクトの概念仮説

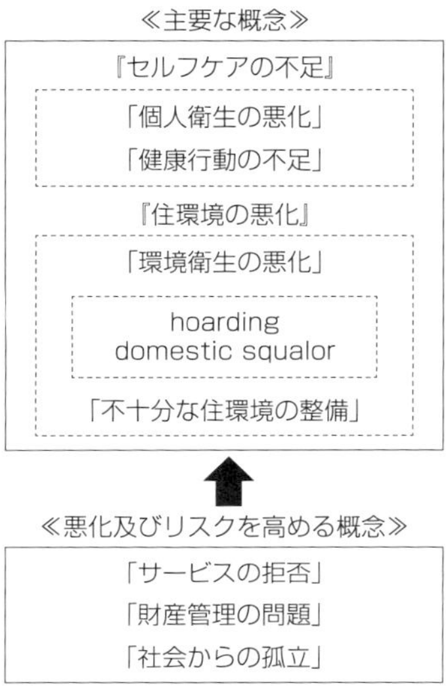

≪主要な概念≫

『セルフケアの不足』
- 「個人衛生の悪化」
- 「健康行動の不足」

『住環境の悪化』
- 「環境衛生の悪化」
- hoarding domestic squalor
- 「不十分な住環境の整備」

≪悪化及びリスクを高める概念≫
- 「サービスの拒否」
- 「財産管理の問題」
- 「社会からの孤立」

資料：野村祥平・岸恵美子他（2014）「高齢者のセルフ・ネグレクトの理論的な概念と実証研究の課題に関する考察」『高齢者虐待防止研究』10(1), 175-187を一部改変。

出所：岸恵美子ほか編著（2015）『セルフネグレクトの人への支援』中央法規出版, 10。

第12章
さまざまな権利擁護支援の実際
第1節　セルフネグレクトの人への支援

岸らは支援を必要とするセルフネグレクトの具体的な状態を構成する因子として，①不潔で悪臭のある身体，②不衛生な住環境，③生命を脅かす治療やケアの放置，④奇異に見える生活状況，⑤不適当な金銭・財産管理，⑥地域の中の孤立があげている。またセルフネグレクトの概念仮説を**図12-1**のように示している。

そこではセルフネグレクトの主要な概念を「セルフケアの不足」と「住環境の悪化」に分けている。「セルフケアの不足」として「個人衛生の悪化」と「健康行動の不足」を要素としてあげ，「住環境の悪化」では「環境衛生の悪化」と「不十分な住環境の整備」をあげている。「環境衛生の悪化」に至る要因として，「ため込み（hoarding）」とその結果としての「家庭内の不潔（domestic squalor）」をあげている。またセルフネグレクトを悪化させる概念として「サービスの拒否」，「財産管理の問題」，「社会からの孤立」をあげている。セルフネグレクトの代表例である「ゴミ屋敷」はまさにこの仮説を具体化したものと考えられる。

こうした状況は急に現れるわけではない。いずれも一定の時間の経過のなかで発生し深刻化していくのである。生活や環境の変化が日常のなかで緩やかに起こるために本人も事態の進行が理解できないのではないだろうか。それは劣化する自身や生活・環境への順化と感覚の麻痺でもある。それでも日々の暮らしはあり，相応の対応をしていく中で劣化が蓄積され，結果的にどうしようもない状況になってしまうと今度は本人の気持ちのなかで自棄と諦観が支配的になるのかも知れない。

セルフネグレクトが生まれる社会的な背景にはいくつかあるが，その一つに世帯構成の変化がある。『平成28年版高齢社会白書』によると2014年の単独世帯は25.3％あり，全世帯における65歳以上の割合は46.7％となっている。さらに「家族形態別にみた65歳以上の高齢者の割合」では単独世帯が17.4％，夫婦のみ世帯が38.0％となっている。実に55％以上が高齢者のみ世帯なのである。[2]今後ますます一人暮らし高齢者が増加することが予想されていることから，「本人が何らかの障害や疾病のために対応する能力が不十分な状態にあるか，または能力が低下して起こる状態」として構造的にセルフネグレクトが増加するリスクが高い状況があることに注目すべきである。

セルフネグレクトの人への権利擁護支援

セルフネグレクトの人への支援は，ともすれば生活状況や環境に対する直接的で性急な改善に走りがちになる場合がある。もちろん，それだけ急迫した状況にあるということではあるが，セルフネグレクトの人の特徴として，支援を求めない，あるいは支援を拒否する状態にあることを考えるとこうした対応はますます本人の「拒否」的態度を強化させ状況を膠着させることになりかねない。

まずは本人とのコンタクトを図ることが第一の課題である。その中で本人の状態像や生活の変化の経過を探ることが求められる。各支援者は各々の立場と役割の中でアセスメントと本人の状態に合った支援方法の検討を行うことになる。

高齢者であれば地域包括支援センターが，障害者であれば相談支援事業所が中心となるが，地域によっては**コミュニティソーシャルワーカー（CSW）**が支援に加わることもある。行政や事業所も必要に応じて一定の役割を担うことになる。

権利擁護支援としてのポイントは，第一に本人の意思決定支援の立場から関係性を構築して行くことが求められる。言い換えれば「拒否」的態度からの転換を図るためのアプローチである。本人が拒否的であればあるほど，その意思を尊重しながらの対応は矛盾との葛藤の取り組みであり，時間と手間がかかるが粘り強い支援が本人の「不信感」を払拭することにつながるのである。第二に本人の経済的な状況への対応がある。経済的困窮のために生活や環境の悪化が進行しているのであれば，その条件を改善することが本人との関係性の確保にもつながっていく。第三に要介護認定（認知症診断等を含む）や障害の判定等による本人の客観的な状態評価が必要である。精神疾患の可能性がある場合は医療ケアの確保も必要となる。しかし，本人の受診や治療の受け入れに至るプロセスが困難であり，そのためにも関係性の構築が重要である。

こうしたアプローチを継続するなかで改善への糸口が生まれる。生活や環境の改善は最終的な目標であるが，性急な対応は本人と対峙関係に陥り支援が膠着するので注意が必要である。

必ず覚える用語

☐ セルフネグレクト
☐ 同行
☐ ゴミ屋敷
☐ コミュニティソーシャルワーカー（CSW）

注

(1) 岸恵美子ほか編（2015）『セルフ・ネグレクトの人への支援』中央法規出版，2でも岸は津村智恵子らの定義を紹介している。

(2) 平成28年版高齢社会白書（全体版）（http://www8.cao.go.jp/kourei/whitepaper/w-2016/html/zenbun/s1_2_1.html）。

第2節 アルコール等依存症の人への支援

この節のテーマ
- 事例を通してなぜ依存状態になるのかを知る。
- 依存症の内容や状況を理解する。
- 依存症者への支援のポイントを理解する。

事例

[本人の状態]

Aさん（50代，男性）は公営住宅に独居。離婚歴があり，成人した娘がいる。早くに親を亡くし苦労して成長。工場などで勤務していたが，若い頃から飲酒が習慣となる。深酒により職場で事故を起して退職。その後はアルバイトで転々としたが，やはり酒が原因で長く続かない。アルコール依存症を背景としてうつ病等の診断を受けて精神障害者保健福祉手帳2級を取得。成年後見制度も利用していて親族が保佐人になっていたが，対応できず専門職に移行した。

[支援の経過]

精神科病院に入院していたが地域生活に戻りたいという本人の意思をモチベーションにしてアルコール専門病院に転院し，治療プログラム受けながら，障害者相談支援事業所とも協力して地域生活移行を目指した。退院後は就労継続支援事業B型の作業所に通所を始め，家事援助のヘルパーを利用して順調に1～2か月は推移していた。しかし，その後，再びアルコール依存に陥り，支援者を拒否，通所も通院もせずに夜間徘徊を繰り返していた。そのたびに保佐人や支援者も関わって通院同行して受診につなげる等を行い，いったん本人は調子を取り戻すが，やはり一定期間で状態が崩れて，結果的に入退院を繰り返すことになった。この間，本人は心身を消耗して身体状況は悪化していった。そこで，支援者はこれまでの経過の中で本人と対立していた娘たちに改めて現状を伝えて関わりの再開を依頼した。状況を理解しながらも当初は消極的であった娘たちは戸惑いながらも本人と真剣に向き合い禁酒を求めていった。あまりにも強い禁酒の要請に抵抗を示しながらも本人は久しぶりの娘との交流を喜び，禁酒を受け入れ生活が安定し始めた。

　依存症者が依存状態になるには当然のことながら一定の経過がある。Aさんも幼いときから苦労して何とか工場に勤めながら生活するまでになった。しかし，仕事のプレッシャーか人間関係のストレスか，何らかの負荷を軽減するために酒におぼれていったようである。その結果，心身の状態を悪化させてしまう。本人の生活を守るために成年後見制度を利用して，親族が保佐人となり金銭管理や生活支援をしてきたと考えられるがその家族が力尽きてしまった。

　支援を受け継いだ専門職は，経過の中から本人の生い立ちや**アルコール依存**となった理由を受け止め，こうした生活歴を通して本人の理解を図り関係性を構築することが求められる。その上で本人が求めている地域生活を目標にして，まずは医療ケアとしての治療プログラムを確保した。依

存症は精神疾患の一つであり医療ケアの対象である。専門的な治療を受けることは依存状態の改善に不可欠な要素である。一方，退院後の地域生活を具体化するためには日中活動の確保も重要である。そこで，本人の就労経験を活かして就労系のサービス利用を設定した。しかし，少しでも高い給料を求めて無理をする場合もある。そのため，本人の希望と状態にあった就労内容の確保が重要であり，退院後の地域生活では一定程度安定した生活環境を確保することが求められる。そういう意味でも，ヘルパーによる家事援助を活用して環境の整備や食事の確保を図ることも必要な対応である。

しかし，今回の事例では1〜2か月でアルコール依存状態に戻ってしまった。このことは改善へのアプローチが本人にとって過剰な負担ではなかったか，モチベーションを維持するための働きかけはあったのか，アルコールに代わる「楽しみ」は設定されていたのか，等が問題となる。退院後の生活の中でアルコールを断ち続けるには，それを支える支援＝働きかけが必要であり，その頻度や内容が本人の状態や状況に応じたものでなければならない。支援者も状態の変化に対応して一定程度かかわり強めたものの，断酒を持続することにつながらず入退院を繰り返すこととなった。そこで支援者は改めて家族に協力を要請したが家族の思いや状況との折り合いをつけることは難しかった。これはこれまでの本人と家族の関係性が大きなハードルとなった。今後支援者には，家族の立場や思いを受け止めながら，家族が支援者としての役割を担っていけるように支援

を行うことが求められる。

依存症の内容と状況

依存症とは，「やめたくてもやめられない状態」であり，代表的なものとしてアルコールや薬物などの物質によるものと，ギャンブルや買い物，インターネット等の行為・プロセスによるものがある。依存（dependence）とは「（物質摂取を）やめようと思っても簡単にやめられない生物学的状態」であり物質が対象とされる。これに対して嗜癖（addiction）は，「そのヒトにとって利益をもたらしていた習慣が，自己調節機能を持たずに続けられた結果，不利益もたらすことになってしまった，それにもかかわらずその習慣が自動化し，制御困難になった行動」とされる。[1]いずれにしても「依存症に共通することは，家族とのケンカが増える，生活リズムがくずれる，体調をくずす，お金を使いすぎるなど，何かしらの問題が起きているのにも関わらず，ほどほどにできない，やめられない状態に陥っている」[2]ことである。

依存症者の状況について「依存症者に対する医療及びその回復支援に関する検討会報告書」では，「実際に医療機関を受診している患者数は，平成23年の患者調査では，アルコールによる依存症患者が4万3000人，アルコール以外の薬物による依存症患者が3万5000人である」としている。しかし，地域住民を対象とした標本調査を基盤としている厚生労働科学研究では，アルコール依存症者が約80万人，薬物依存症者が約10万人と推計され，病的賭博の推定有病率は成人男性9.6%，成人女

第12章
さまざまな権利擁護支援の実際
第2節 アルコール等依存症の人への支援

性1.6%となっている。

アルコール及び薬物の患者数や病的賭博の患者数が500人未満（2011年）であることからも，医療機関を受診していない依存症患者がいかに多いかがわかる。この背景について同報告書は，「患者本人や家族が依存症であるという認識を持ち難いことや，どこに相談すればいいかわからない場合があること，行政機関等に相談した依存症者本人やその家族を医療機関へ繋げることができていないこと，依存症に対応できる医療機関の数が不足していること，依存症の回復が困難なため治療が中断しやすいこと，さらには医療を提供する側が対応に消極的であること等，さまざまな要因が存在する」としている。

図12-2は依存症に関する相談件数である。2013（平成25）年から把握し始めたギャンブルに関する相談が精神保健福祉センターでの相談内訳では一定数あることが注目される。国立病院機構久里浜医療センターの「国内のギャンブル等依存に関する疫学調査（全国調査結果の中間とりまとめ）」（2017年9月）では，「ギャンブル等依存症が疑われる者」の割合を，成人の0.8%（0.5～1.1%）と推計した。人口換算すると約70万人と推計される。

依存症の理解と対応

アルコール依存症者への対応として，従来は通

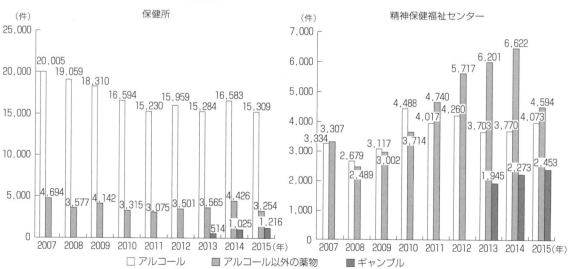

図12-2 アルコール，薬物，ギャンブルの相談件数

注：2010年の調査では宮城県のうち仙台市以外の保健所，精神保健福祉センターは含まれていない。ギャンブルに関する相談件数は2013年度調査より把握している。
出所：厚生労働省社会・援護局障害保健福祉部精神・障害保健課心の健康支援室「薬物依存症対策について」（厚生労働省資料）。

	必ず覚える用語
☐	アルコール依存
☐	依存症
☐	自助グループ
☐	イネーブラー

院（入院），**抗酒剤**[◆1]，**自助グループ**[◆2]があげられていた。確かに医療ケアは必要だが，依存症は否認の病とも呼ばれ，本人は自分が依存状態であるということを認めようとしないことが多い。また抗酒剤を処方しても服用しなければ意味がない。自助グループの活用も本人がその意味を受け止めないと続かない。

　つまり，依存症の改善を図るには，本人が依存症を理解し自分の状態と向き合わないと改善は難しいのである。また依存症に関する相談の多くは家族からであり，本人と家族への支援が必要とされている。

権利擁護支援と依存症

　依存症者への支援は，医療ケアや日常的な家族を含めた対応の確保と共に，生活支援が重要である。依存状態のために債務超過で経済的困窮に陥ってしまった場合には債務整理を支援することや，金銭管理を含めた法的対応については成年後見制度を利用する等が考えられる。家族のいない単身の依存症者の支援は困難であるが，まずは継続的に関わる支援機関を確保して支援関係を構築することから始めなければならない。その際，支援者が依存症と依存症者の特性を理解して自らが**イネーブラー**[◆3]にならないためにも専門病院や治療者との連携を深めて協働して支援していくことが権利擁護支援を進めるポイントとなる。

◆1　抗酒剤
アルコール治療に使用する。一時的にお酒に対して，非常に弱い体質をつくる作用があるとされるが依存症自体が治るわけではない。水薬であるシアナマイド（商品名）と粉薬であるノックビン（商品名）の二種類がある。

◆2　自助グループ
同じ障害や疾病を持つ者が相互に励まし合って改善に取り組む集団。アルコール依存では断酒会やアルコホーリクス・アノニマス（Alcoholics Anonymous：無名のアルコール依存症者たち），薬物依存ではNA（ナルコティクス・アノニマス），ギャンブル依存ではGA（ギャンブラーズ・アノニマス）等がある。

◆3　イネーブラー
福祉分野においてイネーブラー（enabler：力を与える人）は，クライエントが，自らの力で，問題やニーズを解決していけるように支援する役割であるとされる。しかし，依存症対応の現場では，問題の解決を手助けしているように見えて，結果的に当人の問題行動を維持させている役割となっている人をさすことがある。アルコール依存症患者と共依存関係にある家族などがその例である。

注
(1)　和田清編（2013）『依存と嗜癖』医学書院，2-3.
(2)　厚生労働省「依存症対策」（http://www.mhlw.go.jp/stf/seisakunitsuite/bunya/0000149274.html）（2017年4月21日）。
(3)　依存症者に対する医療及びその回復支援に関する検討会（平成25年3月）「依存症者に対する医療及びその回復支援に関する検討会報告書」1-2（http://www.mhlw.go.jp/stf/shingi/2r98520000031qyo-att/2r98520000031r05.pdf）（2017年4月21日）。
(4)　http://www.mhlw.go.jp/file/06-Seisakujouhou-12200000-Shakaiengokyokushougaihokenfukushibu/soudankensuu.pdf（2017年4月21日）。
(5)　ギャンブル等依存症対策推進関係閣僚会議「ギャンブル等依存症対策の強化に関する論点整理」（平成29年3月31日）を基に報道された（http://www.web-greenbelt.jp/news/detail.php?n=00009457）。

第12章　さまざまな権利擁護支援の実際　205

第3節 生活困窮者への支援

この節のテーマ
- 生活困窮者自立支援事業の状況を理解する。
- 生活困窮者自立支援事業における相談支援のプロセスを知る。
- アウトリーチと伴走型支援について理解する。

事 例

　就労支援を希望として生活困窮者自立支援事業の相談窓口にCさん（30代男性）が来所した。相談員が対応すると親との折り合いが悪く家を飛び出し一人暮らししているが仕事が上手くいかず生活に困っているとのこと。話を聞くなかで，テレビを見ているうちに番組のなかで話されている内容に腹を立ててテレビを壊してしまったことや，誰かに監視されているといった言動があり，精神的に不安定な様子が見られた。本人も一定程度こうした状態を理解している。これまでも通院したこともあるが良くならないので現在は通院も服薬をしていないとのこと。このことで親と口論になり乱暴してしまったことから親から排除され一人暮らしをすることになった。本人は後悔もあるが親に恨みも持っている。収入もなく，荒れた生活のなかで借金もかさみ返済に窮している。少し仕事をしてお金が入ってもすぐに使ってしまい部屋も荒れ放題とのこと。そうしたなかで，いよいよ食べるにも困った場合は実家に帰って親に無心したりしてしのいでいる。

　相談員は単なる就労支援ではなく複合支援ニーズを持ったケースととらえて関係機関に協力を求めた。Cさんが居住するA市には市の独自事業として「権利擁護支援センター」が設置されていた

ので債務整理や金銭管理支援，成年後見制度の利用支援等について協力をお願いした。また保健センターにも協力を求めて精神状態の安定のために通院等につなげることを依頼した。また家族からも事情を聴取して改めて経過や支援課題を確認することにした。

　こうした展開のなかで少しずつ課題が整理され，支援が入るようになり本人の状態も落ち着いてきた。親は本人の状態に上手く対応できず手を焼いていたが，相談員と連絡を取り話し合うなかで本人への理解を深めて受け入れられるようになっていった。そこで，就労について改めて話をして実習をしながら就職を目指す方向になった。

　生活困窮にはさまざまな理由があり，一定の経過もあることから本人の主張だけではなく，話のなかから本人の状態像の「見立て」や支援ニーズを探ることが求められる。本事例も複合的な支援ニーズがあり，生活困窮者自立支援事業での対応だけでは改善できない状況であった。そこで，関係機関への協力を求めることになるが，多重債務者を含めて債務整理に法的支援を必要とする場合，単なる債務への対応だけでは同じことを繰り返してしまうリスクがある。なぜ債務超過に陥ったのか，なぜ対応できないのかの理由を本人と確認して改善の方向性を見いだすことが必要であ

る。そのため，**法テラス**の紹介等の対応ではなく，権利擁護支援として福祉的な対応を含めた支援が求められる。事例では**権利擁護支援センター**が設置されている自治体となっているが現状ではこうした自治体はきわめて少ない。そのため，生活困窮者自立支援事業を担う法人や担当者が過剰な業務を担う場合もある。事例のように多様なニーズに対応するコーディネート業務も自立相談支援事業の機能として求められる。生活困窮＝就労支援ではなく，多様な支援を確保してその連携の中で生活の安定を図り，その上で就労支援につながっていくのである。

生活困窮者自立支援事業の現状

2013（平成25）年に「生活困窮者の自立の促進を図ることを目的として**生活困窮者自立支援事業**の実施，生活困窮者住居確保給付金の支給その他の生活困窮者に対する自立の支援に関する措置を講ずる」ために**生活困窮者自立支援法**が制定され，2015（平成27）年から実施された。この法律では「生活困窮者」を「現に経済的に困窮し，最低限度の生活を維持することができなくなるおそれのある者」と定義している。

2015年度の事業の実施状況としては，新規相談受付件数22万6,411件，プラン作成数5万5,570件，就労支援対象数2万8,207人（就労者数2万1,465人）となっている。[1]

2016（平成28）年4月1日現在の任意事業の全国の実施割合は，就労準備支援事業39％，家計相談支援事業は34％，一時生活支援事業は26％，子

必ず覚える用語
☐ 生活困窮
☐ 法テラス
☐ 権利擁護支援センター
☐ 生活困窮者自立支援事業
☐ 生活困窮者自立支援法
☐ アウトリーチ

第12章
さまざまな権利擁護支援の実際
第3節 生活困窮者への支援

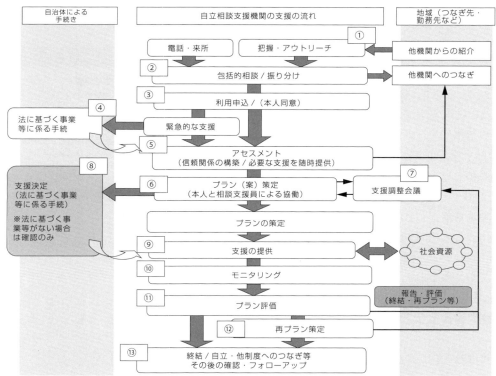

図12-3 相談支援業務の流れ

注：図の中央は，自立相談支援機関が行う相談支援業務の流れ。左は自治体が行う手続等，右は地域における社会資源に求める役割を示している。
出所：「平成28年度生活困窮者自立支援制度人材養成研修《国研修》資料」。

どもの学習支援事業は47％となっているが，都道府県により状況大きな差がある。

支援の中心となる必須事業である自立相談事業は，直営方式との併用を含めて61.0％の自治体が委託により実施している。また約半数（47.7％）の自治体が被保護者就労支援事業と一体的に実施している。支援の流れは**図12-3**のようになっている。

最初の「把握・アウトリーチ」のポイントとして，①問題が長期化することにより解決が困難となる場合があること，②生活困窮者の中には，自ら助けを求めることができない者も多いこと，などを踏まえて生活困窮者の早期把握に努めなければならないことをあげている。またアセスメントのポイントとして，「アセスメントを行う過程は，相談者と支援員が信頼関係を構築していく期間ともいえる。このプロセスを通して，本人の抱える真の課題を明らかにしたり，本人が置かれている状況や環境について理解を深めていくことができる」ことをあげている。自立相談支援事業では，こうしたプロセスを経てプランを作成して支援を展開していく。

生活困窮者と権利擁護支援

　社会的支援を必要とする生活困窮者は，実は経済的困窮だけではなく何らかの理由で「生きづらさ」を抱えて社会的孤立状態にある場合や自分では支援を求めることが難しい状況である場合等，多様な支援ニーズを持っている。こうした状況にあること自体がすでに権利擁護に支援を必要としている状態である。つまり生活困窮者とは，一時的な困窮状態ではなく，そのままでは生活困窮状態が継続して破綻してしまうおそれがある人たちなのである。そのため，生活困窮者には何よりも**アウトリーチ**[1]と**伴走型支援**[2]が求められている。アウトリーチは訪問支援だけではない。基本的には潜在的なニーズを受け止めていくことである。同じく伴走型支援についても単に関係機関に「同行」するだけではなく，本人の意思を尊重した継続的なかかわりを意味する。その意味ではいずれも自ら支援を求めることが難しく，支援を必要とする状態が継続する人に対する権利擁護支援の基本的な手法なのである。

　その上で，具体的な支援課題である債務整理や金銭管理，生活環境の整備等に取り組み，必要な生活支援や法的支援を確保すること，必要に応じて成年後見制度の利用支援を行う等の対応が求められる。生活困窮者支援は総合的な支援であることから自治体の中には生活困窮者支援と「権利擁護支援センター」等とが協働して組織的な対応を行っているところもある。

◆1　アウトリーチ
Outreachという言葉は「手を伸ばすこと」を意味する。生活上の支援課題がありながら自ら自発的な支援要請を行わない，または行えない状態にある場合や，支援ニーズ自体を理解できない状態にある場合に，支援機関から積極的に対象者に働きかけを行い，その問題解決に向けた動機づけや具体的な専門的支援を行うアプローチのこと。支援機関は対象者からの支援要請を待つのではなく，積極的に地域に出向いて対象者を発見すること，訪問して相談等に応じること等が求められている。

◆2　伴走型支援
支援を必要とする人に一対一で寄り添い，状況に応じて社会的支援の制度や支援機関等への「つなぎ」等を行う総合的かつ継続的な支援。特定非営利活動法人抱樸の奥田知志が提起した。ホームレス自立支援から生活困窮者支援への展開する中で，生活困窮者は経済的困窮と社会的孤立という二つの「困窮」を抱えていることに気付く。社会的孤立に対しての支援が，その人の人生に伴走する人の存在であり関係であるとする。

注

(1)　厚生労働省「生活困窮者自立支援制度における支援状況調査集計結果」（平成27年度）（http://www.mhlw.go.jp/file/06-Seisakujouhou-12000000-Shakaiengokyoku-Shakai/0000125463.pdf）（2017年5月4日）。
(2)　厚生労働省「平成28年度生活困窮者自立支援制度の実施状況調査集計結果」（http://www.mhlw.go.jp/file/06-Seisakujouhou-12000000-Shakaiengokyoku-Shakai/0000139277.pdf）（2017年5月4日）。
(3)　「厚生労働省平成28年度生活困窮者自立支援制度人材養成研修《国研修》講義資料『自立相談支援事業の目的，支援の流れ』」（http://www.mhlw.go.jp/file/06-Seisakujouhou-12000000-Shakaiengokyoku-Shakai/0000110504_3.pdf）。

第4節 罪を犯した障害者・高齢者への支援

この節のテーマ
- 事例を通して障害者や高齢者の地域生活における「犯罪」のリスクについて理解する。
- 罪を犯した障害者・高齢者の状況を知る。
- 矯正施設退所者への多様な支援を理解する。

事例

　本人（40代女性：身体障害者手帳2級）は夫，息子と暮らしていたが，10年前にてんかんによる転倒を繰り返すなかで精神的不安定になり家事全般ができなくなり，障害福祉サービスを利用。その後，精神状態が悪化して希死念慮によるリストカットや躁状態になって大量の買い物をする等の状態となる。そこで精神科病院に入院したが退院後に放火事件を起し逮捕される。夫が支援機関に相談して，弁護士へのつなぎ，警察での本人との面会，支援体制の整備等を行った結果，不起訴になり精神科病院への一時的な入院を経て，退院後は本人の状態像を再評価して福祉サービスも増やして安定を図った。しかし，また不安定になり再び放火事件を起して逮捕，裁判の結果，懲役1年6か月，執行猶予3年の判決を受ける。この間，離婚や成年後見制度の利用（補助人の選任）もあり，精神科病院への入院を経て救護施設に入所。補助人や支援者との交流を続けながら執行猶予期間を終える。
　改めて支援体制を整えて一人暮らしを開始する。就労系の通所施設に毎日通所，居宅介護も利用して生活の安定を図る。支援者との関係も良く一定期間は安定していたが，また不安定になりスーパーで万引きして警察に通報される。補助人や支援者を含めてスーパーにお詫びして何とか厳重注意で収まった。その後の対応として移動介護も利用して休日の過ごし方にも支援を入れて安定を図っている。

　障害者が刑事事件を起こして逮捕されると，なかなか支援につながらず自らも上手く説明できないなかで実刑判決を受ける例も多い。本事例は逮捕された段階で支援機関につながったために何とか不起訴になった。違法行為を行った場合の対応は一般の人であっても混乱して上手く対応することはできないことが多い。支援を必要とする状態にある障害者や高齢者であればなおさら難しくなる。地域の支援機関や行政がこうしたことへの対応を地域生活のリスクの一つとして想定し支援体制を整備することが求められる。
　しかし，リスクを抱える本人の状態を安定させることは難しく，落ち着くまでには相当の期間と支援を必要とする。その間に再び違法行為に及ぶことも十分に考えられる。本事例も理由はどうあれ結果的に「犯罪」となる行為を繰り返している。この状況に対して支援機関も必要な対応は行ってきているが，対応すれば必ず改善できるとはいえない。あくまでも本人が自身の状態を受け止め，生活や生き方を変えていくことが求められるからである。

図12-4 刑法犯 検挙人員（年齢層別）・高齢者率の推移（総数・女性別）

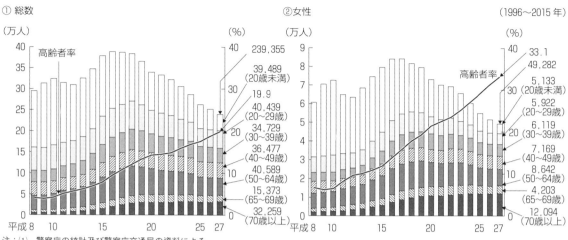

注：(1) 警察庁の統計及び警察庁交通局の資料による。
(2) 犯行時の年齢による。
(3) 平成14年から26年は，危険運転致死傷を含む。
(4) 「高齢者率」は，刑法犯検挙人員総数及び女性の刑法犯検挙人員に占める高齢者の比率をいう。
出所：法務省研究部報告56（2017）「高齢者及び精神障害のある者の犯罪と処遇に関する研究」6。

再犯を防ぐことができなかったら支援は失敗したことになるのであろうか。本人の思いや生き方はどのように変化しているだろうか。支援は再犯防止のためではない。繰り返すリスクを引き受けながら，本人と一緒に改善への取り組みを地道に行い，本人の生活や生き方の充実を図ることが支援に求められるのである。

罪を犯した障害者・高齢者の状況

罪を犯した障害者・高齢者の状況について，法務省研究報告及びそこで示されている統計資料を基に概観してみる。

図12-4は，刑法犯検挙人員等の推移（最近20年間）を総数・女性別，年齢層別に見た図である。

刑法犯検挙人員のうち，「高齢者の検挙人員は，2008年にピーク（4万8,805人）を迎え，その後は高止まりの状況にあって，2015年に4万7,632人（前年比0.8％増）となり，2004年から29.8％増加した。このうち，70歳以上の者は，2015年に3万2,259人（同0.1％増）となり，2004年と比べて，

必ず覚える用語

☐ 福祉専門官
☐ 出口支援
☐ 入り口支援
☐ エンパワメント

◆1 福祉専門官
刑務所から出所する高齢者や障害者の社会復帰を支援するためにこれまでの非常勤のソーシャルワーカーに加えて2014年度から刑務所に配置されることになった新しい常勤の職種。5年以上の相談援助経験のある社会福祉士か精神保健福祉士と定められている。高齢受刑者や精神疾患，身体疾患を持つ受刑者が多い全国12の刑務所に3年の任期で各1人配置される。背景には，高齢受刑者が増加，高齢者等は出所後に再び入所する割合が高いこと，障害等により支援困難ケースが多いことなどがある。

◆2 矯正施設
矯正施設とは犯罪や非行をした人を収容して改善更正のための処遇を行う施設である。矯正施設には，法務省所管の刑務所，少年刑務所，拘置所，少年院，少年鑑別所及び婦人補導院がある。この他に非行少年・触法少年などの改善更正を目的とした教育・訓練を行う施設として厚生労働省所管ないし都道府県立の児童自立支援施設や，民間団体の運営による犯罪者厚生施設（フリースクール）などの国公私立施設を含む場合もある。

第12章
さまざまな権利擁護支援の実際
第4節 罪を犯した障害者・高齢者への支援

51.3％増加した」[1]中でも「女性高齢者は，2012年にピーク（1万6,503人）を迎え，その後は高止まりの状況にあって，2015年に1万6,297人（前年比1.2％増）となり，2005年と比べて，22.7％増加した。特に70歳以上の女性は，2015年は1万2,094人であり，2005年と比べて，39.7％増加した」[2]。

さらに，2015（平成27）年における高齢者の刑法犯検挙人員の罪名別構成比を男女別，年齢層別に見ると，「高齢者は，男女別，年齢層別のいずれの区分においても窃盗の割合が最も高かった。特に女性は，万引きの割合が極めて高く，70歳以上の者では84.4％であった。また，男性は，窃盗に次いで，傷害・暴行の割合が高く，65～69歳の者では約2割を占めた」[3]。

入所受刑者の状況では，「高齢入所受刑者人員は，1996年以降ほぼ一貫して増加し，2015年は2,313人（前年比1.3％増）となり，2006年と比べて，22.9％増加した」また「女性の高齢入所受刑者は，2006年の177人から2015年には319人（前年比8.1％減）へと，約1.8倍に増加した。特に70歳以上の女性は，同期間において，89人から181人（前年比19.2％減）へと，約2倍に増加し，2010年以降は65～69歳の女性の人員を上回っている」[4]刑務所内も高齢化が進行しているのである。

こうした傾向は，高齢者人口の増加を反映していると考えられる。また罪名に「窃盗」が多いのは生活困窮の状況がうかがえる。

次に障害者の状況を見てみる。「精神障害者等による刑法犯検挙人員は，過去20年間にわたって増加傾向にあり，2015年（3,950人）は1996年（1,999人）の約2倍に上った。罪名別で見ると，窃盗については，2015年（1,503人）は1996年（1,098人）の約1.4倍であり，傷害・暴行については，2015年（945人）は1996年（225人）の4.2倍に増加している」[5]。また2015年における精神障害者等による刑法犯検挙人員の罪名別構成比は，窃盗が全体の38.1％と最も高く，次いで，傷害・暴行が23.9％を占めている。

一方，2015年の入所受刑者人員のうち，精神障害を有する者の人員は2,825人で，1996年（1,146人）と比べて約2.5倍に増加した。精神障害の種別では，知的障害と人格障害は，この20年間において，おおむね横ばいで推移しているが，神経症性障害は約8倍，その他の精神障害は約2.7倍にそれぞれ増加した。入所受刑者中に占める精神障害を有する者の比率は5.1％から13.1％に上昇した」[6]。

ここでも，「はじめに」で示したように障害者の増加が背景にあると考えられるが，罪名の内容を含めて考えると，障害の種別や内容にかかわらず，総じて「生きづらさ」を抱えた人が増加していることと，そこでの生活に必要な支援が確保されていない状況がうかがえる。

罪を犯した障害者・高齢者への権利擁護支援

刑務所内に障害者や高齢者が多くいることが社会的に認知されたのは2013（平成15）年に山本譲司元参議院議員の「獄窓記」が話題になってからとされる。その後，前に示したように状況は進行している。こうした状況への対応として再犯防

止のために**福祉専門官**◆1が配置され，受刑者の高齢化対応に対応して2017（平成29）年度から刑務所に介護専門スタッフも配置された（109頁 Close up 参照）。

さて，**矯正施設**◆2等の退所者支援については，2009（平成21）年度から**地域生活定着促進事業**◆3が始まり，各都道府県の地域生活定着支援センターが関係機関と連携して支援を展開している。

矯正施設退所者への支援は「**出口支援**」と呼ばれ，再犯防止と地域生活への定着を目指しているが，住まいの確保，就労支援，経済的支援等，課題も多い。

本節の事例では逮捕された後や執行猶予を受けた後の，いわゆる「**入り口支援**」と呼ばれ矯正施設に入ることなく生活を安定させて再犯を防止するための取り組みが示されている。

「入り口」でも「出口」でも，本人の状態が不安定である場合，生活支援や医療ケアと共に，本人の心身を支える寄り添い型の関係性による支援が一層求められる。本人が安心できる関係性を提供して，そこでの生活に自信と見通しが持てる働きかけ（＝**エンパワメント**）が求められる。

再犯防止は常に求められるが，それ自体が目的ではない。必要なのは本人の自立生活支援であり，そこでの生活が確立されることによって，結果的に再犯のリスクが軽減されるのである。犯罪に巻き込まれることや自らが犯してしまうリスクは誰にもある。日々の生活において社会的な支援を必要とする障害者や高齢者の場合には，必要な支援の確保と本人が求める生活の実現が犯罪に対する**リスクマネジメント**◆4となるのである。

◆3 地域生活定着促進事業

高齢又は障害により，福祉的な支援を必要とする矯正施設退所者の社会復帰を支援するために2009年度から「地域生活定着支援事業（現在は地域生活定着促進事業）」として始まり福祉サービスにつなげるための準備を各都道府県の保護観察所と協働して進めている。各都道府県の地域生活定着支援センターでは，①入所中から帰住地調整を行うコーディネート業務②福祉施設等へ入所した後も継続的に支援するフォローアップ業務③地域に暮らす矯正施設退所者に対して福祉サービスの利用等に関する相談支援業務を実施。

◆4 リスクマネジメント

リスクに対してその回避や損失を軽減するための管理である。危機管理が「すでに起こってしまったトラブルに関して，事態がそれ以上悪化しないように状況を管理すること」に対して，リスク管理は「これから起こる可能性のある危機・危険に備えておくための活動」であるとされる。福祉的支援を必要とする人たちのさまざまな生活上のリスクに対してどのように事前的に対処するかはそれ自体が大きな支援課題である。

注

(1) 法務省研究部報告56（2017）「高齢者及び精神障害のある者の犯罪と処遇に関する研究」6。
(2) 同前書，6-7。
(3) 同前書，9。
(4) 同前書，18。
(5) 同前書，63（ここでいう「精神障害者等」とは，精神障害者（統合失調症，精神作用物質による急性中毒若しくはその依存症，知的障害，精神病質又はその他の精神疾患を有する者をいい，精神保健指定医の診断により医療及び保護の対象となる者に限る）又は「精神障害の疑いのある者」（精神保健福祉法23条の規定による都道府県知事への通報の対象となる者のうち，精神障害者以外の者をいう）である。
(6) 同前書，70。なおここでの神経性障害とは，不安障害，強迫性障害をさしている。

岸恵美子他編著『セルフネグレクトの人への支援』中央法規出版，2015年
虐待防止法では虐待として位置付けられていないが，地域ではゴミ屋敷はじめセルフネグレクトと考えられるさまざまな支援困難状態への対応に苦慮している。本書はこれまでの調査研究を踏まえた本格的なセルフネグレクトの研究書である。

和田清編『依存と嗜癖』医学書院，2013年
依存症には物質依存と行動依存がある。こうした状態像の人の支援には，先ずその状態の理解が必要である。本書は医学的な専門書ではあるが，福祉的支援者にも必要な依存状態の基本的な理解と対応の仕方について大きな示唆を与える。

PASネット編著『福祉専門職のための権利擁護支援ハンドブック』ミネルヴァ書房，2012年
本書は権利擁護支援の基本的な意味と構造を示し，さまざまな福祉的支援ニーズを抱える人々に対応する福祉専門職に権利擁護支援としてのアプローチについてわかりやすく解説している権利擁護に関する基本的な入門書である。

問：地域で「ゴミ屋敷」を見たことがあるだろうか。なぜゴミ屋敷状態になったのか，なぜゴミを捨てられないのか考えてみよう。また片付けや掃除しようとすると「拒否」される場合があるが，なぜ「拒否」するのか考えてみよう。

　　ヒント：自分の暮らしの中でなぜ片付けや掃除をするのか考えてみよう。それが「できない」状態とは？片付けや掃除をする気がなくなる時はどんなときなのか，こうしたことを考えるなかで障害や病気がある場合のことを考えてみよう。

第13章

権利擁護支援システム構築の課題

本章で学ぶこと

● 権利擁護にかかわる制度動向と成年後見制度利用促進基本計画について知る（第1節）。

● 権利擁護支援における行政の役割を知る（第2節）。

● 権利擁護支援の今後について考える（第3節）。

第1節 権利擁護支援の動向——成年後見制度利用促進法と基本計画

この節のテーマ
- 成年後見制度利用促進法と基本計画について知る。
- 地域連携ネットワークと中核機関の役割を理解する。
- 権利擁護支援にとっての成年後見制度の役割を理解する。

基本計画のポイント

すでに見てきたように権利擁護に支援を必要とする障害者や高齢者は増大している。そのなかで虐待や消費者被害，生活困窮等への対応も年々増加しており，地域では継続案件が蓄積されてきている状況である。自治体や支援機関も多様化，複雑化する事案への対応に苦慮している。こうした地域の権利擁護支援ニーズへの対応は，地域の大きな課題である。

その中で，国は「認知症，知的障害その他の精神上の障害があることにより財産の管理又は日常生活等に支障がある者を社会全体で支え合うことが，高齢社会における喫緊の課題であり，かつ，共生社会の実現に資すること及び成年後見制度がこれらの者を支える重要な手段であるにもかかわらず十分に利用されていないことに鑑み」，2016（平成28）年5月に「成年後見制度の利用の促進について，その基本理念を定め，国の責務等を明らかにし，及び基本方針その他の基本となる事項を定めるとともに，成年後見制度利用促進会議及び成年後見制度利用促進委員会を設置すること等により，成年後見制度の利用の促進に関する施策を総合的かつ計画的に推進すること」を目的として「成年後見制度の利用の促進に関する法律」（以下，利用促進法という）を施行した。

そして，2017（平成29）年3月に**成年後見制度利用促進基本計画**を閣議決定した。そのポイントは，**資料13-1**の通りである。

ポイントの一つ目は，「利用者がメリットを実感できるための制度・運用の改善」であるが，財産管理に偏ることなく意思決定支援・身上保護を重視すること，後見人等の適切な選任と必要に応じた柔軟な交代や本人の生活状況を踏まえた診断書の検討をあげている。

ポイントの二つ目として，従来の保健・医療・福祉に司法を加えた「権利擁護支援の地域連携ネットワーク」づくりをあげている。

この**地域連携ネットワーク**には，以下のような三つの役割が求められている。

① 権利擁護支援の必要な人の発見・支援
② 早期の段階からの相談・対応体制の整備
③ 意思決定支援・身上保護を重視した成年後見制度の運用に資する支援体制の構築

また地域連携ネットワークの基本的しくみとして，以下(1)，(2)をあげている。

(1) 本人を後見人とともに支える「チーム」による対応
(2) 地域における「協議会」等の体制づくり

そして，この地域連携ネットワークを整備し，協議会等を適切に運営していくためには中核と

資料13-1　成年後見制度利用促進基本計画のポイント

- 成年後見制度の利用の促進に関する法律（平成28年法律第29号）に基づき策定
- 計画の対象期間は概ね5年間を念頭（平成29年度〜33年度）
- 工程表を踏まえた各施策の段階的・計画的な推進　※市町村は国の計画を勘案して市町村計画を策定
- 計画に盛り込まれた施策の進捗状況の把握・評価等

（1）利用者がメリットを実感できる制度・運用の改善

- 財産管理のみならず，意思決定支援・身上保護も重視
- 適切な後見人等の選任，後見開始後の柔軟な後見人等の交代等
- 診断書の在り方の検討

（2）権利擁護支援の地域連携ネットワークづくり

- 権利擁護支援が必要な人の発見と早期からの相談
- 後見人等を含めた「チーム」（注1）による本人の見守り
- 「協議会」等（注2）によるチームの支援
- 地域連携ネットワークの整備・運営の中核となる機関の必要性

  - 広報機関（権利擁護の必要な人の発見，周知，啓発等）
  - 相談機能（相談対応，後見ニーズの精査，見守り体制の調整等）
  - 利用促進（マッチング）機能
  - 後見人支援機能（チームによる支援，本人の意思を尊重した柔軟な対応等）
  - 不正防止効果

（3）不正防止の徹底と利用しやすさとの調和

- 後見制度支援信託に並立・代替する新たな方策の検討
  （預貯金の払戻しについての後見監督人等の関与を可能とする仕組み）

注：(1)　福祉等の関係者と後見人等がチームとなって本人を見守る体制。
　　(2)　福祉・法律の専門職団体が協力して個別のチームを支援する仕組み。
出所：厚生労働省ホームページ「成年後見制度利用促進基本計画のポイント」（https://www.mhlw.go.jp/file/06-Seisakujouhou-12000000-Shakaiengokyoku-Shakai/keikaku-orange.pdf）。

なる機関が必要性であるとしている。

　ポイントの三つ目は，不正防止の徹底と利用しやすさの調和である。ここでは金融機関による新たな取り組みや親族後見人への指導・助言の強化，家庭裁判所と専門職団体等との連携をあげている。

地域連携ネットワークと中核機関の具体的な役割

　地域連携ネットワークと中核機関の具体的な役割として，以下のような内容をあげている。

　① 広報機能
　権利擁護支援を必要とする人たちの発見や成

必ず覚える用語

- [ ] 成年後見制度の利用の促進に関する法律
- [ ] 成年後見制度利用促進基本計画
- [ ] 地域連携ネットワーク
- [ ] 全国権利擁護支援ネットワーク

注　(1)　全国権利擁護支援ネットワークは，2003年3月「権利擁護支援システムを創ろう！」（独立行政法人福祉医療機構社会福祉振興助成事業）や2016年3月，「権利擁護支援センター等設立・活動マニュアルの作成事業報告書」（日本財団助成事業）等を作成している。

第13章
権利擁護支援システム構築の課題
第1節　権利擁護支援の動向――成年後見制度利用促進法と基本計画

年後見制度が権利擁護の重要な手段であることをパンフレットや研修会等を通して啓発・共有し，保佐・補助類型等を含めた早期利用を念頭に活動する。

② 相談機能

専門職団体等の協力を得ながら，多様な関係者・関係機関からの相談に対応すると共に，必要な見守り体制等の調整を行う。

③ 成年後見制度利用促進機能

受任者調整（マッチング）の支援や担い手（市民後見，法人後見）の育成，日常生活自立支援事業等関連制度からのスムーズな移行を図る。

④ 後見人支援機能

親族後見人や市民後見人等からの日常的な相談対応，本人を支援する多様な支援による「チーム」の形成，本人と後見人等の関係が上手くいかない場合等に対応した新たな後見人等の確保や調整を行う。

⑤ 不正防止効果

親族後見人等の後見活動の見守りや家庭裁判所の監督機能の補完的な役割が期待されている。

また中核機関の設置は，市町村が基本であるが地域事情により広域での設置等の柔軟な対応を求めている。運営も市町村の直営か委託を基本にしており，委託の場合も業務の中立性・公正性の確保に留意して，専門的業務に継続的に対応できる能力を有する法人を想定している。

具体化の課題

利用促進法では，市町村に成年後見制度の利用促進に関する施策に関する基本計画の策定と成年後見等実施機関の設置等を求めており，そのための調査審議を行う審議会等の設置を条例で定めることを求めている。いずれも努力義務ではあるが具体化には多くの課題がある。

一つは，地域における権利擁護支援ニーズの理解と把握である。権利擁護に支援が必要な人が地域でどのような状況にあるかの把握をしなければ対応は困難である。虐待防止や消費者被害，さまざまな理由による生活困窮状態にある人への支援の必要性等について地域で調査をしていくことがまずは求められる。

二つには，専門職の確保である。市町村の7割が人口5万人以下の規模であり，そこでの専門職の確保は都道府県が大きなバックアップをしなければ単独での確保は困難である。地域連携ネットワークの構築についても都道府県に権利擁護支援を推進するための中核的な機関を設定して展開することが必要である。

三つには，財源問題である。権利擁護支援にかかわる事業に特化した継続的な財源を確保しなければ市町村は容易には動けない。一時的な補助金の活用はこれまでの補助事業の状況から一定期間で打ち切られてしまう危機感が大きいのである。

四つには，権利擁護支援の地域連携ネットワークや中核機関を具体化するための方法や指導体制である。各市町村が「地域連携ネットワークや中核機関」の趣旨や役割を理解したとしても具体化の手順や環境・条件等の整備，人材の確保等に関する方法を独自で対応するのは難しい。これら

の内容は，すでに各地で具体化されているものも
あり，そこからネットワーク構築や中核機関の設
定を具体化する手順等について指導を受ける等
の方法が示される必要がある。

　2003年9月に設立された**全国権利擁護支援ネ
ットワーク**は，全国各地で地域に根ざした権利擁
護支援活動を行っている団体130余が加入してお
り，その中には権利擁護支援センターや成年後見
支援センター等を行政から委託を受けて運営・
活動している団体も多いことから，権利擁護支援
センター等の設置・運営に関する知識・方法等
について一定程度蓄積されている。その内容は基(1)
本計画にある「地域連携ネットワークと中核機関
の具体的な役割」とほぼ同じである。こうした実
績ある団体の活用を図ることが求められる。

権利擁護支援と成年後見制度

　利用促進法は，「認知症，知的障害その他の精
神上の障害があることにより財産の管理又は日
常生活等に支障がある者を社会全体で支え合う
こと」を課題として施行された。この課題は，言
い換えれば「権利擁護に支援が必要な人を地域で
支える」ことである。成年後見制度は権利擁護支
援の重要な方法ではあるが，唯一無二のものでは
なく，あくまでも方法の一つに過ぎない。しかし，
利用促進法や基本計画においては，成年後見制度
の利用＝権利擁護支援という図式になっていな
いか懸念される。

　地域おける権利擁護支援ニーズは，高齢者・障
害者の虐待対応や消費者被害の防止，罪を犯した
高齢者や障害者の自立生活支援，依存症やホーム
レス状態の人への支援等，多様な内容を抱えてい
る。そこでの支援も本人の状態や生活状況等によ
り多様な方法で支援していくことが求められる。

　「権利擁護支援の地域連携ネットワーク」づく
りは，虐待防止ネットワーク等の多様なネットワー
クを含めた形で地域の総合的な権利擁護支援
を推進することである。また同様に中核機関につ
いても権利擁護支援を必要とする個別ケースへ
の対応が基本であり，その中に成年後見制度の利
用支援等の役割がある。

　地域に求められているのは，権利擁護支援の推
進であり，その方法の一つとしての成年後見制度
であることを改めて確認して基本計画の具体化
を進めることが必要である。

第2節 権利擁護支援と市町村の役割

この節のテーマ
- 国と市町村の役割を知る。
- 虐待防止における市町村の役割を理解する。
- 成年後見制度の利用についての市町村の役割を理解する。

国と地方公共団体の役割

　市町村における権利擁護支援の役割は，古くは1990（平成2）年の福祉八法改正，1999（平成11）年7月成立，2000（平成12）年4月施行の地方分権一括法において国と地方公共団体の役割が変化していく中で形成され，その後の介護保険法や障害者総合支援法，高齢者虐待防止法や障害者虐待防止法等においても市町村の役割は大きくなってきた。

　もとより市町村は地方自治法の第1条の2において，「地方公共団体は，住民の福祉の増進を図ることを基本として，地域における行政を自主的かつ総合的に実施する役割を広く担うものとする」とされており，「住民の福祉」の一つとして権利擁護支援を位置付ければ市町村が主体的に取り組む課題であることは明らかである。

　では国と都道府県，市町村の役割分担はどのように設定されているのであろうか。国は，国が本来果たすべき役割を重点的に担うとされ，以下の3つの内容を例示している（地方自治法第1条第2項）。

① 国際社会における国家としての存立にかかわる事務
② 全国的に統一して定めることが望ましい国民の諸活動若しくは地方自治に関する基本的な準則に関する事務
③ 全国的な規模で若しくは全国的な視点に立って行わなければならない施策及び事業の実施

　そして，住民に身近な行政はできる限り地方公共団体にゆだねることを基本として設定している。

　その上で，都道府県は，市町村を包括する広域の地方公共団体として，①広域にわたるもの，②市町村に関する連絡調整に関するもの，③その規模又は性質において一般の市町村が処理することが適当ではないと認められる事務を処理することとされている（地方自治法第2条5）。

　また市町村は，基礎的な地方公共団体として，都道府県が処理するものとされているものを除き，一般的に，「地域における事務及び法令で定められたその他の事務」を処理することとされている（地方自治法第2条第2項）。

　こうした国，都道府県，市町村の役割分担を基本にしながら権利擁護支援にかかわる具体的な課題については各法でも示されている。

資料13-2　高齢者虐待防止法に規定する市町村の役割

■ 養護者による高齢者虐待について
　①高齢者や養護者に対する相談，指導，助言（第6条）
　②通報を受けた場合，速やかな高齢者の安全確認，通報等に係る事実確認，高齢者虐待対応協力者と対応について協議
　　（第9条第1項）
　③老人福祉法に規定する措置及びそのための居室の確保，成年後見制度利用開始に関する審判の請求（第9条第2項，
　　第10条）
　④立入調査の実施（第11条）
　⑤立入調査の際の警察署長に対する援助要請（第12条）
　⑥老人福祉法に規定する措置が採られた高齢者に対する養護者の面会の制限（第13条）
　⑦養護者に対する負担軽減のための相談，指導及び助言その他必要な措置（第14条）
　⑧専門的に従事する職員の確保（第15条）
　⑨関係機関，民間団体等との連携協力体制の整備（第16条）
　⑩対応窓口，高齢者虐待対応協力者の名称の周知（第18条）
■ 養介護施設従事者等による高齢者虐待について
　①対応窓口の周知（第21条第5項，第18条）
　②通報を受けた場合の事実確認等
　③養介護施設従事者等による高齢者虐待に係る事項の都道府県への報告（第22条）
　④高齢者虐待の防止及び被害高齢者の保護を図るための老人福祉法又は介護保険法に規定する権限の適切な行使（第24
　　条）
■ 財産上の不当取引による被害防止（第27条）
　①養護者，親族又は養介護施設従事者等以外の第三者による財産上の不当取引の被害に関する相談の受付，関係部局・
　　機関の紹介
　②財産上の不当取引の被害を受け，又は受けるおそれのある高齢者に係る審判の請求

出所：厚生労働省「市町村・都道府県における高齢者虐待・養護者支援の対応について」（平成18年4月）。

虐待防止と市町村の役割

　高齢者虐待防止法では，国及び地方公共団体の役割として以下のことが示されている。

- 国及び地方公共団体は，関係省庁相互間その他関係機関及び民間団体の間の連携の強化，民間団体の支援その他必要な体制の整備に努めること（第3条第1項）。
- 国及び地方公共団体は，支援が専門的知識に基づき適切に行われるよう，これらの職務に携わる専門的な人材の確保及び資質の向上を図るため，関係機関の職員の研修等必要な措置を講ずるよう努めること（第3条第2項）。
- 国及び地方公共団体は，高齢者虐待に係る通報義務，人権侵犯事件に係る救済制度等について

必ず覚える用語
- ☐ **高齢者虐待防止法**
- ☐ **障害者虐待防止法**
- ☐ **成年後見制度利用支援事業**

第13章
権利擁護支援システム構築の課題
第2節　権利擁護支援と市町村の役割

必要な広報その他の啓発活動を行うこと（第3条第3項）。

また市町村の役割を**資料13-2**のように示している。

障害者虐待防止法でも，国及び地方公共団体は，以下の責務が規定されている。

① 関係機関の連携強化，支援等の体制整備（第4条第1項）

② 人材の確保と資質向上のための研修等（第4条第2項）

③ 通報義務，救済制度に関する広報・啓発（第4条第3項）

④ 障害者虐待の防止等に関する調査研究（第42条）

⑤ 成年後見制度の利用の促進（第44条）

なお，各虐待に対する役割は高齢者に準じて設定されている。

このほかに**障害者虐待防止法**の独自の体制である市町村虐待防止センターについては約8割が直営の形で整備されている。

また「市町村における高齢者・障害者の虐待防止のための体制整備状況」では，高齢者と障害者で共通する項目については全般的に障害者分野が低調である。(1)

地域での高齢者・障害者の権利擁護支援の大きな課題である虐待防止における市町村の役割のポイントとして，対象者の状態や支援の専門性に対するための専門職（法律，福祉，医療等）の確保と適時・適確な権限行使（立ち入り調査，措置分離，面会制限，成年後見の首長申立て等），これらを含めた体制づくりがあげられる。

成年後見制度と市町村

権利擁護支援の重要な支援方法である成年後見制度についても市町村の役割は老人福祉法，知的障害者福祉法等において位置付けられている。一つは首長申し立て（**表13-1**），二つには人材育成を含めた体制整備である。首長申し立ては年々増加しているが，この要因としては首長申し立ての折の親族調査の範囲が4親等から2親等に緩和されことや高齢者虐待防止法の施行，成年後見制度利用支援事業の対象拡大（平成20年）等があげられる。(2)(3)

成年後見制度利用支援事業の実施状況は，高齢者関係で1,369市町村（全市町村の78.6%）（2015年4月1日現在），障害者関係では2016年4月1日現在1,470市町村となっている。また市民後見人等の人材育成にかかわる事業である権利擁護人材育成事業は，230自治体（2015年度実績）で実施されている。

さらに，障害者関係では地域生活支援事業の必須事業として成年後見制度利用支援事業や成年後見制度法人後見支援事業（2016年4月1日現在，267市町村で実施）を位置付けている。(4)

このように市町村において成年後見制度の利用促進にかかわる事業が実施されているが，その実態には課題が多い。成年後見制度利用支援事業では，未だに多くの制約を付けている自治体も多い。また予算を理由に首長申し立てや成年後見制度利用支援事業の適用に消極的な自治体もある。成年後見制度法人後見支援事業を実施している

表13-1　市区町村長申立件数の推移（平成23～28年）

	平成23年	平成24年	平成25年	平成26年	平成27年	平成28年
市区町村長申立件数	3,680	4,543	5,046	5,592	5,993	6,466
総数に占める割合	11.7%	13.2%	14.7%	16.4%	17.3%	18.6%
総　数	31,580	34,342	34,215	34,174	34,623	34,429

注：後見開始，保佐開始，補助開始及び任意後見監督人選任事件の終局事件を対象としている。
出所：内閣府「成年後見制度の現状（平成29年4月）」。

自治体も少ない。

　こうした取り組みの「格差」は，そのまま地域間における権利擁護支援の認識の「格差」でもある。虐待通報がないことを「良い」こととととらえ，成年後見制度の利用ニーズはないとする自治体。一方で，主体的に権利擁護支援に取り組み，独自に権利擁護支援センターや成年後見支援センター等を立ち上げる自治体（広域を含む）もある。この「格差」が生まれる要因を探り，地域の権利擁護支援ニーズを受け止めていく地域づくりが求められる。

注

(1) 厚生労働省「平成27年度 高齢者虐待の防止，高齢者の養護者に対する支援等に関する法律に基づく対応状況等に関する調査結果」（平成29年3月）及び「平成27年度「障害者虐待の防止，障害者の養護者に対する支援等に関する法律」に基づく対応状況等に関する調査結果報告書」（平成28年12月）。

(2) 平成17年7月29日障障発第0729001号，障精発第0729001号，老計発第0729001号通知「『民法の一部を改正する法律の施行に伴う関係法律の整備等に関する法律による老人福祉法，精神保健及び精神障害者福祉に関する法律及び知的障害者福祉法の一部改正について』の一部改正について」により，従来，4親等以内の親族の有無を確認していたものを，4親等以内の親族の有無の確認作業が極めて煩雑であることも要因となって，市町村長申立てが十分に活用されてこなかったことから，2親等以内の親族の有無を確認すればよいことされた。

(3) 2008年3月28日付，厚生労働省社会・援護局障害保健福祉部障害福祉課からの事務連絡「成年後見制度利用支援事業の対象者の拡大等について」により成年後見制度利用支援事業の対象者が「身寄りのない」ことや首長申し立てであることの要件がなくなり，「障害福祉サービスを利用し又は利用しようとする重度の知的障害者又は精神障害者であり，後見人等の報酬等，必要となる経費の一部について，助成を受けなければ成年後見制度の利用が困難であると認められる者」となって対象が拡大された。

(4) 成年後見制度における後見等の業務を適切に行うことができる法人を確保できる体制を整備するとともに，市民後見人の活用も含めた法人後見の活動を支援することで，障害者の権利擁護を図ることを目的とする事業。内容としては，①法人後見実施のための研修，②法人後見の活動を安定的に実施するための組織体制の構築，③法人後見の適正な活動のための支援，④その他，法人後見を行う事業所の立ち上げ支援など，法人後見の活動の推進に関する事業がある。

第3節 権利擁護支援システムの構築に向けて

この節のテーマ
● 権利擁護支援の内容と特性を理解する。
● 権利擁護支援センターの機能と役割を知る。
● 権利擁護支援システムと構築プロセスについて理解する。

権利擁護支援ニーズの内容と特性

　地域で権利擁護に支援を必要とする人が増大するなかで、市町村では成年後見制度利用促進法の基本計画を含めて対応が迫られている。しかし、すでに見てきたようにさまざまな課題において、一定程度法律や制度を整備しても具体化や実施率や実効性などにおいて多くの課題を抱えている現状がある。こうした状況を打開していくには、地域における権利擁護支援システムを構築していくことが求められる。そのためにはどのような取り組みが必要なのかを考える上で、まずは権利擁護支援ニーズの内容と特性について確認していく。

　図13-1にあるように、権利擁護支援の内容は生活支援と法的支援を両輪として、意思決定支援により示された本人の意思に基づいたものである。しかし、個別ケースの支援は困難性が高く対応に苦慮している自治体は多い。それは権利擁護支援ニーズが①総合性、②専門性、③継続性という特性を持っているからである。総合性とは、権利擁護支援ニーズの多くは複合的な支援ニーズを持っており、そのため行政担当も単課での対応が難しく、関係する部門との協働が図られなければならないことが多いこと等、総合的な支援が必要と

されるという意味である。
　たとえば、虐待ケースの対応でも虐待状況を改善するためには原因となっている経済的困窮状況の改善を図らねばならないことや、セルフネグレクト状態により自宅がゴミ屋敷となっている状況の改善のためには環境や住宅にかかわる部門との協議も必要になる。さらに支援を求める本人に子どもがいる場合には児童の支援も必要である。このような**複合支援ニーズ**に対応するためには、埼玉県行田市や兵庫県の芦屋市等で取り組まれているような行政内に「トータルサポート」のしくみを設定してケースに応じて関係各課が役割分担しながら協働で支援する体制を築くことが求められる。

　②の専門性とは、権利擁護支援ニーズのある人の多くは何らかの障害や疾病を抱えていることから、その状況を改善するためには本人の持っている状態の特性を理解してかかわることが求められることによる。本人の状態は一様ではなく複雑で個別的であるため客観的な視点で評価して対応するには一定程度の専門性が求められる。また支援の課題には法的な支援ニーズが含まれている場合や医療ニーズが高い場合もあることから、権利擁護支援を担当する部門に多くの専門職のかかわりが求められる。兵庫県明石市では弁護士を任期付き職員として採用し、こうした専門的

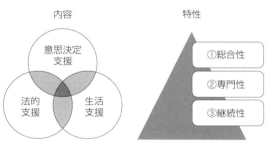

図13-1 権利擁護支援の内容と特性

出所：筆者作成。

なニーズの対応を図っている。

次に③継続性とは，権利擁護に支援を必要とする人の多くは障害や疾病等を含めたリスクの高い状態像があるため，支援も一時的なものではなく継続的な支援を必要とするということである。また支援ニーズは同じ人について一定期間をおいて繰り返し現れる場合もあり，その折々に適切な対応が求められることからも継続性が必要といえる。

このように権利擁護支援ニーズの内容と特性を見ていくと，権利擁護支援システムを構築していくためには，行政内の「縦割り」をなくし，職員の確保等を含めた体制自体を見直すことが必要であることがわかる。

権利擁護支援システムの構成

こうした権利擁護支援ニーズに対応するためのしくみには，どのような要素が必要であろうか。兵庫県芦屋市や西宮市では全国に先駆けて権利擁護支援に特化した総合的・専門的な機関として「**権利擁護支援センター**」を設置した。そこで

必ず覚える用語

☐ 複合支援ニーズ
☐ 権利擁護支援センター
☐ ネットワーク機能
☐ 扇形支援
☐ 権利擁護支援システム

第13章
権利擁護支援システム構築の課題
第3節 権利擁護支援システムの構築に向けて

はまず権利擁護支援について検討する協議体を市に設置して多様な権利擁護支援ニーズの状況を調査・検討している。その上で，必要とする権利擁護支援センターの機能や役割について協議をして合意形成を図っている。具体的な協議体としては，地域全体の権利擁護支援ニーズへの対応を検討する「権利擁護支援システム推進委員会」があり，権利擁護支援センター開所後にはその活動状況を評価・検討する「権利擁護支援センター運営委員会」を設置している。また個別の困難ケースについての対応やセンター事業を委託している法人が担う法人後見機能の活用を検討する「専門委員会」も設置している。

次に権利擁護支援に関する協議体での検討・協議をもとに中核機関となる権利擁護支援センター等を設置することになる。検討段階で各種専門職団体も協議に加わり中核機関の機能や役割を共有すると共に，そこでの専門職の役割も確認して協力体制を作ることになる。中核機関の基本的な役割は，①専門相談・支援機能，②後見支援機能，③ネットワーク機能である（**図13-2**）。このセンターは権利擁護支援の特性である総合性，専門性，継続性を確保したものでなければならない。そのため，地域の多様なニーズに対応できること，専門職が確保されていること，権利擁護人材の確保・活用により継続的な支援ニーズに対応できること等が求められる。

中核機関に求められる役割は，あくまでも地域の権利擁護支援推進のための機能である。成年後見制度の活用等はその機能の一つに過ぎない。そのため，虐待対応等を含めた多様なニーズに対応

できる専門相談機能が重要である。また後見支援機能は，個別ケースが困難性等のために受任者の確保が難しい場合や緊急性が高い場合にセンター受任法人等で後見受任できることが実効性のある支援を確保する上で重要である。市民後見人や地域の受け皿確保のための法人後見の育成，後見活動支援等は，こうした個別支援の受任調整や支援の提供等のなかで生かされていく。

ネットワーク機能も基本は個別支援における「支援の輪」の形成である。「支援の輪」とは，個別ケースにおいて誰か（どこか）が支援のコーディネーター役を担い全体の支援を動かしていく**扇形支援**（コーディネーターが扇の要の役割を担う支援は一元的に管理できるが，支援者・機関は「要」に動かされているので本人との関係が薄く依存的になるリスクがあり，「要」の役割が不安定になると全体の支援が滞る可能性がある）ではなく，本人と各支援者・支援機関がそれぞれに主体的な関係を持ち，支援者・機関はそれぞれ分担した役割のキーパーソンとして必要に応じて主体的に連携していく支援システムである。「支援の輪」は本人中心支援のシステムであり，支援者・機関には主体性と相互の支援の協働が求められる。そのため，支援者・機関の一つに支障が起こったとしても支援全体の機能が失われることはなく，その部分の修復を図れば良いのである。このために関係機関のネットワークや地域レベルのネットワークが「支援の輪」を理解して重層的に形成されることが必要である。

また権利擁護支援ニーズの持つ総合性に対応するためには，行政内のトータルサポートシステ

図13-2 権利擁護支援センター等の機能と役割

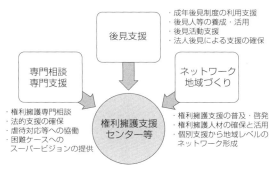

出所：筆者作成。

ムは不可欠である。個別ケースの複合支援ニーズに応じた支援のコーディネートを行う役割と権利擁護支援センター等の中核機関の所管を統合した部署の設定が考えられる。

そして，こうした機能をつなぐ福祉専門職を中心に法律職との協働関係を具体的な機能や役割の提供を通して確立することが重要である。しくみを作ってもそれを動かすのは人である。キーパーソンとなる専門性を持った人材の確保と育成，支援機能を持った法律職の確保がなければ支援の実効性を確保することはできない。

これらの要素をまとめると**図13-3**のようになる。いずれの要素がかけても権利擁護支援の推進に支障が生じる。小規模の自治体や郡部にある地域では人材の確保やケース等へのアクセスが困難である。そうした地理的・物理的条件をネットワーク機能やIT化により補うことが必要である。権利擁護支援ニーズの内容や特性は自治体の規模に限らず同じである。地域特性に配慮しながらもそれを工夫で対応して必要な権利擁護支援システムを構築することが求められる。

第13章
権利擁護支援システム構築の課題
第3節 権利擁護支援システムの構築に向けて

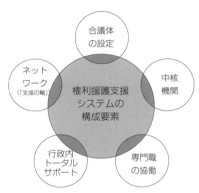

図13-3 権利擁護支援システムの構成要素

出所：筆者作成。

権利擁護支援システムの構築プロセス

ではこうした**権利擁護支援システム**をどのように構築していけばよいのか。先進事例に学ぶと、まずは地域の権利擁護支援ニーズや対応状況を調査・把握することから始めている。行政や市民、関係機関等を含めて、地域に権利擁護支援ニーズがあること、そのニーズへの対応状況と課題を把握することで権利擁護支援の実態に関する認識の変化と共有が図られるのである。具体的には高齢者・障害者の相談支援機関等の対応状況、福祉サービス提供事業所における権利擁護支援ニーズの状況等から現状や潜在的な支援ニーズ、課題等を含めて確認することができる。

この調査結果をもとに合議体で地域の権利擁護支援ニーズや状況を確認して対応すべき課題と方法を検討する。その結果を「提言」としてまとめて、関係機関はもとより行政内や議会、地域住民にも伝えて対応の必要性について合意形成を図り具体化する。これが権利擁護支援システム構築の典型的なプロセスである。こうしたシステム構築の過程で先進地域の視察や研修を行い具体的な内容について情報を集積していくことや、地域全体で権利擁護支援の状況やシステムの内容等について理解を深めていくための研修会やイベントを行い地域状況の醸成を図ることも求められる。また権利擁護支援センターの機能の一部である権利擁護専門相談は試行的に実施して方法や効果の評価を行い全体のコンセンサスを確保していくのも重要である。

基本的なシステム構築（**資料13-3**）ができると、その実践状況を権利擁護支援システム推進委員会や権利擁護支援センター運営委員会等で検証してシステムの改善や修正等を図る。

ようやく全国各地で権利擁護支援システム構築の動きが具体化されてきた。今後は国の成年後見制度利用促進法に基づく基本計画等の動きと合わせて具体化が加速する可能性がある。しかし、目指すものは地域の権利擁護支援の推進である。この基本的な目的を確認して権利擁護支援のための地域連携ネットワークや中核機関の具体化を進めていくことが必要である。

資料13-3 地域における総合的な権利擁護支援システム（イメージ図）

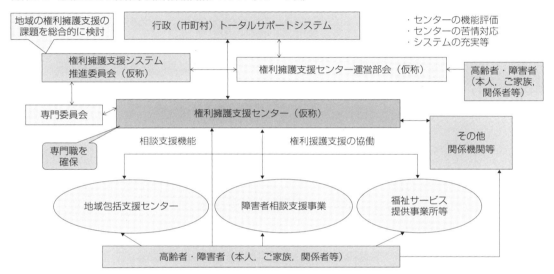

出所：筆者作成。

注 (1) 埼玉県行田市健康福祉部福祉課トータルサポート推進担当（2009）「平成20年度障害者保健福祉推進事業　障害者等の権利擁護と虐待防止にも対応し，市民の参画を得た地域ぐるみの総合的な相談支援体制構築事業（トータルサポート推進事業）研究報告書」（平成21年3月）。
(2) 「明石市における専門職を活用した取り組み」（http://www.izumi-fusaho.com/senmonshokukatuyo-hasshin.pdf）が参考になる。

PASネット編著『福祉専門職のための権利擁護支援ハンドブック（改訂版）』
　ミネルヴァ書房，2012年
権利擁護支援や成年後見制度について福祉職の立場でQ&A方式で解説した基礎的な文献。「支援のキーワード」など実践的な視点でポイントが整理されている。罪を犯した障害者の支援やホームレス支援，DV等，多様な課題の制度や状況等を事例を用いて解説している。

問：権利擁護支援における市町村の役割を考えてみよう。そこでの「権利擁護支援センター」の意義についても考えよう。

ヒント：本章の内容を読み返してポイントを確認してみよう。その上で，さまざまな具体的権利擁護支援ニーズを想定して，それが身近に起きたときに地域でのどのような支援のしくみがあるのか，どのように活用すれば良いのかを調べてみよう。実際に「権利擁護支援センター」等を訪問してみるのもいい。

さくいん

ページ数太字は用語解説のあるもの

あ行

アウトリーチ　12, 13, 209
アクション・システム　36
朝日訴訟　69
アセスメント　34
新しい権利の創造　iii
アドボカシー　22, 29
　　——の概念　25
　　——の区分　24
　　——のプロセス　32
アメリカソーシャルワーカー協会
　　（NASW）の倫理綱領　22
アルコール依存　202
医学モデル　**53**
生きづらさ　12, 212
イギリス意思能力法　43, 52
イギリスソーシャルワーカー協会
　　（BASW）の倫理綱領　22
意思形成　45, 47
意思形成支援　45
意思決定　42, 44, 48, 52, 54
意思決定支援　iii, 43-49, 52, 152, 224
「意思決定支援を踏まえた成年後見人
　　等の事務に関するガイドライ
　　ン」　127
意思決定の三層構造　44
意思実現　46
意思能力　76, 134, **135**
意思表明　46
意思表明支援　46
依存症　203
依存症者　202
一般法と特別法　**63**
委任契約　**147**
イネーブラー　**205**
違約手付　83
入り口支援　213
遺留分　95
医療法　**35**
岩間伸之　14, 17
インフォーマルサポート　13
インフォームド・コンセント　42, 43,
　　44
運営適正化委員会　**189**
エコマップ　35, 36
エンパワメント　15, 26, 28, 37, 45,

か行

213
扇型支援　226
岡村重夫　8, 16

介護保険制度　**137**
解約手付　82
学生の国民年金の任意加入　**69**
家事事件　114
瑕疵担保責任　83
家事調停　114
家事調停官　115
家事調停委員　115
価値　8
家庭裁判所　114, 139
家庭裁判所調査官　158, 159
環境アセスメント　34
観護処遇　117
観護措置　116
監督義務者　89
鑑別　116
基幹型社会福祉協議会　**187**
北野誠一　28, 46
基本合意文書　**103**
基本的人権　98
基本的人権の尊重　60
虐待　162, 163
虐待行為　106
教育を受ける権利　71
矯正施設　211
強制執行　116
共生社会　18
行政法　98
近代市民法　31
禁治産・準禁治産制度　135
勤労の権利　71
クーリング・オフ　79
クオリティ・オブ・ライフ（QOL）
　　49
苦情受付担当者　188
苦情解決　188, 190
苦情解決責任者　188
具体的権利説　69
虞犯少年　116
久保紘章　36
クライエント　7, 25

クライエント・システム　36
グループワーク　19
経済的虐待　162, 178
形式的平等　66
傾聴　190
契約　80, 176
　　——の解除　**83**
契約自由の原則　81
契約締結ガイドライン　185
契約締結審査会　185
契約内容不適合　84
ケース会議　**175**
検察官送致　117
原状回復義務　85
限定承認　94
ケンプ（Kemp, S.P.）　34
憲法　72, 100, **101**
憲法第25条　68
憲法の三大原則　**61**
憲法優位説　73
権利　ii, 4, 18
権利能力　76
権利擁護　ii, 4
権利擁護支援システム　228
権利擁護支援センター　iv, 18, 121,
　　207, 225, 226
権利擁護支援ネットワーク　iv
権利擁護支援の地域連携ネットワー
　　ク　219
権利擁護事業　**151**
権利擁護人材育成事業　122
権利擁護センター　124
権利擁護専門相談　126
権利擁護の構成要素　ii
権利を擁護するための意思決定の支
　　援　53
行為能力　78, 134, **135**
公共の福祉　62, 63
後見　137, 138
後見制度支援信託　152
後見人　168
　　——等の役割　179
　　——等による虐待　163
　　——等との連携・協働　172
抗酒剤　**205**

231

公証人　**147**
公正証書　**147**
公正証書遺言　**95**
幸福追求権　**62**
公民権運動　**27**
合理的配慮　**86**
　　——の提供義務　**87**
高齢者虐待　**177, 178**
高齢者虐待防止法　**106, 221**
国際的な子の奪取の民事上の側面に
　　関する条約（ハーグ条約）　**114**
国民の義務　**60**
個人信用情報開示請求　**161**
個人の尊厳　**60**
ゴミ屋敷　**199**
コミュニティソーシャルワーカー
　　（CSW）　**201**
雇用契約　**85**
雇用促進法　**86**

さ行

最高裁判所　**72**
催告権　**79**
最善の利益　**44, 151, 153**
最善の利益基準　**44**
在宅医療介護連携推進事業　**7**
債務整理　**161**
債務不履行責任　**80, 81**
差別の禁止　**67**
参画型社会福祉　**16**
参政権　**61**
参与員　**114, 158, 159**
ジェネラリスト・ソーシャルワーク
　　6
ジェノグラム　**35, 36**
支援つき意思決定　**44, 46**
資源交換性　**17**
自己決定　**10, 30, 40, 41**
自己決定権　**31, 64, 67, 136**
自己決定する自立（自律）　**40, 48**
自己実現　**9, 10**
自己の行為の責任を弁識するに足り
　　る知能　**89**
自己評価　**192**
自助グループ　**205**
システムモデル　**35**
市町村虐待防止センター　**222**
市町村
　　——における権利擁護支援の役割
　　　　220
　　権利擁護における——の役割　**120**
　　成年後見制度における——の役割
　　　　120

市町村地域生活支援事業　**150**
市町村長申立て　**120, 162**
実質的平等　**66**
児童虐待防止法　**106**
児童自立支援施設送致　**117**
私人間効力　**71**
自筆証書遺言　**95**
司法書士　**128**
司法ソーシャルワーク　**159**
市民後見人　**16, 17, 152, 168, 170**
　　——の育成　**171**
社会権　**60**
社会正義　**22, 23**
社会的身分・門地　**65**
社会福祉基礎構造改革　**23**
社会福祉協議会　**123, 169**
社会福祉士　**129, 169**
社会福祉の原理　**13**
社会福祉の法体系　**98**
社会福祉法人　**185**
社会福祉六法　**5**
社会保障制度　**100**
借地借家法　**83**
自由権　**60**
重要事項説明書　**81**
受益権　**61**
主体性　**8**
受容　**9**
障害者基本法第1条　**65**
障害者基本法第3条　**65**
障害者虐待　**178**
障害者虐待防止法　**106, 164, 222**
障害者権利条約　**43, 64, 104, 152**
障害者差別解消法　**104**
障害者差別禁止指針　**65**
障害者自立支援法　**43**
障害者総合支援法　**102**
障害者福祉サービス提供における意
　　志決定支援ガイドライン　**153**
使用者責任　**90**
承諾　**80**
少年院送致　**117**
少年保護事件　**116**
消費者契約法　**81, 110**
消費者保護　**110**
情報提供義務　**81**
条約　**72**
証約手付　**83**
条約優位説　**73**
触法少年　**116**
自律　**34, 40, 41**
自立　**40**

自立生活運動　**40, 41, 48**
自立相談支援機関が行う相談支援業
　　務の流れ　**208**
事理弁識能力　**157**
人権　**4, 30**
　　——の固有性　**60**
　　——の不可侵性　**60**
　　——の普遍性　**60**
人権擁護委員　**119**
人権擁護局　**119**
人事訴訟事件　**116**
身上監護　**140, 141**
身上配慮義務　**140, 141, 172**
人生の最終段階における医療提供体
　　制整備事業　**7**
親族　**92**
親族後見人　**168**
親族・親等図表　**144**
審判　**139**
審判事件　**115**
審判不開始決定　**117**
診療報酬　**37**
スティグマ　**26, 27**
ストレングス　**10, 22, 23, 30, 179**
生活　**5**
生活困窮　**206**
生活困窮者　**209**
生活困窮者自立支援事業　**206, 207**
生活困窮者自立支援法　**207**
生活支援員　**187**
生活扶助義務　**92**
生活変化の察知（見守り）　**186**
生活保持義務　**92**
制限行為能力者　**78**
制限行為能力者制度　**77**
生存権　**30, 68, 100**
成年後見制度　**45, 52, 134-137, 172**
　　——と市町村　**222**
　　——の申立権者　**157**
　　——の申立ての動機　**176**
　　——の理念　**136**
　　——の利用者　**i**
成年後見制度の利用の促進に関する
　　法律　**151, 216**
成年後見制度法人後見支援事業　**122,**
　　222
成年後見制度利用支援事業　**121, 222**
成年後見制度利用促進基本計画　**iv,**
　　116, 216
　　——のポイント　**217**
成年後見等開始申立手続　**158**
成年後見登記　**118**

232

成年後見等の終了事由　143
成年後見人　137, 141
　　──の職務　141
　　──の代理権　141
　　──の同意権　142
　　──の取消権　142
成年被後見人　78
責任能力　88
責任無能力者　89
積極的差別是正措置　67
絶対的平等　66
セルフ・アドボカシー　ⅲ, 28, 29
セルフネグレクト　51, 199
善管注意義務　83, 85, 140
全権委員　73
全国権利擁護支援ネットワーク　17,
　　18, 219
全国社会福祉協議会　193
全国推進組織　192
選任申立　138
専門員　186
専門職後見人　168
相互援助システム　17
相続　93
相続財産管理人　95
相続放棄　94
相対的平等　66
送致　117
ソーシャルアクション　7, 15, 54, 55
ソーシャルワーカー　9, 172, 173, 194
ソーシャルワーク　6, 8, 173, 178
　　──における権利擁護の特徴　10
双務契約　82
措置制度　136
措置分離処分　107
尊厳死　64, 65

た行

ターゲット・システム　36
代行決定　44
代行判断　44
第三者委員　188
第三者後見人　168
第三者評価　192
第三者評価機関　193
対人援助　10
代理監督者　89
代理権付与　137
諾成契約　82
団結権　69
単純承認　94
団体交渉権　69
団体行動権　71

地域支援事業　151
地域生活定着促進事業　213
地域福祉　16
地域福祉コーディネート機能　19
地域包括ケアシステム　5, 6
地域包括支援センター　13, 14, 156,
　　157
地域連携ネットワーク　216, 218
地域を基盤とするソーシャルワーク
　　機能　16
チームアプローチ　174
チェンジ・エージェント・システム
　　36
嫡出子　93
抽象的権利説　68
調査官　139
調停委員制度　114
調停事件　115
賃貸借契約　80, 84
追認　79
罪を犯した高齢者　211
罪を犯した障害者　211
定款　77
停止条件　77
出口支援　213
手付　82
登記事項証明書　139
同行　199
当事者　104, 105
当事者運動　40
都道府県推進組織　192
取消権　111, 141

な行

ナラティヴ・アプローチ　50, 51
日常生活自立支援事業　ⅰ, 123,
　　184-187
　　──と成年後見制度の違い　187
日常的金銭管理サービス　186
日本医療社会福祉協会の倫理綱領
　　23
日本司法支援センター（法テラス）
　　127, 158
日本社会福祉士会の倫理綱領　23
日本ソーシャルワーカー協会の倫理
　　綱領　23
日本弁護士連合会　126
任意後見　134, 135
任意後見監督人　146, 148, 149
任意後見監督人候補者　149
任意後見契約　146, 147
　　──の終了　149
任意後見制度　146-149

任意後見人候補者　146
任意後見人の行う事務　148
認知症高齢者　90, 109
ネットワーク　17, 32, 33
ネットワーク機能　226
ノーマライゼーション　137

は行

パートナーシップ　26
バイステックの原則　30, 31, 40
売買契約　80, 82
パターナリスティック　48, 52
パターナリズム　42, 43
犯罪少年　116
ハンセン病　55
伴走型支援　209
判断能力　54
判断能力が不十分　10, 54
判断能力判定についての意見　158
非言語の要素　33
批准　73
非審判的態度　27
人および市民の権利宣言　31
人と環境の交互作用　6
秘密証書遺言　95
病院機能分化　15
平等　66
平等権　61, 66
平等原則　66
ピンカス（Pincus, A.）　36
フォーマルサポート　13
フォローアップ　12
複合支援ニーズ　224
福祉国家　100
福祉サービス　177
　　──における苦情　188
　　──の利用援助　186
福祉サービス第三者評価基準ガイド
　　ライン　195
福祉サービス利用援助事業　184
福祉専門官　211, 213
不法行為責任　88
扶養義務　92
プライバシー権　62, 108, 109
プログラム規定説　68
併給禁止規定　69
平成29年改正民法　77
ベストインタレスト　→最善の利益
弁護士　126
包括的基本権　63
法人後見　125, 168, 169
法定後見　134, 135
法定雇用率　86

さくいん　233

法定相続分　94
法テラス　207
法の下の平等　66
法務局　118, 140
法律行為　**135**
保護観察　117
保護者　78
保佐　137, 138
保佐人　137, 142
　——の職務　142
　——の代理権　142
　——の同意権　142
　——の取消権　142
補助　137, 138
補助人　137, 143
　——の職務　143
　——の代理権　143
　——の同意権　143
　——の取消権　143
堀木訴訟　69

ま行

マクロレベル　**23**, 27
松岡克尚　17
ミクロレベル　15, **23**, 27
ミケルソン（Mickelson, J. S.）　34
ミナハン（Minahan, A.）　36
民事法律扶助制度　158
民生委員　16
メゾ・マクロレベル　15
申立　145

や行

有償契約　82
優生思想　54, 55
優生保護法　54, **55**

「誘導」する支援　46
養護者　**179**
　——による虐待（高齢者）　i
　——による虐待（障害者）　i, 164,
　　165
予防的支援　12

ら行

リーガルサポート　129
リスクマネジメント　**213**
リッチモンド（Richmond, M.）　**11**, 40
倫理綱領　22
連携　32, **33**
連携・協働　**173**
労働基本権　71

欧文

DV 防止法　106
LGBT　**5**

執筆者紹介

（所属：分担。執筆順。＊は編者）

＊上田　晴男　　（編著者紹介参照：はじめに，第7章，第12章，第13章）

＊小西加保留　　（編著者紹介参照：第1章，第2章）

　石川　時子　　（関東学院大学社会学部准教授：第3章）

　高橋　昌子　　（春の森法律事務所，弁護士：第4章，第5章）

＊池田　直樹　　（編著者紹介参照：第6章）

　小坂梨緑菜　　（梨の花法律事務所，弁護士：第8章）

　平野　次郎　　（平野・寶意司法書士・行政書士事務所，司法書士：第9章）

　鵜浦　直子　　（大阪市立大学大学院生活科学研究科講師：第10章，第11章）

編著者紹介

上田晴男 （うえだ・はるお）

特定非営利活動法人 PAS ネット理事長。
『福祉専門職のための権利擁護支援ハンドブック』（編著）ミネルヴァ書房，2012年。
『権利擁護支援と法人後見』（編著）ミネルヴァ書房，2015年。

池田直樹 （いけだ・なおき）

弁護士（大阪弁護士会：上本町総合法律事務所）。
『障害のある人の人権状況と権利擁護』（共編著）明石書店，2003年。
『Q&A　高齢者虐待対応の法律と実務』（共著）学陽書房，2007年。

小西加保留 （こにし・かほる）

京都ノートルダム女子大学現代人間学部教授。
『ソーシャルワークにおけるアドボカシー』ミネルヴァ書房，2007年。
『権利擁護がわかる意思決定支援』（共編著）ミネルヴァ書房，2018年。

新・基礎からの社会福祉⑧

権利擁護とソーシャルワーク

2019年1月20日　初　版第1刷発行　　　〈検印省略〉

定価はカバーに
表示しています

編著者	上	田	晴	男
	小	西	加保留	
	池	田	直	樹
発行者	杉	田	啓	三
印刷者	田	中	雅	博

発行所　株式会社 ミネルヴァ書房

607-8494　京都市山科区日ノ岡堤谷町1
電話代表　（075）581-5191
振替口座　01020-0-8076

©上田・小西・池田ほか，2019　　　創栄図書印刷・清水製本

ISBN978-4-623-08294-0

Printed in Japan

新・基礎からの社会福祉

Ｂ５判美装

①社会福祉

●

②ソーシャルワーク

●

③高齢者福祉

●

④障害者福祉

●

⑤社会保障

●

⑥地域福祉

●

⑦子ども家庭福祉

●

⑧権利擁護とソーシャルワーク

ミネルヴァ書房
http://www.minervashobo.co.jp/